Christophe Braouet

Deutschland und Frankreich schaffen das

Christophe Braouet

Deutschland und Frankreich schaffen das

Für eine neue Zusammenarbeit
60 Jahre nach dem Élysée-Vertrag

Tectum Verlag

Christophe Braouet
Deutschland und Frankreich schaffen das
Für eine neue Zusammenarbeit 60 Jahre nach dem Élysée-Vertrag

© Tectum – ein Verlag in der Nomos Verlagsgesellschaft, Baden-Baden 2023
ISBN 978-3-8288-4848-1
ePDF 978-3-8288-7967-6
ePub 978-3-8288-7968-3

Umschlagabbildung: #1355507327 von DesignRage | www.shutterstock.com

Gesamtverantwortung für Druck und Herstellung
bei der Nomos Verlagsgesellschaft mbH & Co. KG

Printed in Germany

Alle Rechte vorbehalten

Besuchen Sie uns im Internet
www.tectum-verlag.de

Bibliografische Informationen der Deutschen Nationalbibliothek
Die Deutsche Nationalbibliothek verzeichnet diese Publikation in der Deutschen Nationalbibliografie; detaillierte bibliografische Angaben sind im Internet über http://dnb.d-nb.de abrufbar.

Geleitwort

Das Jahr 2023 steht für diejenigen, die sich für die deutsch-französischen Beziehungen interessieren, im Zeichen wichtiger Jubiläen. Im Januar jährt sich die Unterzeichnung des sogenannten Elysée-Vertrags, im Juli des kommenden Jahres feiert das Deutsch-Französische Jugendwerk ebenfalls seine 60-jährige Existenz. Noch bemerkenswerter ist der 75. Geburtstag des Deutsch-Französischen Instituts, das am 2. Juli 1948 von einer Gruppe von Persönlichkeiten aus der Zivilgesellschaft gegründet wurde – noch vor der Gründung der Bundesrepublik Deutschland und vor der Währungsreform.

Jubiläen sind eine gute Gelegenheit, sich des Erreichten zu vergewissern. Allerdings bergen sie auch die Gefahr, in Selbstgefälligkeit und historische Verklärung zu verfallen. Frühere Jubiläen des Elysée-Vertrags bieten Beispiele für beide Seiten dieser Medaille. Historische Verklärung etwa findet dann statt, wenn der konfliktbeladene historische Entstehungskontext des deutsch-französischen Vertrags von 1963 unterschlagen wird. De Gaulles Versuch, 1961 eine politische Union der sechs Gründerstaaten der europäischen Wirtschaftsgemeinschaft zu erreichen, ist unter dem Namen „Fouchet-Plan" in die Geschichte eingegangen. Allerdings scheiterte er mit diesem Vorhaben an den unterschiedlichen Vorstellungen von der Zukunft Europas. Seit diesem Zeitpunkt standen und stehen sich zwei Ansätze gegenüber: die Vorstellung eines Bundes unter souveränen Staaten auf der einen und die Idee eines schrittweise zu erreichenden Bundesstaates mit gemeinsam ausgeübter Souveränität auf der anderen Seite. Der Elysée-Vertrag war in gewissem Sinne eine „Notlösung" als kleine Variante der gescheiterten größeren politischen Union.

Es lohnt sich, den Text des oft zitierten aber wenig gelesenen Elysée-Vertrags in Erinnerung zu rufen. Er ist eine Art Gebrauchsanweisung für bilaterale Zusammenarbeit. Es geht weniger um konkrete politische Vorhaben als vielmehr um Regeln für die deutsch-französische Kooperation. Regelmäßige Treffen der Spitzenbeamten und Koordinierung der Europapolitik stehen ebenso auf dem Programm wie die bis heute gepflegten Regierungstreffen, die mittlerweile die Form von gemeinsamen Kabinettssitzungen (Ministerräten) angenommen haben. Diese Vorgaben für die Zusammenarbeit mögen banal erscheinen, sie sind aber der Erkenntnis geschuldet, dass die gegenseitige Kenntnis der Arbeitsabläufe und der handelnden Personen für gelungene Kooperation unverzichtbar ist. De Gaulle war davon überzeugt, dass die europäische Einigung nur gelingen kann, wenn sich sowohl die Bevölkerungen als auch die politisch Handelnden gut kennen. Man muss de Gaulle zugutehalten, dass er mit dieser Überzeugung schlicht Recht hatte – was er vor 60 Jahren einforderte gilt noch heute.

Mit dem deutsch-französischen Vertrag wurde neben den europäischen Abkommen – 1957 wurden die europäischen Verträge in Rom unterzeichnet – ein bilaterales Sonderverhältnis begründet, das sich bis heute in einem Spannungsverhältnis zur europäischen Ebene befindet. Im Idealfall, so will es die dominante Lesart in Politikwissenschaft und Öffentlichkeit, befruchtet das deutsch-französische Verhältnis die europäische Fähigkeit zur Kompromissfindung. Der so genannte „Motor" soll Initiativen für die ganze EU voranbringen und den Weg für den Kompromiss zwischen unterschiedlichen Interessenlagen ebnen. Im Rückblick auf die letzten Jahrzehnte lassen sich einige Weichenstellungen in der EU identifizieren, wo die deutsch-französische Sonderbeziehung eine konstruktive Rolle gespielt hat. Das gilt für die gemeinsame Währung und auch in jüngster Zeit für den Postcorona-Aufbaufonds NextGenerationEU. Das besondere Gewicht der deutsch-französischen Beziehungen ist aber keineswegs eine Garantie für wegweisende Politik auf europäischer Ebene. Oft sind die Interessen beider Staaten zu unterschiedlich und die politische Weitsicht zu wenig entwickelt, um Durchbrüche dort zu erzielen, wo sie eigentlich als erforderlich erkannt sind: das gilt zurzeit beispielsweise für den Energiesektor oder die Rüstungskooperation. Hier gibt es Handlungsbedarf.

Geleitwort

Als 2019 in Aachen der neue deutsch-französische Vertrag unterzeichnet wurde, war dies Ausdruck der Einsicht, dass eine neue Dynamik in einem stark veränderten internationalen Umfeld erforderlich war. Im Unterschied zum Vertrag von 1963 enthält der Aachener Vertrag eine Fülle von konkreten politischen Vorhaben. Neue Kooperationsinstrumente wurden gegründet, um die Zusammenarbeit strukturell zu stärken und zu dynamisieren. Diese Initiative war der Erkenntnis geschuldet, dass die deutsch-französische Zusammenarbeit über die Jahrzehnte Routinen entwickelt hat, die zwar einerseits eine stabile Beziehung zwischen Akteuren aus Politik, Wirtschaft und Gesellschaft ermöglichen, andererseits aber auch zur Ausbildung von sozial abgeschotteten Nischen führen kann, wo sich die „Profis" der deutsch-französischen Community einrichten.

Ein Symptom für dieses bisweilen auftretende Phänomen ist der in der französischen Sprache verbreitete Ausdruck „le franco-allemand". Die Schwierigkeit, diesen Terminus ins Deutsche zu übersetzen, weist auf das ihm zugrundeliegende Problem hin: „das Deutsch-Französische" wirkt im Deutschen unvollständig. Die Substantivierung von Adjektiven ist zwar möglich („das Schöne", „das Gute"), aber in diesem Fall fehlt ein Substantiv. Im Verständnis derer, die diesen Begriff benutzen, scheint es um ein Geflecht von Kooperationsstrukturen, um deutsch-französische Bildungsangebote ebenso zu gehen wie um ein emotional positiv aufgeladenes Narrativ der deutsch-französischen Sonderbeziehung. In diesen Strukturen und emotionalen Kontexten situieren sich viele Menschen, die von den Angeboten selbst profitiert haben.

Dieses Phänomen wäre an und für sich unproblematisch, wenn es nicht auf Außenstehende abweisend und exklusiv wirken und zur Überhöhung der bilateralen Beziehungen führen würde. Mittlerweile wird öfter über die „deutsch-französische Blase" gesprochen, womit genau dieses Phänomen der Selbstbezogenheit gemeint ist. Diese Divergenz zwischen Anspruch und Wirklichkeit findet sich auch auf höchster politischer Ebene. Was der Aachener Vertrag verspricht, müssen die Regierungen erst einmal halten. Die letzten Monate zeigen hingegen, dass deutsch-französische Übereinstimmung eher zur Seltenheit wird. Daher gehört es zur Analyse der aktuellen Situation und zur Identifikation kommender Aufgaben, die Dialektik zwischen großen Errungenschaften und strukturel-

Geleitwort

ler Stabilität auf der einen und dem Risiko der Abschottung und des Stillstands auf der anderen Seite zu verstehen.

Die mangelnde Kenntnis Deutschlands in Frankreich und umgekehrt bleibt ein großes Thema und eine grundlegende Aufgabe des Deutsch-Französischen Instituts. Das dfi hat sich seit Jahrzehnten für eine bessere gegenseitige Kenntnis eingesetzt, indem es den deutsch-französischen Dialog befördert, aber nie isoliert von der europaweiten Zusammenarbeit betrachtet hat. Deshalb wurden und werden vom dfi gezielt neue Personengruppen aus Frankreich und Deutschland angesprochen, die bisher keinen Zugang zur deutsch-französischen Kooperation haben, und gleichzeitig werden weitere europäische Partner (Italien und Polen z. B.) in die Arbeit des Instituts einbezogen.

Angesichts der dramatischen internationalen Konstellationen benötigen wir mehr als je zuvor eine gute deutsch-französische Verständigung. Aber nicht nur auf der Ebene politischer Symbolik – die ihre Bedeutung haben mag – sondern auf der Ebene praktischer Handlungen.

Hierbei kommt der Zivilgesellschaft eine wichtige Rolle zu. Der Autor des vorliegenden Buchs, Christophe Braouet, steht beispielhaft für diese zivilgesellschaftliche Arbeit. Er ist seit mehr als 10 Jahren im Vorstand des dfi engagiert, vor allem aber leitet er seit vielen Jahren die deutsch-französische Gesellschaft in Frankfurt, die eine der lebendigsten und erfolgreichsten ist. Die vielfältigen Strukturen der zivilgesellschaftlichen Zusammenarbeit zwischen Deutschen und Franzosen – oft übrigens in enger Partnerschaft mit anderen europäischen Vertretern – sind ein hohes gesellschaftliches Kapital, das es zu pflegen und zu nutzen gilt. Mehr als 2200 kommunale Partnerschaften, mehr als 130 deutsch-französische Gesellschaften, unzählige Schulpartnerschaften, hunderte von Doppeldiplomen der Deutsch-Französischen Hochschule, Chöre, Fachkongresse usw. usw. Die Liste wird nie vollständig sein, aber sie zeigt die Tiefe der deutsch-französischen gesellschaftlichen Verbindungen.

Mit dem Aachener Vertrag wurden in diesem wichtigen gesellschaftlichen Bereich neue Akzente gesetzt. Der deutsch-französische Bürgerfonds trägt der Bedeutung der Basisstrukturen für die deutsch-französischen Beziehungen Rechnung, seine finanziell bedeutende Projektförderung stabilisiert viele Kommunen und Vereine und erlaubt neue Kontakte

Geleitwort

oder Projekte. Einen ähnlichen Ansatz verfolgen in Bade-Württemberg das Förderprogramm Nouveaux Horizons, der Mikro-Projektefonds des Staatsministeriums und die Fördermöglichkeiten des Eurodistrikts Straßburg-Kehl. Auch das Deutsch-Französische Zukunftswerk, das mit dem Vertrag von Aachen ins Leben gerufen worden ist, zielt auf einen intensiven Austausch der gesellschaftlichen Kräfte. Akteure aus beiden Ländern, die mit den aktuellen gesellschaftlichen Transformationen befasst sind, werden ins Gespräch gebracht, innovative Lösungsansätze werden genauer untersucht und Hindernisse ebenso wie Erfolgsfaktoren identifiziert. Der Reiz der Arbeit beim Zukunftswerk, dessen Leitung auf deutscher Seite ich zusätzlich im April 2022 übernommen habe, besteht in der Möglichkeit, lokal verankerte Praxis ins Gespräch mit der politischen Länder- bzw. Bundesebene zu bringen. Hier entstehen für den deutsch-französischen Dialog neue Verbindungen, neue Partnerschaften und zudem wird das gemeinsame Innovationspotential der deutschen und französischen Gesellschaft in den Fokus gerückt.

Alle diese gesellschaftlichen Kontakte und Kooperationsstrukturen zwischen Deutschland und Frankreich bieten Kontinuität auch in den Zeiten, wo auf der politischen Ebene die Beziehungen schwierig sind. Allerdings können zivilgesellschaftliche Initiativen die Politik der Regierungen nie ersetzen, höchstens unterstützen oder kritisch begleiten.

Christophe Braouet plädiert in seinem hier vorgestellten Buch aus persönlicher und intellektueller Überzeugung für eine neue Dynamik der deutsch-französischen Zusammenarbeit. Er präsentiert Fakten, Analysen, persönliche Eindrücke und zeigt Handlungsfelder auf, wo Deutschland und Frankreich vorangehen sollten. Wir hoffen, dass mit diesem Buch lebendige Debatten angestoßen werden. Das dfi wird sich wie seit 75 Jahren gerne daran beteiligen.

Frank Baasner
Direktor des Deutsch-Französischen Instituts

Vorwort

"Wenn ich mich beobachte, bin ich besorgt.
Wenn ich mich vergleiche, beruhige ich mich."[1]

Charles-Maurice de Talleyrand-Périgord

Am 22. Januar 2023 ist der 60. Jahrestag des deutsch-französischen Freundschaftsvertrags.

Zu oft wird ein solcher Jahrestag dafür verwendet, nur Bilanz zu ziehen, den Blick nur in die Vergangenheit zu richten und die großen Momente der Versöhnung zu zelebrieren. Vielmehr sollte er Anlass sein, in die Zukunft zu schauen, uns zu fragen, was wir gemeinsam unternehmen wollen und umsetzen müssen.

Wir haben allen Grund, die Entwicklung der deutsch-französischen Beziehungen zu zelebrieren: Das friedliche Miteinander der letzten Jahrzehnte ist ein beachtliches Ergebnis, hat aber auch zum Irrglauben geführt, dass wir den französischen Nachbarn schon ausreichend kennen. Dass dem nicht so ist, stelle ich immer wieder fest, und das motiviert mich, unsere Arbeit in der Deutsch-Französischen Gesellschaft fortzusetzen.

Talleyrand, der oben zitierte Außenminister von Napoleon und seines Nachfolgers Ludwig XVIII., meinte zu Recht, dass es immer Grund zur Sorge gibt, aber der vergleichende Blick beruhigt. Deutschland kann von Frankreich lernen und umgekehrt. Dafür muss man die Sorgen und Empfindlichkeiten des Nachbarlandes kennen. Nur dann können

---

1 „Quand je m'examine, je m'inquiète.
  Quand je me compare, je me rassure."

gemeinsam Fortschritte in Europa ermöglicht werden. Darum geht es in diesem Buch.

1. Mein Leben zwischen den Welten

Die deutsch-französischen Unterschiede prägen mich, seitdem ich bewusst um mich schaue. Als Kind deutsch-französischer Eltern bin ich Doppelstaatler und setze mich seit nahezu 20 Jahren als Präsident der Deutsch-Französischen Gesellschaft Frankfurt für die Verständigung beider Völker ein. Mein französischer Vater hatte meine deutsche Mutter kennengelernt, als er im Zuge seiner Ausbildung zum französischen Deutschlehrer als Sprachdozent aus Toulouse nach Betzdorf in Rheinland-Pfalz kam. Er verließ die südfranzösische „Ville rose" und kam im Zuge der französischen Besatzung in die verschneite Kleinstadt, die als Eisenbahnknotenpunkt von den Alliierten in den letzten Monaten des Kriegs von Phosphorbomben zerstört worden war. So selbstverständlich es für meine Großeltern war, dass ein junger Franzose im Zuge der Besatzung die Tochter eines Rechtsanwalts und bekannten Kommunalpolitikers eroberte, so außergewöhnlich war es für alle anderen. Es war die Zeit der Pioniere, die Deutschland mit Frankreich in den Nachkriegsjahren versöhnten. Heute sind deutsch-französische Eheschließungen zum Glück kaum mehr der Rede wert.

In Aachen geboren, verbrachte ich meine ersten Jahre im Kölner Raum und ging auf die deutsche Grundschule. Selbstverständlich war unser Urlaubsziel Frankreich, um dort die Ferien mit den französischen Großeltern zu verbringen. Es war die einzige Möglichkeit, sie zu sehen, weil sie nach meiner Geburt den Weg nach Deutschland nicht mehr eingeschlagen haben. Genauso wenig zog es meine deutsche Großmutter nach Frankreich: Sie zog Bad Herrenalb der Côte d'Azur oder Évian vor.

Wir fuhren von Köln nach Paris und ich war gespannt, wie lange wir an der deutsch-belgischen Grenze zu warten hätten und ob die Koffer geöffnet würden. Bei Ankunft war alles anders, angefangen bei den Autos: überall die Kult-„Ente", der 2CV, und die „Göttin" (die DS) von Citroën, der kantige und trotzdem elegante Peugeot 404, der Simca Aronde und der „Quatrelle" (4L) von Renault, anstelle von Käfer, Opel Admiral und

Fotoquelle: https://commons.wikimedia.org/wiki/File:VW_K%C3%A4fer_Baujahr_1966.jpg

Zwischen 1938 und 2002 wurden 21,5 Millionen Exemplare des VW „Käfer" gebaut. Vorgabe war, zwei Erwachsene und drei Kinder transportieren und 100 km/h schnell fahren zu können.

Fotoquelle: https://commons.wikimedia.org/wiki/File:Citro%C3%ABn_2_CV_6_Club,_Front_(2007-05-20).jpg

Zwischen 1949 und 1990 wurden 3,8 Millionen Exemplare des Citroën 2 CV hergestellt. Vorgabe war, mit dem Zylinderhut einsteigen und über einen Feldweg fahren zu können, ohne dass die transportierten Eier Schaden nehmen.

Rekord oder des neuen BMW 1600. Auch kulinarisch war vieles anders. Beim Frühstück tunkten wir gebutterte Baguette in die Schokoladenmilch, zu Mittag gab es würzige „Pâtes" oder – ganz exquisit – Couscous. Für den Nachmittags-Snack wurde ein Riegel Bitterschokolade in ein Stück Baguette geschoben. Heute fahren wir mit unseren Kindern nach Frankreich und merken kaum, wann wir die Grenze passieren, nutzen dieselbe Währung.

Relativ früh machte ich meine ersten Erfahrungen mit deutsch-französischen Dissonanzen. Mit 11 Jahren zogen wir nach Schweden und ich wechselte vom deutschen ins französische Schulsystem. Meine Aussprache war noch so deutsch, dass ich auf dem nun französischsprachigen Schulhof als „kleiner Hitler" beschimpft wurde. Und während meiner ersten Skifreizeit stritt ich mit meinem besten Freund, der mich als „Boche"[2] bezeichnete. Ich verstand zwar das Wort nicht, aber sehr wohl, dass er es nicht gut mit mir meinte. Nur woher kannte mein 12-jähriger Klassenkamerad diesen Ausdruck, wenn nicht aus Gesprächen der Erwachsenen bei sich zu Hause?

Andere Bilder im Kopf, andere Klänge im Ohr. Als ich mit 16 nach Frankreich zog, liefen französische Chansonniers im Radio. Brel, Brassens, Ferrat, Gainsbourg, Maxime Le Forestier, auch Véronique Sanson, Piaf oder Barbara waren zu hören. Diese waren so sehr Teil der Kultur, dass ich beim Abitur, dem „Baccalauréat" im Fach Französisch einen Text von Brassens zu kommentieren hatte. Hingegen kennt in Frankreich keiner die Vertreter der Neuen Deutschen Welle. Lediglich „Kraftwerk" schaffte es über die Grenze. Bis heute wundert mich die strikte Klangtrennung beim Überschreiten der Grenze. Als Johnny Halliday 2017 starb, versammelte sich eine halbe Million Menschen in den Straßen von Paris hinter seinem Sarg. Wer kennt schon „Johnny" in Deutschland? Grönemeyer oder Westernhagen können ebenso unbekümmert in Frankreich spazieren gehen wie Johnny oder Jean-Jacques Goldmann in Berlin. Mireille Mathieu – nur in Deutschland „Spatz von Avignon" genannt –, Patricia

---

2 „boche" ist ein Schimpfwort für Deutsche, welches vermutlich von „caboche" (Dickschädel) abgeleitet ist und nicht vom Firmennamen Bosch. Der Begriff „boche" wurde nämlich schon im deutsch-französischen Krieg 1870/71 verwendet, die Firma Bosch aber erst 1886 gegründet.

1. Mein Leben zwischen den Welten

Kaas oder Reinhard Mey sind absolute Ausnahmen zu der Regel. Genauso geht es den Medienstars. Caren Miosga oder Claus Kleber haben natürlich ihre Pendants in Frankreich, die übrigens viel länger schon Frauen sind. Vor zwanzig Jahren hießen sie neben „PPDA" (Patrick Poivre d'Arvor) Christine Ockrent, Anne Sinclair. Sie überließen ihre Plätze Claire Chazal und Anne-Sophie Lapix.

Ich bin zweisprachig, wahrscheinlich sogar bikulturell aufgewachsen. Und trotzdem habe ich ein typisch französisches Studium absolviert, welches in Deutschland nicht nachvollzogen werden kann. Im Nachhinein ist es erstaunlich, dass ich nicht einmal ein Semester in Deutschland studiert habe. Das Wichtigste aus französischer Sicht ist das Diplom von „Sciences Po", einer in Frankreich als „Grande école" bezeichneten Hochschule, was in Deutschland mit „Elite-Schule" übersetzt wird. Nicht die Promotion, sondern die Aufnahme in eine solche „Grande école" ist das oberste Ziel in Frankreich. Im Berufsleben werden Kollegen schnell davon erfahren, obwohl – anders als der Doktortitel – dieser Status nicht Teil des Namens ist und auch nicht auf der Visitenkarte steht. Gerne greift man zum Alumni-Verzeichnis, um Kontakte in anderen Unternehmen zu knüpfen. Dass ich „nebenbei" Jura und Volkswirtschaft studiert und mit Master abgeschlossen habe, das Ganze mit gerade mal 23 Jahren, sorgt hierzulande nur für Kopfschütteln. Dank des Diploms einer „Grande école" erhält man übrigens bei Einstellung ein höheres Gehalt. Ein Masterabschluss – in welchem Fach auch immer – ermöglicht dies nicht. Und eine Promotion schon gar nicht. In Frankreich führen nur Mediziner ihren Doktortitel. Eine Promotion in sonstigen Bereichen wirkt bei Bewerbungen sogar suspekt: Zieht der (promovierte) Bewerber vielleicht doch eine akademische Laufbahn vor, ist er für die konkrete Arbeitswelt brauchbar?

Das Studium mit 23 Jahren zu beenden, ist übrigens in Frankreich so weit verbreitet, dass der Beginn des Militärdienstes[3] nur dann um ein letztes Jahr auf 23 Jahre verschoben werden konnte, wenn er dazu diente, das letzte Studienjahr zu vollenden. Wenn dem nicht so war, musste das Studium – bei aller Scham – unterbrochen werden.

---

3   Der Militärdienst war Pflicht und Zivildienst kaum möglich. Präsident Jacques Chirac hat 1996 beschlossen, die Armee zu professionalisieren, was 2001 auch umgesetzt wurde.

Mein Studium schloss ich bei Alfred Grosser ab und als ich in seine Geburtsstadt Frankfurt zog, war es mir ein Anliegen, eine Grosser-Gastprofessur an der Goethe-Universität einzurichten. In Frankfurt wohnte er gerne dort, wo er seine Kindheit verbracht hatte, in der Nähe des Palmengartens. Fern seiner öffentlichen Auftritte war es ihm wichtig, mit Schülern der kommenden Generation zu diskutieren. Deshalb hat ihn besonders gefreut, dass ein Gymnasium (in Bad Bergzabern) seinen Namen trägt. Diese Notwendigkeit der Versöhnung wird heute nicht mehr gesehen, weil glücklicherweise Frankreich längst nicht mehr als Gefahr („als Erbfeind") wahrgenommen wird, sondern als Verbündeter.

Als ich nach ersten 15 Jahren Berufserfahrung mit französischen Banken nach Deutschland zog, wurde ich – allem bikulturellen Werdegang zum Trotz – von vielen deutschen Gewohnheiten überrascht. Es fängt mit der so unverblümten, direkten Ansprache von Mitarbeitern und der „exakten Pünktlichkeit" an, geht mit der kollegialen Entscheidungsfindung weiter und endet mit der Umsetzung der entschiedenen Sache. Was in Deutschland beschlossen ist, wird im Konsens umgesetzt, fast ohne Widerspruch. In Frankreich fängt dann die Diskussion erst richtig an.

2. Deutschland und Frankreich – eine Geschichte immer neuer Herausforderungen

Die kreative Unordnung dort, die sorgfältig vorbereitete Sitzung hier. Das vielseitige Getränke-Angebot in Sitzungsräumen hier, der gemeinsame Gang zum Wasserbrunnen oder der Kaffeemaschine dort. Der abgeschottete Vorstand in Deutschland, der „PDG" (Président Directeur Général)[4] in der Kantine in Frankreich. Auch Wertschätzung drückt sich in beiden Ländern anders aus, angefangen mit dem Dienstwagen in Deutschland, dessen Hubraum dem Rang entsprechen muss, während in Paris auch der

---

4 In Frankreich gibt es zwei Führungsstrukturen: Der Vorstand mit Vorstandsvorsitzenden, wie in Deutschland, findet kaum Anwendung. Typisch sind Unternehmen mit einem Präsidenten und einem Generaldirektor, oft in Personalunion, dem „Président Directeur Général".

2. Deutschland und Frankreich

Generaldirektor im Kleinwagen (wohlgemerkt mit Ledersitzen) schneller durch die Straßen eilt, usw.

Dass die Deutschen ihre Nachbarn als „Grande Nation" bezeichnen oder von „einem Leben wie Gott in Frankreich" sprechen, sorgt bei den Franzosen für Stirnrunzeln. Diese Formulierungen gibt es in der französischen Sprache nicht. Man denkt dann in Deutschland an das so prunkvolle Dekor des Elysée-Palasts im Vergleich zum nüchtern gehaltenen Ambiente von Schloss Bellevue oder Kanzleramt. Gerne vergisst man dabei, dass das Kanzleramt dreimal größer als der Elysée-Palast ist und sogar noch erweitert werden soll.

Das Narrativ der Geschichte ist bei identischen Fakten ebenfalls ein anderes. Beide Länder vereint der Stolz auf Karl den Großen. Versailles diente als Vorlage für zahlreiche deutsche Herrenhäuser. Die deutsche Kleinstaaterei war nicht auf Augenhöhe mit dem französischen zentralisierten Königreich, aber zahlreiche Fürsten und Könige wollten ihr kleines Versailles, angefangen mit den Schlössern Herrenchiemsee bis hin zum westfälischen Schloss Nordkirchen, dem Residenzschloss in Ludwigsburg und natürlich Schloss Sanssouci in Potsdam. Vieles änderte sich im 19. Jahrhundert mit der wachsenden Bedeutung des Königreichs Preußen, bis zu dessen Niedergang im Ersten Weltkrieg. Die Beschreibung des Ersten Weltkriegs war auch der umstrittenste Aspekt bei Redaktion des deutsch-französischen Geschichtsbuchs. Er ist der letzte große Sieg für die Franzosen, die vom „Großen Krieg" („la Grande Guerre") sprechen, und Grund zum Stolz. In Deutschland ist er Sockel allen Übels des 20. Jahrhunderts. „Dolchstoßlegende" und große Inflation, bedingt durch die unmöglichen Auflagen des Versailler Vertrages, sind Ursache des Dritten Reichs. Kein Wunder also, dass es 100 Jahre nach Abschluss des Versailler Vertrages zu großen Feierlichkeiten in Frankreich kam, während in Deutschland das Ende des Ersten Weltkriegs nahezu totgeschwiegen wurde.

Dies sind nur einige Unterschiede zwischen Deutschland und Frankreich, die aber immer wieder zu Fehlinterpretationen oder enttäuschten Erwartungen führen. Sie sitzen auch heute noch tief in den Köpfen der Wirtschaftslenker und Politiker, wie ich es immer wieder in Gesprächen mit den Gastrednern der Deutsch-Französischen Gesellschaft feststellen kann. Der ehemalige Präsident des französischen Ethikrats, Professor Axel

Kahn, hob hervor, dass Frankreich und Deutschland ein ähnliches Moralverständnis haben, basierend auf der Norm, mit welcher jedes einzelne Vorhaben abgeglichen wird. Dies steht im Widerspruch zur angelsächsischen Welt. In Großbritannien werden Vor- und Nachteile abgewogen, und alles mit einer positiven Bilanz ist moralisch vertretbar. Der Große Imam von Bordeaux, Tareq Oubrou, zeigte, wie ähnlich die Schwierigkeiten der Integration der Muslime in beiden Ländern sind. Der ehemalige Premierminister und zuvor Professor der Wirtschaftswissenschaften, Raymond Barre, sprach von den Schwierigkeiten, in Frankreich den Ordoliberalismus zu erklären. Bernard Bajolet, ehemaliger Chef der französischen Geheimdienste und zuvor Botschafter Frankreichs in Ländern wie dem Irak oder Afghanistan, sprach von den doch noch sehr nationalen diplomatischen Bemühungen in den Krisengebieten. Und Alfred Grosser verweist gerne auf den vermeintlichen Widerspruch, dass Rechtsradikalismus geschichtlich in Deutschland verankert ist, aber heute in Frankreich politische Wirklichkeit ist.

3. Wozu nun deutsch-französische Geschlossenheit gefragt ist

Europa und die USA sind insbesondere seit Ende des Zweiten Weltkriegs eine Schicksalsgemeinschaft, die durch den Kalten Krieg zementiert wurde. Heute aber stellt sich vermehrt heraus, dass die Interessen auf beiden Seiten des Atlantiks unterschiedlich sind. Herausforderungen wie die Flüchtlingsströme aus Syrien, die uns von der Türkei abhängig machen, die mit der Corona-Pandemie offengelegten Lieferkettenabhängigkeiten von China oder der Ukraine-Krieg zeigen, wie verletzlich und abhängig Europa ist. In den kommenden zwanzig Jahren wird die Bevölkerung Afrikas um 500 Millionen wachsen. 500 Millionen mehr Menschen auf einem Kontinent, der seine Bevölkerung heute schon nicht ernähren kann. Dies macht eine neue Entwicklungspolitik erforderlich, um Arbeitsplätze in diesem Umfang vor Ort zu fördern.

Europa zu stärken, ist möglich und erforderlich, wie es jüngst die Entstehung des NextGenerationEU-Fonds gezeigt hat. Dafür müssen Deutschland und Frankreich ein gemeinsames Verständnis entwickeln,

3. Wozu nun deutsch-französische Geschlossenheit gefragt ist

um aus der Wirtschaftsmacht Europa mehr als einen politischen Zwerg zu machen (**Kapitel 1**).

Um Europa zu stärken, muss sich der europäische Wirtschaftsraum im Wettbewerb mit den zwei Währungsräumen des US-Dollars und des chinesischen Renminbi mehr behaupten. Dabei sind gemeinsame Währung und europäischer Binnenmarkt Mittel zum Zweck der Erhaltung eines Wirtschafts- und Gesellschaftsmodells, was uns nicht nur von den Chinesen, sondern auch von den Amerikanern unterscheidet. Um unsere soziale Marktwirtschaft zu verteidigen, müssen Finanzmarkt und Wettbewerbsfähigkeit der Industrie gestärkt werden. Das kann nur gemeinsam gelingen (**Kapitel 2**).

Dies wird zunehmend schwieriger, da die Bildung politischer Mehrheiten in beiden Ländern unberechenbarer und komplizierter geworden ist. Die politischen Landschaften beider Länder sind zersplittert und passen nicht wirklich zueinander. Mehrheiten sind fragiler und jede Wahl bringt ihre neuen Überraschungen (**Kapitel 3**).

Die sinkende Wahlbeteiligung in beiden Ländern zeigt, dass Politik die Zivilgesellschaft zurückgewinnen muss. Politiker beider Länder müssen sich fragen, wie sie unser Leben besser gestalten und Glück zum Maß politischer Gestaltung weiterentwickeln können (**Kapitel 4**).

Inhalt

Geleitwort	V
Vorwort	**XI**
1. Mein Leben zwischen den Welten	XII
2. Deutschland und Frankreich – eine Geschichte immer neuer Herausforderungen	XVI
3. Wozu nun deutsch-französische Geschlossenheit gefragt ist	XVIII

Kapitel 1: Deutschland und Frankreich brauchen ein autonomes Europa — **1**

1. Der Mut der Versöhnung und die Geburt eines neuen europäischen Gebildes	7
2. Die Erkenntnis eines höheren europäischen Integrationsbedarfs	12
3. Unser Modell der sozialen Marktwirtschaft verteidigen	17
4. Mehr politischer Mut in Deutschland gefragt	19
5. Europas politische Interessen in der Welt behaupten	22

Kapitel 2: Die soziale Marktwirtschaft macht Europa besonders — **39**

1. Die Welthandelsmacht Europa mit „Friendshoring" behaupten	43
2. Den Euro als internationale Währung sichern	49
3. Eine bessere Haushaltsdisziplin umsetzen	56
4. Stärkung des Banken- und Finanzsystems gefragt – insbesondere in Deutschand	60
5. Staatssektor und Arbeitskosten sind vergleichbar geworden	67

6.	Wettbewerbsfähigkeit stärken, insbesondere in Frankreich	71
7.	Mehr Industriepolitik auf EU-Ebene durchsetzen	79

Kapitel 3: Lernen, mit wachsender politischer Unberechenbarkeit umzugehen — 87

1.	Deutsche Stabilitätskultur stößt auf französische Volatilität – eine politische Herausforderung	90
2.	Sinkende Wahlbeteiligung und Ende der Großparteien: die schwindende Legitimität der Regierungen	96
3.	Die Grünen nur in Deutschland? Der Unterschied zwischen Politik und Umweltbewusstsein	103
4.	Ist das „Aus" der französischen Regierungsparteien endgültig?	108
5.	Rechtspopulisten nur in Frankreich? Eine Frage der Führung	118
6.	Siegt mit Emmanuel Macron nun die politische Mitte?	122
7.	Wie verständigen wir uns besser in Europa?	125

Kapitel 4: Glück als eigentliches Maß eines Volkes — 133

1.	Das BIP ist (k)ein Maß aller Dinge	137
2.	Die qualitative Bewertung des eigenen Lebens	140
3.	Die Einigung auf nachhaltiges Wachstum	145
4.	Erste europäische Ansätze zur Messung eines nachhaltigen Wachstums	150
5.	Wie wollen wir (als Wähler) unser Wohlbefinden messen?	159

Kapitel 5: Fazit — 167

Mein Dank — 179

Anlagen — 181

Anlage 1: Entwicklung der Einkommen	181
Anlage 2: Deutsche Überschüsse, französische Defizite der Leistungsbilanz	182
Anlage 3: Bilanzsumme der EZB und der Fed	183
Anlage 4: Schwerpunkte der sozialen Leistungen	184
Anlage 5: Öffentliche Haushalte und Arbeitslosigkeit	185
Anlage 6: Öffentlich-rechtliche Sektoren in Frankreich und Deutschland	187
Anlage 7: Wert des CAC 40 übertrifft DAX 40 (In Klammern Ranking 2011)	191

Inhalt

Anlage 8: Schrumpfender Anteil der Industrie, vor allem in Frankreich (in % des BIP)	195
Anlage 9: Kriterien der Wettbewerbsfähigkeit des World Economic Forum	197
Anlage 10: Deutschland und Frankreich setzen unterschiedliche Schwerpunkte bei der Aufteilung der Mittel des NextGenerationEU-Fonds	198
Anlage 11: Deutscher und französischer Energiemix	200
Anlage 12: Rede von Robert Kennedy an der University of Kansas am 18. März 1968	201
Anlage 13: Deutsche sind immer zufriedener, Franzosen nicht	202
Anlage 14: Deutsche und Franzosen setzen unterschiedliche Werteschwerpunkte	204
Anlage 15: Europäische Erhebung zur Lebensqualität	208
Anlage 16: Wie Deutschland und Frankreich bei den Indizes der menschlichen Entwicklung der Vereinten Nationen abschneiden	209
Anlage 17: Der Happy Planet Index und der ökologische Fußabdruck	211
Anlage 18: Wo stehen Frankreich und Deutschland bei den 17 Nachhaltigkeitskriterien der Vereinten Nationen ?	213
Anlage 19: Unterschiede der deutschen und französischen Nachhaltigkeitskriterien	223
Anlage 20: Ausgabenpräferenzen der Haushalte (in % 2000–2020)	227
Anlage 21: Der Better Life Index (bei neutraler Gewichtung)	228
Literaturverzeichnis	**233**

Kapitel 1:
Deutschland und Frankreich brauchen ein autonomes Europa

*„Wir haben ein Recht, von einer europäischen Idee zu sprechen ...
Eine Schicksalsgemeinschaft kettet uns aneinander.
Wenn wir in die Höhe kommen sollen, können wir es nicht im Kampf
gegeneinander, sondern nur im Zusammenwirken miteinander."*

Gustav Stresemann[5]

„Wir sind in einer anderen Welt aufgewacht. (...) Dieser Krieg in unserer direkten Nachbarschaft wird auch für uns in Deutschland Folgen haben." So drückte sich die deutsche Außenministerin Annalena Baerbock am Tag nach Putins Befehl zum Einmarsch in die Ukraine aus.

Die Weltanschauung hat sich in der Tat über Nacht geändert. Es stellt sich nun die Frage, ob sie auch von Dauer ist. Anders als nach der russischen Annexion der Krim herrscht jetzt der einhellige Eindruck, dass die friedliche Weltordnung mit dem Angriff der Ukraine am 24. Februar 2022 zerstört wurde. Wie stünde Europa da, wenn Donald Trump zum Präsidenten der USA, unseres vermeintlich engsten Verbündeten, erneut gewählt werden sollte? Er, der Putins Angriff auf die Ukraine als „genial" bezeichnet und sich mit seinem eigenen Putsch-Versuch vom 6. Januar 2021 rühmt? Was würde Europa unternehmen, wenn Erdoğan im engeren Schulterschluss mit Putin einen höheren Preis für die Millionen syri-

---

5 Zitat von Gustav Stresemann, in Rede zum Gedenken an Gustav Stresemann von Staatsminister Helmut Schäfer in Berlin am 29. Juni 1987.

scher Flüchtlinge verlangen würde, die er in der Türkei auffängt? Wie würden wir uns positionieren, wenn China den politischen Druck in der Taiwan-Frage erhöht und die Ein-China Politik mit bilateralen Handelsfragen verknüpft? Und was machen wir, wenn es zu gewaltigen Klima- und Wirtschaftsflüchtlingsströmen aus einem demografisch schnell wachsenden Afrika kommt?

Keine dieser Fragen kann auf nationaler Ebene eine Antwort finden. Mehr denn je ist der deutsch-französische Schulterschluss gefragt, um unabhängig von den USA die europäische Stimme hören zu lassen. Zuerst nach Paris bzw. zuerst nach Berlin – so heißt es nach jeder deutschen Regierungsbildung bzw. Wahl eines französischen Staatspräsidenten. So war es auch für Olaf Scholz und Annalena Baerbock im November 2021 und für Emmanuel Macron im Mai 2022. Begründet wird diese Erstreise mit den besonderen Beziehungen und dem deutsch-französischen Freundschaftsvertrag, der vor 60 Jahren von de Gaulle und Adenauer unterzeichnet wurde. Für die meisten Bürger sind die zwei Unterzeichner Figuren aus den Geschichtsbüchern, zu denen kein persönlicher Bezug besteht. Die Reisen sind ein historisch gewachsenes Ritual! Aber warum bleibt die deutsch-französische Freundschaft 60 Jahre nach Unterzeichnung des Elysée-Vertrags so unentbehrlich?

Seit dem späten Mittelalter prägt das deutsch-französische Verhältnis die europäische Geschichte wie kein anderes. 400 Jahren Erbfeindschaft und zwei Weltkriegen folgte der nun schon 75 Jahre anhaltende Frieden – seit der Französischen Revolution ein Rekord. All diesen Kriegen sind um die 20 Millionen (!) Deutsche und Franzosen zum Opfer gefallen. Allein die beiden Weltkriege forderten mehr als 12 Millionen französische und deutsche Opfer[6]. Im verheerenden 30-jährigen Krieg waren es um die 6 Millionen, was ca. 30 % der damaligen Bevölkerung entsprach. Mit welchem Ergebnis? Kurzfristig kleine territoriale Zugewinne, gefolgt vom Status quo ante.

---

6 Im Ersten Weltkrieg fielen 4,2 Millionen Deutsche und Franzosen, darunter 2 Millionen deutsche und 1,3 Millionen französische Soldaten. Der Zweite Weltkrieg verlangte noch mehr Opfer 7,7 Millionen Deutsche (5,5 Millionen Soldaten, 2,2 Millionen Zivilisten) und 570.000 Franzosen (350.000 Zivilisten, 220.000 Soldaten). (Statista 2022: Zahl der Toten nach Staaten im Zweiten Weltkrieg in den Jahren 1939 bis 1945)

Kapitel 1: Deutschland und Frankreich brauchen ein autonomes Europa

Jede Kriegsphase führte zu einer Verschiebung der Machtverhältnisse – hin und her: 150 Jahre zu Gunsten Frankreichs, gefolgt seit 1871 von fast 150 Jahren zu Gunsten Deutschlands bzw. Preußens. Nach dem 30-jährigen Krieg war Frankreich zur unangefochtenen größten Macht Europas aufgestiegen und das 18. Jahrhundert wurde als „Französisches Jahrhundert" bezeichnet. Versailles galt als Blaupause für jeden Fürsten. Frankreich blieb europäischer Mittelpunkt auch während der Französischen Revolution. Die Königshäupter erschraken und verbündeten sich, um die revolutionäre Ansteckungsgefahr im Keim zu ersticken. Zu diesen Königshäusern zählte auch Preußen, welches sich gerade von der polnischen Lehensabhängigkeit emanzipiert hatte. Weil es erst mit der Übernahme des Kurfürstentums Brandenburg Teil des Römischen Reichs geworden war, hatte es sich frei von der Habsburger Kontrolle als neue Kontinentalmacht entfalten können. Der französische Philosoph Mirabeau soll über den politischen Emporkömmling Preußen angemerkt haben: *„Andere Staaten haben eine Armee: Preußen ist eine Armee, die einen Staat besitzt."*

Nach der ersten Teilung Polens rangen Preußen und Österreich um die Vormachtstellung im deutschsprachigen Raum, was auch Napoleon zu nutzen versuchte. Es waren die Stunden der blitzschnellen Siege Bonapartes. Preußen wurde nach seiner Niederlage in Jena auf seine Ursprungsgrenzen zurückgestutzt. Napoleon schaffte es nicht, den deutschsprachigen Raum in drei zu teilen. Die ursprüngliche Sympathie des katholischen Rheinlands konnte nicht zu einem dritten deutschsprachigen Raum neben Österreich und Preußen aufgewertet werden. In Waterloo wurde er von den europäischen Königshäusern geschlagen. 20 Jahre Napoleon Bonaparte haben nach den größten Truppenbewegungen und Schlachten aller Zeiten in Wien zum Status quo ante geführt – und zu 50 Jahren Frieden.

Der Einfluss des protestantischen Preußen nahm zu, zu Lasten Österreichs und Frankreichs. Mit der Vereinigung des Norddeutschen Bundes mit dem noch unabhängigen Süden vollendete Bismarck die preußische Vormachtstellung auf dem Kontinent: Die Provokation der „Emser Depesche" erfüllte ihren Zweck und Napoleon III. wurde nach zwanzig Jahren wirtschaftlichem Aufschwung in den Krieg hineingezogen, den er faktisch in wenigen Wochen verlor. Der preußische Sieg von 1871 machte Versailles – einst Symbol französischer Macht – zur Symbolstadt der deutsch-französischen Auseinandersetzung, und mit dem preußischen Sieg und der Annexion von Elsass-Lothringen war der Grundstein der Weltkriege des 20. Jahrhunderts gelegt.

Vor dem Ersten Weltkrieg warnte der französische Schriftsteller und Literaturnobelpreisträger Romain Rolland: *„Deutschland und Frankreich sind die beiden Flügel des Abendlands. Wer den einen bricht, hemmt den Flug des anderen".*[7] Wenige Jahre später versicherte er Stefan Zweig, dass er auch im zwischenzeitlich ausgebrochenen Ersten Weltkrieg keinen seiner Freunde verleugnen werde. Es folgte eine sehr umfangreiche Korrespondenz, in welcher er die außergewöhnliche Freundschaft zwischen zwei „Feinden" hervorhob.

Nach dem Versailler Vertrag von 1919 demonstrierte John Maynard Keynes, damals junger Teilnehmer der britischen Verhandlungsdelegation und später berühmter Ökonom, wie der Friedensvertrag Deutschland in eine unmögliche Lage versetzte.[8] Deutlich erhöhte Ausgaben aufgrund der Reparationszahlungen bei geminderten Einnahmen (Räumung des Rheinlands, internationaler Gewässerstatus für die großen Flüsse Donau, Elbe und Rhein, Abgabe der Kolonien usw.) führten zur großen Inflation von 1923. Reichspräsident von Hindenburg behauptete, Deutschland *„sei auf dem Kriegsfeld ungeschlagen geblieben, aber von hinten erdolcht worden"*[9]. Darauf bezogen sich Adolf Hitler und große Teile der Armee, um den *„Schandfrieden von Versailles"* auszuradieren.

Der „Geist von Locarno" wurde leider zum Gespenst. Im Schweizer Locarno hatten Gustav Stresemann, der Franzose Aristide Briand und der Brite Austen Chamberlain die Rückkehr Deutschlands in den Völkerbund der Nationen verhandelt, die in Versailles festgelegten (West-)Grenzen

---

7   „La France et l'Allemagne sont les deux ailes de l'Occident. Qui brise l'une empêche l'autre de voler." Zitat aus dem monumentalen Roman in 10 Bänden „Jean-Christophe", dank welchem Romain Rolland 1915 den Literaturnobelpreis erhielt. Der Biograf von Beethoven schildert die Geschichte des deutschen Musikers Johann-Christoph Krafft, der schlussendlich in Paris zum Erfolg kommt.

8   John Maynard Keynes, „The economic consequences of the peace", MacMillan and Co, London, 1919

9   Paul von Hindenburg, Leiter der Obersten Heeresleitung, am 18. November 1919 vor dem Untersuchungsausschuss der Weimarer Nationalversammlung

anerkannt und die Entmilitarisierung des Rheinlands bestätigt. Briand und Stresemann wurden dafür 1926 mit dem Friedensnobelpreis gekrönt. Diese Versöhnungspolitik wurde zum roten Tuch der NSDAP. Der Staatsminister des Auswärtigen Amts Helmut Schäfer beschrieb das politische Klima wie folgt in seiner Gedenkrede 60 Jahre nach der Verleihung des Nobelpreises:

„Die Bewahrung des Friedens aber war, wegen der geistig politischen Grundvoraussetzungen des Nationalismus, der Europa beherrschte, eine schwer lösbare Aufgabe, die immer wieder scheiterte. Denn für den Nationalismus waren die Nation und ihre Interessen ein politischer Wert, der vor der Erhaltung des Friedens rangierte. Folgerichtig galt der Krieg auch noch als ein erlaubtes Mittel der Politik.

In einer Gedankenwelt, in der die eigene Nation alles und die mit den eigenen Interessen konkurrierende Nachbarnation zum Feind werden konnte, war der Frieden nichts weiter als die Vermeidung eines in jedem geschichtlichen Augenblick möglichen Krieges. In Kontinental-Europa konnte sich kein einziges Land aus eigener Kraft gegen alle seine Nachbarn verteidigen."[10]

Die Folgen sind bekannt. Hitler wurde als Vertreter der stärksten Fraktion im Reichstag von Präsident von Hindenburg – ganz legal – zum Reichskanzler ernannt. Es folgten der Staatsstreich, die Nazi-Diktatur und der Völkermord. Frankreich musste den Glauben an den Schutz der Ligne Maginot innerhalb weniger Wochen aufgeben.[11] Marschall Pétain, Präsident der Französischen Republik und vergreister Kriegsheld des Ersten Weltkriegs wie Hindenburg, akzeptierte für Frankreich den Status des Vasallenstaats und duldete, dass die Regierung unter Führung von Pierre Laval zum Handlanger der Nazi-Vernichtungspolitik wurde. Der

---

10 Helmut Schäfer, Staatsminister im Auswärtigen Amt, Rede am 29. Juni 1987 zum 60. Jahrestag der Rede Gustav Stresemanns aus Anlass der Verleihung des Friedensnobelpreises, Bulletin 70–87 des Auswärtigen Amts

11 Frankreich baute zwischen 1930 und 1940 eine Linie von Bunkern entlang der Grenze zu Belgien, Luxemburg, Deutschland und Italien. Das Programm wurde 1929 von Verteidigungsminister André Maginot dem französischen Parlament zum Beschluss vorgelegt. Sehr sehenswert ist z. B. der Bunker in Schoenenburg.

feste Glauben Charles de Gaulles, er sei die Verkörperung des „ewigen Frankreichs", war Grundlage seiner Exil-Regierung, allen Demütigungen von Churchill zum Trotz. Der Schulterschluss mit dem französischen Widerstandskampf – in welchem die französischen Kommunisten eine führende Rolle spielen sollten (wohlgemerkt nur nach Kündigung des Ribbentrop-Stalin-Pakts) – machte aus Frankreich eine Siegermacht. Verfassungsrechtliche Bedenken zu diesem Vorgang waren in Frankreich von schwachem Gewicht im Vergleich zum wiederhergestellten Ruf und wurden nicht weiter diskutiert.

Deutschland war mit Italien der eindeutige europäische Verlierer. Frankreich zählte trotz Vichy und dank de Gaulle und der „Résistance" zu den Siegermächten.

Die Bilder des Guten (der französische Widerstandskämpfer), der den Bösen (Deutschen) austrickst, wurden durch zahlreiche Kriegsfilme bis in die 80er Jahre gefestigt. Beispielhaft sei hier der 1966 erschienene Film von Gérard Oury „La grande vadrouille" („Die große Sause") mit Louis de Funès und Bourvil in den Spitzenrollen genannt, der mit 17 Millionen Besuchern über 40 Jahre der größte französische Kino-Hit bleiben sollte. Erst 2008 wurde er als erfolgreichster französischer Film durch *„Bienvenue chez les Ch'tis"* und 2011 durch *„Intouchables"* überholt.

Heute wird in Frankreich beider Weltkriege mit jeweils einem Nationalfeiertag gedacht: am 11. November 1918, dem letzten Tag der Kampfhandlungen des Ersten Weltkriegs, und am 8. Mai als Tag der Befreiung Europas von der Nazi-Diktatur. Tragikomisch ist, dass in Deutschland der 11. November ganz anders geprägt ist. Am 11.11. um 11 Uhr 11 beginnt jährlich der Karneval. Schon zwei Mal wurde der Charakter des 8. Mai als Nationalfeiertag angepasst, jedes Mal, um die deutsch-französische Freundschaft damit nicht mehr zu belasten: Charles de Gaulle strich den Feiertag. 1975 strich Valéry Giscard d'Estaing sogar den 8. Mai als offiziellen Gedenktag. Aber François Mitterrand stellte den Feiertag 1981 wieder her: reicht nicht der 11. November, um der Gefallenen beider Weltkriege zu gedenken?

Es ist übrigens erschreckend, dass bis hin zur französischen Präsidentschaftswahl 2022 mit diesen alten Ressentiments „gespielt wird" bzw. wie schnell sie wieder erwachen, obwohl es kaum mehr lebende Akteure gibt.

Kapitel 1: Deutschland und Frankreich brauchen ein autonomes Europa

Im Zuge der Finanzkrise erschienen Fotomontagen von Angela Merkel mit Nazi-Binde oder Hitler-Schnäuzer, weil Deutschland zur Bewältigung der Krise den Ton angegeben hatte.[12] In Deutschland war die Empörung groß – zu Recht! Der Spiegel vom 21. März 2015 titelte *„Wie Europäer auf die Deutschen blicken: The German Übermacht"*. Die Sprachlosigkeit drückte sich in der Fotomontage der Titelseite aus mit Angela Merkel im Kreise deutscher Offiziere vor der Akropolis. Und während des französischen Präsidentschaftswahlkampfs 2022 kritisierte Marine Le Pen ihren Gegenkandidaten Macron für seine deutsche Zuwendung während seiner ersten Amtszeit. *„Deutschland stellt sich als komplettes Gegenbild der strategischen Identität Frankreichs dar."*

1. Der Mut der Versöhnung und die Geburt eines neuen europäischen Gebildes

Dem Zweiten Weltkrieg und den Millionen Kriegsopfern folgte die überraschend schnelle Versöhnung, getrieben von Politikern, die beide Weltkriege erlebt hatten und „nie wieder" sagten.

Erster Schritt und Geburtsstunde des politischen Europas der Nachkriegszeit war die Montanunion. Sechs europäische Staaten entschlossen sich, Kompetenzen auf europäischer Ebene zu bündeln, um Krieg nach den Wirren der beiden Weltkriege auszuschließen. Mit der Montanunion wurden 1950, nur fünf Jahre nach Ende des Zweiten Weltkriegs und ein Jahr nach Gründung der Bundesrepublik, die zwei wichtigsten Rohstoffe für den Wiederaufbau zusammengelegt. Der französische Außenminister Robert Schuman erklärte:

„Die Vereinigung der europäischen Nationen erfordert, dass der Jahrhunderte alte Gegensatz zwischen Frankreich und Deutschland ausgelöscht wird. (...) Die Solidarität der Produktion, die so geschaffen wird,

---

12 Plakate der Anti-Deutschland-Demonstrationen in Athen 2011 und 2012; Titelseite der Zeitung Günes am 10. März 2017

wird bekunden, dass jeder Krieg zwischen Frankreich und Deutschland nicht nur undenkbar, sondern materiell unmöglich ist."[13]

Man bedenke: Steinkohle trug damals zu 70 % zum Primärenergieverbrauch bei. Und Stahl war zum Wiederaufbau unentbehrlich.

Vom Scheitern der Verteidigungsunion 1954 ließ man sich nicht aufhalten. Schon im März 1957 wurde in Rom der Grundstein zum weltweit größten Binnenmarkt durch die sechs Staaten der Montanunion gelegt, angefangen mit der Landwirtschaft. 1960 waren immerhin 15 % der Deutschen und mehr als 20 % der Franzosen in der Landwirtschaft beschäftigt. Wie groß der Schritt war, zeigt, dass Nahrungsmittel heute noch – nach den Ausgaben für das Wohnen – die zweitwichtigste Haushaltsausgabe sind.[14]

Deshalb war 1958 mit der Wahl von de Gaulle die Sorge groß, dass er die Vergemeinschaftung der Landwirtschaft beenden könnte. Er strich jedoch den 8. Mai als Nationalfeiertag und akzeptierte den Rom-Vertrag so wie er war. Die gemeinsame Agrarpolitik wurde fortgeführt und 1963 der deutsch-französische Freundschaftsvertrag unterzeichnet. In der einleitenden gemeinsamen Erklärung des „Elysée-Vertrages" erklären sich de Gaulle und Adenauer:

„in der Überzeugung, dass die Versöhnung zwischen dem deutschen und dem französischen Volk, die eine Jahrhunderte alte Rivalität beendet, ein geschichtliches Ereignis darstellt, das das Verhältnis der beiden Völker zueinander von Grund auf neugestaltet,
– in dem Bewusstsein, dass eine enge Solidarität die beiden Völker sowohl hinsichtlich ihrer Sicherheit als auch hinsichtlich ihrer wirtschaftlichen und kulturellen Entwicklung miteinander verbindet,
– angesichts der Tatsache, dass insbesondere die Jugend sich dieser Solidarität bewusst geworden ist, und dass ihr eine entscheidende Rolle bei der Festigung der deutsch-französischen Freundschaft zukommt,

---

13 Robert Schumans Erklärung vom 9. Mai 1950
14 9,6 % für Deutschland, 11,9 % für Frankreich, gemäß Bundesinformationszentrum Landwirtschaft

1. Der Mut der Versöhnung

– in der Erkenntnis, dass die Verstärkung der Zusammenarbeit zwischen den beiden Ländern einen unerlässlichen Schritt auf dem Wege zu dem vereinigten Europa bedeutet, welches das Ziel beider Völker ist, mit der Organisation und den Grundsätzen der Zusammenarbeit zwischen den beiden Staaten, wie sie in dem heute unterzeichneten Vertrag niedergelegt sind, einverstanden."

Charles de Gaulle hatte schon ein Jahr vor Unterzeichnung in Ludwigsburg der deutschen Jugend zugerufen:

„Die Zukunft unserer beiden Länder, der Grundstein, auf dem die Einheit Europas gebaut werden kann und muss, und der höchste Trumpf für die Freiheit der Welt bleiben die gegenseitige Achtung, das Vertrauen und die Freundschaft zwischen dem französischen und deutschen Volk".[15]

Für die 20.000 ihm zujubelnden Menschen ist vieles des Vorhergesagten in Erfüllung gegangen. Aber die Jugend, an die sich Charles de Gaulle in Ludwigsburg richtete, ist nun längst pensioniert.

Während heute die Politik den Elysée-Vertrag zelebriert wird, stellen Tausende deutsch-französische Vereine und Städtepartnerschaften fest, dass ihre über 100.000 Mitglieder immer älter werden und jüngere Menschen andere Ziele verfolgen. Die heutige Jugend empfindet die Errungenschaften als selbstverständlich – zum Glück! Sich für die deutsch-französische Verständigung zu engagieren, ist überflüssig geworden. Es gibt brennendere Themen, z. B. die Beziehungen zu China oder der Türkei, Afrika oder den Klimawandel (siehe „Fridays for future"[16]). Es sieht so aus, als würden die Interessen der Zivilgesellschaft und der Politik auseinanderklaffen. Einerseits begeistern deutsch-französische Themen weniger, andererseits wird gerade der deutsch-französische Freundschaftsvertrag in Aachen als neuer Meilenstein gefeiert.

---

15 Charles de Gaulle, „Rede an die deutsche Jugend", 9. September 1962, Ehrenhof des Ludwigsburger Schlosses
16 Fridays for future ist eine 2018 gegründete soziale Bewegung. Nach dem Vorbild ihrer Initiatorin, der Schwedin Greta Thunberg, organisieren Schüler und Schülerinnen Protestaktionen, damit die Ziele der Weltklimakonferenz in Paris 2015 (COP 21) schneller umgesetzt werden.

Die Gründe für die auseinanderklaffende Interessenlage sind vielfältig. Der erste ist besonders erfreulich: Nach all den Kriegen ist das Ziel „nie wieder Krieg" zwischen Deutschland und Frankreich erreicht. Somit zieht das ursprüngliche Argument der notwendigen Versöhnung nicht mehr. Die Partnerschaftsvereine feiern nun ihr 50. oder gar 60. Jubiläum – mit ihren ebenso älter gewordenen Mitgliedern. Wenn diese Vereine neue Mitglieder gewinnen wollen, müssen sie argumentativ ausholen und erklären, dass es keinen integrativen Fortschritt Europas ohne den deutsch-französischen Schulterschluss geben kann, auch wenn heute beide Länder nicht mehr Mitglieder eines Klubs von nur sechs, sondern von 27 Staaten sind.

Die bessere Kenntnis des Nachbarlandes als zu Zeiten des Elysée-Vertrags ist ein weiterer Grund. Die menschlichen Verflechtungen sind vielschichtig. Der Freundschaftsvertrag setzte von Anfang an auf die Jugend, die nächste Generation. Der Jugendaustausch wurde besonders durch das Deutsch-Französische Jugendwerk (DFJW) erleichtert. Gegründet wurde es im Rahmen des deutsch-französischen Freundschaftsvertrags mit dem Ziel, *„die Verbindungen zwischen jungen Menschen in Deutschland und Frankreich auszubauen und ihr Verständnis füreinander zu vertiefen"*. Mehr als 9 Millionen junge Menschen aus Deutschland und Frankreich haben mit den Austauschprogrammen den Nachbarn entdeckt und schätzen gelernt.

Die 2.200 deutsch-französischen Partnerschaftsvereine setzen diesen Austausch fort und tragen somit auch zur Urlaubsstatistik im Nachbarland bei. Die Deutschen sind heute noch die zweitstärkste Besuchergruppe in Frankreich (nach den Briten), auch wenn für sie Italien, Spanien, aber auch Griechenland und die Türkei noch beliebtere Urlaubsziele als Frankreich geworden sind.[17] Die Franzosen haben einen deutlichen Aufholbedarf. Sie reisen nämlich lieber in die USA, die Emirate und 10 weitere Länder, bevor es sie nach Deutschland zum Oktoberfest oder zum Kölner Karneval zieht. Grund zur Hoffnung gibt es, weil die Party- und Kunstszene Berlin zum „Mekka" der französischen Jugend geworden ist.

Auch die wirtschaftlichen Verflechtungen zwischen Frankreich und Deutschland sind intensiver als mit anderen Ländern. Über Jahrzehnte

---

17 Ranking der beliebtesten Reiseziele der Bevölkerung in Deutschland in den Jahren 2017 bis 2020 (Statista)

1. Der Mut der Versöhnung

waren sie wichtigste Handelspartner. Für Frankreich bleibt Deutschland es immer noch. Für Deutschland sind nun die USA und China wichtigere Abnehmer deutscher Waren. Und Frankreich ist nur noch der sechstwichtigste Lieferant für Deutschland (knapp hinter Italien).[18] Das Netzwerk der zahlreichen Tochtergesellschaften vervollständigt die Grundlage der regelmäßig von Hunderttausenden Deutschen und Franzosen praktizierten Kommunikation.

Die politische Vertrautheit ist ihrerseits einmalig. Das Auswärtige Amt schreibt auf seiner Homepage:

> *„Frankreich ist Deutschlands engster und wichtigster Partner in Europa. Mit keinem anderen Land gibt es eine so regelmäßige und intensive Abstimmung auf allen politischen Ebenen und in allen Politikbereichen. (...)*
> *Zahlreiche Institutionen und Kooperationen gestalten die bilateralen Beziehungen: das 1963 gegründete Deutsch-Französische Jugendwerk, der gemeinsame Fernsehsender ARTE, die gemeinsame Deutsch-Französische Brigade, die Deutsch-Französische Hochschule und das Deutsch-Französische Institut in Ludwigsburg, um nur einige zu nennen. Hinzu kommt ein dichtes zivilgesellschaftliches Netzwerk aus deutsch-französischen Vereinigungen, Regional- und Städtepartnerschaften, Schulpartnerschaften sowie speziellen Partnerschaften deutscher und französischer Schulen, die in bilingualen Zweigen den Unterricht in beiden Sprachen abhalten."*[19]

Dieser engen Verbindung sind die bedeutendsten Initiativen zur europäischen Integration zu verdanken. So war es bei der europäischen Währungsunion. Diese wurde unter Federführung von Valéry Giscard d'Estaing und Helmut Schmidt vorbereitet und 2002 gemäß dem „Delors-Bericht" mit dem Euro umgesetzt. Heute verfügen wir über ein einziges Zahlungsmittel für den größten visumfreien Raum weltweit. Seit 1986 überqueren wir die

---

18 Importe 2021 (in €): China 142 Mrd., Niederlande 105 Mrd., USA 72 Mrd., Polen 69 Mrd., Italien 65 Mrd., Frankreich 62 Mrd.
19 Auswärtiges Amt, Deutschland und Frankreich: Bilaterale Beziehungen, 2. Mai 2021

Grenzen von mittlerweile 27 Staaten[20], ohne es zu merken. *„Die Binnengrenzen dürfen an jeder Stelle ohne Personenkontrollen überschritten werden."* Mit der Terrorismus-Welle und der Corona-Krise haben wir festgestellt, wie weitgreifend die Gründung eines solchen Freiheitsraums ist. Sicherheitsbehörden müssen sich stärker austauschen, nationale Gesundheitsmaßnahmen müssen – zumindest in der Grenzregion – mit dem Nachbarn abgestimmt werden.

Dass dieser Binnenraum mit 450 Millionen Menschen sich auch bei den Außengrenzen besser aufstellen muss, wurde mit den Flüchtlingsströmen sichtbar. Die Flüchtlinge aus Afrika auf Lampedusa sind kein italienisches, die Syrer und Afghanen in Moria kein griechisches Problem. Die Bereitschaft, syrische Zuwanderer aufzunehmen, ist – anders als bei Ukrainern, meistens Ukrainerinnen – kleiner geworden. Die Quotendiskussionen zeigen, dass die Definition Europas angepasst werden muss.

2. Die Erkenntnis eines höheren europäischen Integrationsbedarfs

In seiner Sorbonne-Rede hat Emmanuel Macron unter der Überschrift eines „Europa, das uns schützt" die Notwendigkeit weiterer Integrationsschritte hervorgehoben, übrigens nachdem er sein Skript der damaligen Bundeskanzlerin Angela Merkel schon im Entwurf vorgelegt hatte. So sollte sichergestellt werden, dass die enthaltenen Vorschläge auch von Deutschland vertreten werden können.

„Alle Herausforderungen, die uns bevorstehen – von der Klimaerwärmung bis zum digitalen Wandel über die Migration, den Terrorismus – all das sind globale Herausforderungen, auf die eine Nation, die sich in sich selbst zurückzieht, nur ungefähr und insgesamt wenig reagieren kann (…).

---

20 Dem Schengen-Abkommen sind alle EU-Staaten mit Ausnahme von Irland und Zypern beigetreten. Rumänien und Kroatien wenden den Schengen-Acquis nur teilweise an. Vier Nicht-EU-Staaten sind beigetreten: Island, Liechtenstein, Norwegen und die Schweiz. (www.auswärtiges-amt.de, am 5. September 2022)

2. Die Erkenntnis eines höheren europäischen Integrationsbedarfs

Anstatt also all unsere Energie auf unsere inneren Spaltungen zu konzentrieren, wie wir es nun schon viel zu lange machen, anstatt unsere Debatten in einem europäischen Bürgerkrieg zu verlieren – denn darum handelt es sich bei den Haushalts-, Finanz- und Politikdebatten –, müssen wir eher darüber nachdenken, wie wir Europa stärker machen in der Welt, wie sie ist."[21]

Eine Antwort aus Berlin ließ jedoch (zu) lange auf sich warten. War es die alte Befürchtung, dass Europa für Frankreich nur ein Alibi für seine eigene Vormachtstellung wäre? Hierzu wird gerne folgende Äußerung von de Gaulle zitiert, der sich kurz vor Unterzeichnung des Elysée-Vertrags in der Kabinettsetzung wie folgt geäußert haben soll:

„Europa, wozu? Es sollte dafür da sein, um weder von den Amerikanern noch von den Russen dominiert zu werden. Zu sechst sollten wir in der Lage sein, genauso gut zu sein wie die beiden Supermächte. Und wenn es Frankreich gelingt, die erste dieser sechs Mächte zu sein, und das ist möglich, dann könnte es diesen Archimedes-Hebel nutzen. Es könnte dann die anderen mitziehen. Europa, das ist für Frankreich die Möglichkeit, wieder das zu werden, was es seit Waterloo nicht mehr ist: die erste Macht der Welt"[22].

Der Vorwurf, Emmanuel Macron würde vor allem die Interessen Frankreichs vertreten, ist skurril. Es ist nämlich die Aufgabe eines jeden Regierungschefs, die Nationalinteressen zu verteidigen. Wie de Gaulle zu sagen pflegte, gibt es zwischen Staaten keine Freundschaft, sondern nur Interessen. Dies gilt ja gleichermaßen für Deutschland. Wie wäre es

---

21 Rede von Staatspräsident Macron an der Sorbonne-Initiative für Europa (Französische Botschaft, 26. September 2017)
22 Alain Peyrefitte, „C'était de Gaulle". De Gaulle soll am 22. August 1962 gesagt haben: „L'Europe, ça sert à quoi? Ça doit servir à ne se laisser dominer ni par les Américains, ni par les Russes. A six, nous devrions pouvoir arriver à faire aussi bien que chacun des deux super-grands. Et si la France s'arrange pour être la première des Six, ce qui est à notre portée, elle pourra manier ce levier d'Archimède. Elle pourra entraîner les autres. L'Europe, c'est le moyen pour la France de redevenir ce qu'elle a cessé d'être depuis Waterloo: la première au monde."

sonst zum Ausstieg aus der Atomenergie oder zum Durchsetzen der Pipeline North Stream II gekommen?

Nach langem deutschen Schweigen sollte schließlich die Corona-Krise zum Durchbruch verhelfen. Am 18. Mai 2020 wurde das NextGenerationEU-Programm durch alle EU-Staaten verabschiedet. Die Europäische Union zeigte sich solidarisch. 27 Staaten beschlossen einen gemeinsamen Wiederaufbauplan – eine Premiere, die auch durch die (Brexit-bedingte) Abwesenheit von Großbritannien möglich wurde. Mit diesem Programm findet ein Paradigmenwechsel statt. 360 Milliarden Euro kollektiv aufgenommene Darlehen können pro rata abgerufen werden, bis zu höchstens 6,8 % des BIP des jeweiligen Mitgliedstaates. 330 Milliarden Zuschüsse werden aber bedarfsorientiert verteilt. Italien und Spanien erhalten jeweils 70 Milliarden. Dann erst folgen die größten Beitragszahler Frankreich (39 Mrd.) und Deutschland (26 Mrd.).

Deshalb behauptete Angela Merkel vor dem EU-Parlament am 8. Juli 2020:

„Welche Botschaft könnte passender sein als die, dass dieses Europa zu Großem fähig ist, wenn wir einander beistehen und zusammenhalten?!"

Plötzlich war die in Deutschland lange für nicht zulässig gesehene Aufnahme einer kollektiven Verschuldung (Stichwort „Eurobonds") passé.

Ursula von der Leyen, Präsidentin der EU-Kommission, hatte im April 2020 einen neuen „Marshall-Plan für Europa" gefordert,[23] benannt nach dem US-Außenminister George Marshall, der 1947 einen *„Pakt für eine außergewöhnliche strategische Großzügigkeit"* für das Nachkriegs-Europa vorgeschlagen hatte.[24] Europa wurde als Ganzes gesehen. US-Präsident Truman stimmte seinerzeit einem Budget von 17 Mrd. US$ zu, was immerhin 13 % des damaligen US-Haushalts entsprach. 90 % der Mittel waren Spenden. Das besiegte Deutschland erhielt 10 % dieser Mittel (wie Italien auch). Die größten Zuwendungen (25 %) gingen an den treuen Alliierten Großbritannien und 20 % an Frankreich, trotz deutlich geringerer

---

23 Ursula von der Leyen, „Wir brauchen einen Marshall-Plan für Europa", (Die Welt, 4. April 2020)
24 Rede von George C. Marshall an der Harvard University, 5. Juni 1947

2. Die Erkenntnis eines höheren europäischen Integrationsbedarfs

Zerstörungen als in Deutschland. Über die Gelder des Marshall-Plans hinaus wurde Deutschland mit „Schwedenspeisung" und der Londoner Schuldenvereinbarung unterstützt,[25] alles Ausdruck von Solidarität und Grundlage des darauffolgenden europäischen Aufschwungs zugleich. Bestünde heute in der deutschen Bevölkerung ein größeres Bewusstsein der damaligen Hilfe, blieben uns viele Diskussionen über die europäische Nord-Süd-Solidarität erspart.

Ganz zu Beginn der Corona-Krise forderte Bundespräsident Steinmeier zu Recht die Notwendigkeit einer neuen europäischen Grundhaltung:

„Die Welt danach wird eine andere sein. Wie sie wird? Ich glaube: Wir stehen jetzt an einer Wegscheide. Schon in der Krise zeigen sich die beiden Richtungen, die wir nehmen können. Entweder jeder für sich, Ellbogen raus, hamstern und die eigenen Schäfchen ins Trockene bringen? Oder bleibt das neu erwachte Engagement für den anderen und für die Gesellschaft? (...) Suchen wir auf der Welt gemeinsam nach dem Ausweg oder fallen wir zurück in Abschottung und Alleingänge? Teilen wir doch alles Wissen, alle Forschung, damit wir schneller zu Impfstoff und Therapien gelangen, und sorgen wir in einer globalen Allianz dafür, dass auch die ärmsten Länder Zugang haben, die am verwundbarsten sind. (...) Dreißig Jahre nach der Deutschen Einheit, 75 Jahre nach dem Ende des Krieges sind wir Deutsche zur Solidarität in Europa nicht nur aufgerufen – wir sind dazu verpflichtet!"[26]

Im Zuge der Corona-Pandemie und der Zulieferungsschwierigkeiten klingt dieser Ruf wie eine Selbstverständlichkeit. Emmanuel Macron fügte hinzu:

„Wir müssen für Frankreich eine landwirtschaftliche, gesundheitliche, industrielle und technologische Unabhängigkeit und für Europa eine größere strategische Autonomie erreichen. (...) Wir müssen auch unseren

---

25 Zwischen 1946 und 1949 erhielten Hunderttausende deutsche Kleinkinder auf Initiative von Folke Bernadotte, Präsident des schwedischen Roten Kreuz, vier warme Suppen pro Tag, genannt Schwedenspeisung. 1953 wurden Deutschland bei einer Kreditgeberkonferenz in London über 50 % der Auslandsschulden erlassen.
26 Frank-Walter Steinmeier, Fernsehansprache zur Corona-Pandemie am 11. April 2020

Nachbarn in Afrika helfen, wirksamer gegen den Virus zu kämpfen, ihnen auch wirtschaftlich helfen, indem wir massiv ihre Schuld erlassen. (...) Ja, alleine werden wir nie gewinnen. (...) Es ist unsere Pflicht eine neue Zusammenarbeit und eine neue Solidarität zu errichten."[27]

Ein Jahr später bezeichnete Olaf Scholz, damals noch Vizekanzler, das Next-GenerationEU-Programm sogar als europäischen „Hamilton-Moment", benannt nach dem jungen Finanzminister der amerikanischen Konföderation, der 1790 beschlossen hatte, sämtliche Schulden der Bundesstaaten auf US-Bundesebene zu übernehmen. Ein Grund, das NextGenerationEU-Abkommen als historisch oder gar als Hamilton-Moment zu bezeichnen ist seine Finanzierung durch europäische Verschuldung, welche bis 2058 durch Nicht-Europäer zurückgezahlt werden soll, dank der Einführung neuer Abgaben auf im Ausland hergestellte Plastik- und Digitalprodukte und einer CO_2-Steuer. Mit diesem Programm haben sich Angela Merkel und Emmanuel Macron jedenfalls in die geschichtsträchtigen Paare der europäischen Integration eingereiht: Großen Integrationsschritten der EU lagen immer deutsch-französische Vorschläge zugrunde, die immer politischen Mut verlangt haben.

Heute ist der Binnenmarkt eine Realität geworden. Mindestens 60 % des Außenhandels jedes EU-Mitgliedstaats wird mit einem anderen EU-Staat betrieben. Bei den meisten Jungmitgliedern der EU sind es übrigens sogar über 80 %, wie zum Beispiel gerade Polen oder Ungarn.[28] Menschen und Waren bewegen sich ohne Grenzen, ohne Geld tauschen zu müssen, und zumindest die Jüngeren können es sich auch nicht anders vorstellen. Nicht der Altruismus, sondern die Notwendigkeit, gemeinsam agieren zu müssen, waren die Treiber dieser Schritte. Aus der Not wurde eine Tugend gemacht.

---

27 Emmanuel Macron, Fernsehansprache (Adresse aux Français) vom 13. April 2020
28 **Über 80 %**: Slowakei 84,9 %; Luxemburg 84,3 %; Tschechien 83,9 %; Ungarn 81,7 %; Polen 80 %; **über 70 %**: Rumänien 76,9 %; Portugal 76,8 %; Slowenien 73,6 %; Niederlande 73,5 %; Belgien 72,7 %; Estland 71,3 %; Österreich 70,7 %; **über 60 %**: Kroatien 68 %; Lettland 67 %; Spanien 66,6 %; Bulgarien 66,4 %; **über 50 %**: Dänemark 59,3 %; Finnland 58,8 %; Litauen 58,8 %; **Deutschland 58,5 %**; **Frankreich 58,2 %**; Schweden 57,9 %; Malta 57,7 %; Italien 56,2 %; Griechenland 56 %; **unter 50 %**: Irland 47,4 %; Zypern 45,2 % (Eurostat, EU-Handel nach 1998, 15.02.2021).

3. Unser Modell der sozialen Marktwirtschaft verteidigen

Dass noch mehr integrative Schritte erforderlich sind, um einen wirklich integrierten Markt zu schaffen, ist jedoch ohne Zweifel. Europäische Unternehmen brauchen ein Umfeld, in welchem sie im Wettbewerb mit den amerikanischen und chinesischen Firmen bestehen können. Noch allgemeiner geht es darum, unsere soziale Marktwirtschaft zu verteidigen. Im Gegensatz zu den Amerikanern wollen Europäer ein soziales Auffangnetz und nehmen dafür einen größeren Anteil des Staats in der Wirtschaft in Kauf. Unterstützung im Falle von Arbeitslosigkeit oder Krankenpflege sind Aufgaben, die Europäer beim Staat in guten Händen sehen. In Deutschland spricht man übrigens vom „Vater Staat", nicht in Frankreich. Wie sehr diese Meinung vom Selbstverständnis der Amerikaner abweicht, konnten wir bei Einführung von Obama-Care in den USA beobachten: Für viele (republikanische) Amerikaner glichen die Vorschläge der Einführung des Kommunismus.

Die Amerikanisierung unserer Gesellschaft ist schon sehr fortgeschritten. Hierbei denke ich weniger an den Kleidungsstil und die Fast-Food-Kultur, sondern z. B. an den US-Dollar, der bis heute die stärkste Währungsreserve ist, an die vielen Rohstoffe, die in Dollar, nicht in Euro gepreist werden. Das Währungsrisiko muss also von den Europäern, nicht von den Amerikanern getragen werden. Rechtsnormen und Rechnungslegung werden schon heute mittels angelsächsischer, weltweit aktiver Kanzleien und Wirtschaftsprüfungsgesellschaften von den USA vorgegeben: der knapp gehaltene HGB-Vertrag weicht dem 100-seitigen Vertrag nach amerikanischen Muster. Das Quartalsziel ersetzt den (konservativen) jährlichen Jahreshorizont. Und das Handeln europäischer Unternehmen wird von der US-Regierung bestimmt, wenn ihre Geschäfte mit ausgewiesenen Ländern wie der „Achse des Bösen" eingestellt werden müssen, sofern sie weiterhin in den USA tätig sein wollen.

Europa ist technologisch abhängig von der Datenspeicherung (Cloud) bis hin zur hybriden Kriegsführung und braucht Antworten auf Giganten wie die „GAFAMs".[29] Unter den Top 10 der innovativsten Unternehmen der

---

29 Die GAFAMs kommen zusammen auf eine Börsenkapitalisierung von 8,7 Billionen Euro (**Google** (1,3), **Apple** (2,4 Billionen), **Facebook** (0,5), **Amazon** (0,9), **Microsoft** (1,8).

Welt befindet sich kein Europäer: sechs sind Amerikaner, zwei Chinesen (Huawei & Alibaba), eines ist Südkoreaner (Samsung) und eines kommt aus Japan (Sony) ... Lediglich sechs deutsche Unternehmen befinden sich unter den Top 50, kein einziges französisches.[30] Jeder Staat hat seine eigenen Regeln – ein Flickenteppich, mit dem die GAFAM aufgrund ihrer Größe gut umgehen können, nicht aber die kleineren Europäer. Im Dezember 2020 wurden nun der Digital Services Act (DSA) und der Digital Markets Act (DMA) veröffentlicht und erste (!) europäische Spielregeln mit dem Ziel eines besseren Verbraucherschutzes und eines fairen Wettbewerbs festgelegt. Darüber hinaus hat EU-Kommissar Thierry Breton eine Liste von 137 Produkten erstellen lassen, bei welchen die europäische Abhängigkeit vom Ausland zu groß ist.

Im Kampf gegen den Klimawandel ist eine gemeinsame Politik ebenso gefragt, die neue Taxonomie eine Notwendigkeit, gerade weil die Bandbreite der Ausgangspositionen so groß ist, vom atomstromgeprägten Frankreich bis hin zum kohle- und gasabhängigen Deutschland. Europäische Banken und Unternehmen brauchen einen gemeinsamen Nenner. Mangels dessen ist es Europa nicht gelungen, sich an die Spitze des Kampfs gegen den Klimawandel zu setzen. Vier Jahre lang herrschte Stille, nachdem Trump den Klimawandel geleugnet hatte und die USA aus dem Paris-Abkommen ausgestiegen waren. Erst mit dem – von Joe Biden lancierten – virtuellen Klimagipfel[31] in Glasgow kamen neue Impulse. Die USA versprachen eine Senkung um mindestens 50 % im Vergleich zu 2005 und China die Klimaneutralität ab 2060. Die EU hatte sich erst am Vortag auf die Senkung der CO_2-Emissionen um 55 % bis 2030 einigen können.

Und die Finanzierung der europäischen Wirtschaft leidet unter der Fragmentierung des noch allzu stark national geprägten Finanzsystems. Weil Banken sich dem jeweils lokalen (steuer-) rechtlichen Umfeld anpassen müssen, ganz abgesehen von der Sprache. Die Bankenunion befindet sich noch im Entwurfsstadium. Es gibt zwar den „europäischen

---

Das BIP der 27 Staaten der EU summiert sich auf 12 Billionen Euro (Zahlen per 27. November 2022)
30 Das Consulting-Unternehmen Boston Consulting Group (BCG) erstellt seit 2005 jährlich die Rangliste der innovativsten Unternehmen der Welt.
31 Joe Biden hat wenige Wochen nach seiner Wahl 40 Staats- und Regierungschefs zum „Leaders Summit on Climate" am 21./22. April 2021 eingeladen.

Pass", ein europäisches Clearing-System, wohlgemerkt in London, einen europäischen Aktienhandel. Aber es gibt noch immer keinen einheitlichen Finanzmarkt – von der Wohnimmobilienfinanzierung bis zum Kapitalmarkt für Start-ups bleiben die Spielregeln national. Demzufolge ist es kein Wunder, dass europäische Banken mit ihren amerikanischen Wettbewerbern nicht gleichziehen können. JPMorgan hat im Durchschnitt der letzten 5 Jahre mehr als 28 Mrd. USD pro Jahr verdient (die zweitgrößte US-Bank Bank of America über 20 Mrd.), fast so viel wie alle europäischen Banken zusammen. Die größte europäische Bank, die britische HSBC, verdiente 2021 mit 10 Mrd. ein Drittel, die spanische Santander und die französische BNP Paribas jeweils unter 9 Milliarden.

4. Mehr politischer Mut in Deutschland gefragt

Gerade bei Wirtschaftsfragen fällt Deutschland eine besondere Bedeutung zu. Deutschland hat sich auch lange gesträubt, eine europäische Industriepolitik zu unterstützen – wie Großbritannien. Der Brexit ermöglichte das Umdenken.

Seit einigen Jahren wird diskutiert, warum sich Deutschland überhaupt sträubt, seiner (seit dem Mauerfall) neuen Verantwortung gerecht zu werden („*the reluctant hegemon*"[32]). Seit dem Mauerfall ist Deutschland mit Abstand die größte Volkswirtschaft und zählt die größte Bevölkerung Europas. Auch der geografische Mittelpunkt Europas verschob sich von der französisch-belgischen Grenze nach Deutschland. Von 1995 bis 2004 war Viroinval an der belgisch-französischen Grenze in den Ardennen der geografische Mittelpunkt der europäischen Union (mit damals 15 Mitgliedsländern). 2004 rückte er nach Aschaffenburg und 2020, nach dem Austritt Großbritanniens, nach Gadheim in Unterfranken. Deutschland lag an der östlichen Grenze des Westbündnisses und ist mit der EU-Osterweiterung nicht nur wirtschaftlich, sondern auch geografisch zum Mittelpunkt geworden.

---

[32] The Economist „Europe's reluctant hegemon – A special report on Germany", 15.–21. Juni 2013

Deutschland kann sich nicht mehr als wirtschaftlicher Riese, aber politischer Zwerg gerieren. Es war geneigt, Entscheidungen alleine zu treffen, wie beim Atomausstieg oder dem Bau von North Stream II. Das wusste schon Hans-Dietrich Genscher 1990:

„Ich bekräftige, was Thomas Mann schon 1952 erklärte: Wir wollen ein europäisches Deutschland, nicht ein deutsches Europa."[33]

Immer wieder gab es deutsche Versuche, sich von der deutsch-französischen Umarmung zu befreien. Dies war schon kurz nach Unterzeichnung des Elysée-Vertrags der Fall. Der deutsch-französische Freundschaftsvertrag von 1963 war überwiegend außenpolitisch motiviert. De Gaulle hoffte so, Europa auf Augenhöhe mit den USA und der Sowjetunion – sozusagen „blockfrei" – zu positionieren. Dieser Versuch scheiterte, als Deutschland klar machte, es werde nicht von der amerikanischen Seite weichen: Der Bundestag verabschiedete eine Präambel zum Freundschaftsvertrag– ohne vorherige Absprache mit Frankreich (!) –, mit welcher die absolute Treue zu den USA dokumentiert wurde, Elysée-Vertrag hin oder her.

Dann gab es Versuche, ein politisches Dreieck mit Großbritannien oder Polen zu bilden. Hans-Dietrich Genscher versuchte es, indem Polen eingeladen wurde, sich zu den deutsch-französischen Gesprächen im sogenannten Weimarer Dreieck-Format zu gesellen. Gerhard Schröder versuchte es später mit Tony Blair. Auch Frankreich sucht Alternativen, wie es jüngst der „Quirinal-Vertrag" mit Italien zeigt.[34] So reiste Emmanuel Macron mit Bundeskanzler Scholz, dem italienischen Premier Draghi und dem rumänischen Präsidenten Johannis nach Kiew, als Vertreter der drei größten europäischen Volkswirtschaften und des EU-Landes mit der längsten Grenze zur Ukraine und des ebenfalls angriffsgefährdeten Moldawien.

---

33 „Open Skies"-Konferenz in Ottawa am 13. Februar 1990
34 Am 26. November 2021 unterzeichneten Emmanuel Macron und Mario Draghi einen Freundschaftsvertrag zwischen Italien und Frankreich im römischen Quirinal-Palast. Emmanuel Macron sagte, die nun engere Kooperation zwischen Paris und Rom sei keine Konkurrenz zum Verhältnis mit Berlin. *„Sie ergänzen sich, sie sind unterschiedlich."*

4. Mehr politischer Mut in Deutschland gefragt

Sich zu behaupten, fällt auch nicht leicht, wenn die (empfundene) deutsche Überheblichkeit sofort von der Öffentlichkeit abgestraft wird, wie es in Portugal oder Griechenland während der Finanzkrise der Fall war. Andererseits ist allen klar, dass ohne deutsche Zustimmung in Europa nichts durchzusetzen ist, und am Ende des Tages kommen sie immer wieder auf das deutsch-französische Tandem zurück. Annalena Baerbock versicherte ihrem Kollegen Jean-Yves Le Drian bei ihrem Antrittsbesuch:

„Vom ersten bis zum letzten Tag können Sie sich der deutschen Unterstützung für ein starkes und souveränes Europa sicher sein."

Für die im November 2021 neu gebildete Koalition war es wichtig festzuhalten:

„Wir handeln im europäischen Selbstverständnis, eingebettet in das historische Friedens- und Freiheitsprojekt der Europäischen Union. (…) Als größter Mitgliedstaat werden wir unsere besondere Verantwortung in einem dienenden Verständnis für die EU als Ganzes wahrnehmen. (…) Die strategische Souveränität Europas wollen wir erhöhen. Dies bedeutet in erster Linie, eigene Handlungsfähigkeit im globalen Kontext herzustellen und in wichtigen strategischen Bereichen, wie Energieversorgung, Gesundheit, Rohstoffimporte und digitale Technologie, weniger abhängig und verwundbar zu sein, ohne Europa abzuschotten. (…) Unser Ziel ist eine souveräne EU als starker Akteur in einer von Unsicherheit und Systemkonkurrenz geprägten Welt."

Die deutsche Ablehnung einer europäischen Souveränität gehört sichtlich der Vergangenheit an. Der Begriff Souveränität ist nicht mehr Staaten vorbehalten. Und der kurzfristig ins Spiel gebrachte Begriff der „strategischen Autonomie" wurde beiseitegelegt, weil er zu sehr als Abgrenzung zu den USA verstanden wurde. Nun aber schlägt die neue Koalition den Weg der europäischen „strategischen Souveränität" ein.

5. Europas politische Interessen in der Welt behaupten

Für Napoleon war es eindeutig: Jeder Staat macht die Politik seiner Geografie (*„Tout État fait la politique de sa géographie"*). Europa macht noch längst nicht die Politik seiner Geografie. Jeder Mitgliedstaat hat die besten Gründe, seine Außenpolitik selbst zu gestalten – als Ausdruck seiner Souveränität –, und überlässt den USA die Entscheidung über Krieg oder Frieden: in Frankreich meistens, in Deutschland immer.

Im Außenverhältnis zögern die EU-Mitgliedstaaten immer noch, kollektiv aufzutreten. Zwar sieht jeder Staat seit Langem ein, dass er alleinstehend deutlich zu klein ist, um international Einfluss zu nehmen. Die kritische Masse der EU ist ein Muss. Europäische Souveränität muss neu definiert werden damit die Europäer nicht zu den *modernen Graeculi* werden, wie die Römer die besiegten Griechen abfällig bezeichneten. Nur wie?

Insbesondere die zweite Erweiterungswelle der EU hat gemeinsames Handeln im Außenverhältnis schwieriger gemacht. Europa blieb sechzehn Jahre die Gemeinschaft der sechs Gründungsstaaten, dehnte sich erst dann als „Westmacht" mit dem Beitritt zunächst von Großbritannien, Irland und Dänemark, dann von Griechenland, Spanien und Portugal aus. Diese erste Verdoppelung der Anzahl der Mitgliedstaaten (1973–1995) und Zuwachs der Einwohnerzahl um ein Drittel dauerte mehr als 20 Jahre.[35]

Die zweite Erweiterungswelle wurde im Dezember 2000 beim Nizza-Gipfel beschlossen und verlief ganz anders. Mit dem Mauerfall veränderte sich nämlich die Europäische Union *im Kern*. Dieses Mal erweiterte sich die EU gen Osten und wieder verdoppelte sich die Staatenzahl. Und die Bevölkerung (deutsche Vereinigung inbegriffen) wuchs wieder um ein Drittel auf nunmehr 446 Millionen Einwohner.[36] Diese Erweiterung erfolgte doppelt so schnell – in weniger als 10 Jahren (2004–2013). Es stellte sich jedoch schnell heraus, dass Osteuropäer die sich gerade vom sowjeti-

---

[35] Die Bevölkerung der 12 Mitgliedstaaten der Europäischen Gemeinschaft belief sich 1989 auf 325 Millionen. Deutschland und Frankreich waren auf Augenhöhe: 61,7 Millionen Einwohner in Deutschland; 57,7 in Frankreich.

[36] Die Osterweiterung erhöhte die Bevölkerung um 120 Millionen Einwohner. 2004 kamen die baltischen Staaten, Polen, Slowakei, Slowenien, Tschechien und Ungarn (sowie Malta und Zypern) hinzu; 2007 folgten Bulgarien, und Rumänien und zuletzt 2013 Kroatien.

5. Europas politische Interessen in der Welt behaupten

schen Großbruder befreit hatten, ein anderes Grundverständnis von Freiheit und liberaler Wirtschaft haben als demokratieerprobte Westeuropäer. Die Gefahr besteht darin, dass Deutschland eine EU-Erweiterung von immer mehr osteuropäischen Staaten befürwortet, was das deutsch-französische Gleichgewicht fundamental in Frage stellen könnte. Ein erstes Beispiel dafür liefert das „Weimarer Dreieck", mit welchem sich Deutschland, Frankreich und Polen über gemeinsame Herausforderungen abstimmen. Die Notwendigkeit einer europäischen Selbstbehauptung auf der internationalen Bühne, wie sie Frank-Walter Steinmeier kurz nach der Wahl von Donald Trump zum US-Präsidenten formulierte, bleibt:

„Es ist nicht nur naiv, es ist unverantwortlich, den Menschen vorzugaukeln, dass man Gefahren wie Terrorismus oder Klimawandel, die keine Grenzen kennen, mit Mauern und Schlagbäumen bannt. Es ist unverantwortlich, den Menschen vorzumachen, dass in einer Welt, die komplizierter wird, die Antworten einfacher werden. Es ist falsch zu sagen, in dieser Welt könne ein europäisches Land allein und ohne die EU seine Stimme hörbarer machen oder seine wirtschaftlichen Interessen besser durchsetzen Im Gegenteil: Wenn wir Europa nicht zum vollwertigen Mitspieler auf der Weltbühne machen, dann werden wir alle einzeln zum Spielball anderer Mächte."[37]

Emmanuel Macrons Sorbonne-Rede klingt fünf Monate später wie eine konstruktive Antwort auf diese Behauptung des deutschen Staatsoberhaupts. Er plädiert für ein souveränes Europa, welches die Bürger schützt.

„Es gilt, eine europäische Souveränität aufzubauen, und es besteht eine Notwendigkeit, sie aufzubauen. (…)
Wir erleben in Europa zweierlei Entwicklungen: einen fortschreitenden, unausweichlichen Rückzug der Vereinigten Staaten sowie ein dauerhaftes Terrorismus-Phänomen, das wohl unsere freien Gesellschaften zu zerschlagen sucht. (…)

---

37 Bundespräsident Frank-Walter Steinmeier im Plenum des Europäischen Parlaments am 4. April 2017, (Bundespräsidialamt)

23

Woran es Europa, diesem Europa der Verteidigung, heute am meisten fehlt, ist eine gemeinsame strategische Kultur. Unsere Unfähigkeit, gemeinsam überzeugend zu handeln, gefährdet unsere Glaubwürdigkeit als Europäer."

Zurück zu Napoleon und zu den Grenzen Europas.

In Afrika sichert sich China den Zugang zu den Rohstoffen; Russland besinnt sich auf die ehemaligen dortigen Partner aus Sowjetzeiten. Und welche Strategie verfolgt Europa mit *seinem* Nachbarkontinent? Das BIP des gesamten afrikanischen Kontinents ist heute kleiner als das BIP Frankreichs. Die Bevölkerung Afrikas wird sich in den kommenden 30 Jahren nahezu verdoppeln: von derzeit 1,3 auf 2,5 Milliarden Einwohner. Nigeria zählt heute schon mehr als 200 Millionen Einwohner. Die Bevölkerungen von Ägypten und Äthiopien haben sich seit 1980 auf über 100 Millionen Einwohner verdreifacht. Fünf weitere Staaten[38] werden die 100-Millionen-Marke erreichen, bzw. die deutsche Bevölkerung deutlich übertreffen. Eine wachsende Arbeitslosigkeit und Dürre als Folge des Klimawandels werden Krisen zuspitzen, die Anzahl der Hungertoten und den Auswanderungsdruck verstärken. Sollten keine ausreichenden Arbeitsplätze vor Ort geschaffen werden, wird die wirtschaftliche Migration zunehmen und weder Richtung Asien noch USA, sondern nach Europa gehen.

In diesem Zusammenhang werden auch Teile der europäischen Agrarpolitik angepasst werden müssen. Nahrungsmittel machen ca. 14 % des europäischen Exports nach Afrika aus. Dabei hängen zwei Drittel der Afrikaner mittelbar oder unmittelbar von der Landwirtschaft ab. In diesem Sektor wie in der verarbeitenden Industrie befinden sich die Arbeitsplätze der unmittelbaren Zukunft. Jobs sind die beste Verteidigung gegen terroristische Bewegungen wie Boko Haram. Mittlerweile haben die Niederlande (mit Shell) Frankreich als größten Investor auf dem afrikanischen

---

38 Bis 2050 wird sich die Bevölkerung der Demokratischen Republik Kongo von 93 auf 217 Millionen mehr als verdoppeln, wie in Tansania und Uganda auch, von derzeit weniger als 50 auf über 100 Millionen Menschen. Im armen Sudan und Kenia wird die Bevölkerung von respektive 46 und 53 Millionen auf ca. 85 Millionen wachsen. (Statista)

5. Europas politische Interessen in der Welt behaupten

Kontinent abgelöst und China hat dreimal so viel, Indien doppelt so viel wie Deutschland investiert (!). Der 2017 gegründete Europäische Fonds für Nachhaltige Entwicklung (EFSD) hat das explizite Ziel der Schaffung von Arbeitsplätzen und der Beseitigung der Migrationsursachen. Das im März 2021 verabschiedete „Instrument für Nachbarschaft, Entwicklungszusammenarbeit und internationale Zusammenarbeit *(NDICI)* – Europa in der Welt" wurde mit einem Gesamtbudget von 79,5 Mrd. EUR, davon 29 Milliarden für Afrika südlich der Sahara, dotiert. Es wird also mehr getan; das ist aber noch nicht ausreichend.

Gleichzeitig muss sich Europa politisch gegenüber den Großmächten der Welt behaupten, auch um seine Wirtschaftsinteressen zu wahren. Es exportiert zwar weniger nach China als in die USA oder Großbritannien, Russland ist ein kleinerer Handelspartner für die EU als die Schweiz, aber die politischen und wirtschaftlichen Abhängigkeiten müssen überdacht werden. Hierzu hat Wladimir Putin einen zwar so nicht gewollten, aber entscheidenden Beitrag geliefert.

Dies gilt schon für die euro-amerikanischen Beziehungen. Der Syrien-Konflikt hat gezeigt, wie ohnmächtig Europa ist und wie sich unsere und die amerikanische Interessenlagen unterscheiden. Nachdem sich die USA aus Syrien zurückgezogen haben, sind wir Zuschauer eines grauenvollen Überlebenskampfes des Assad-Regimes gegen seine Bevölkerung geworden. Man erinnere sich, dass es der sonst in Europa so beliebte Barack Obama war, der auf eine Intervention in Syrien verzichtete, nachdem die von ihm selbst ausgerufene rote Linie (der Einsatz von chemischen Waffen gegen die Zivilbevölkerung) überschritten wurde. Syrien war es ihm dann aber nicht mehr wert, amerikanische Leben und den schon stark ramponierten Ruf der USA im Nahen Osten für den Frieden am Mittelmeer zu riskieren. In der Konsequenz zerfiel das Regime und ermöglichte es dem sogenannten „Islamischen Staat", sich dort zu etablieren. Syrien wurde zur Basis des islamistischen Terrorismus, der *in Europa* und nicht in den USA wütet. Auch die sich daraus ergebenden Flüchtlingsströme sind keine Herausforderung für die USA, sondern für Europa.

Europa war unfähig einzugreifen und überließ Russland und der Türkei das von Obama freigelassene Feld. Es lässt sich dies einiges kosten. Die Kurden wurden erneut Opfer „übergeordneter" Überlegungen, wie schon nach dem Ersten Weltkrieg, obwohl sie ein entscheidender Partner im Kampf gegen den IS waren und bleiben. Europa zahlt der Türkei jedes Jahr 6 bis 7 Milliarden Euro, um die Flüchtlingsströme dort aufzuhalten. EU-Kommissionspräsidentin Ursula von der Leyen und der EU-Ratspräsident Charles Michel wollten bei ihrem Besuch in Ankara im April 2021 sicherstellen, dass die Türkei sich auch weiterhin um die 4 Millionen syrischen Flüchtlinge kümmert. Der Preis dafür steigt. Nicht nur, dass die Kommissionspräsidentin schlucken musste, als Erdoğan Charles Michel auf Augenhöhe neben sich platzierte und Ursula von der Leyen auf ein Sofa deklassierte (das „Sofa-Gate"), sondern Europa soll nun dulden, dass die Türkei ein Kriegsschiff in die griechischen und zypriotischen Hoheitsgewässer (zwei Mitgliedstaaten!) entsendet, um an die neu entdeckten Gasfelder zu kommen. Es soll wegsehen, wenn die Türkei das Istanbul-Abkommen verlässt und somit die Frauenrechte schwächt. Die 2016 zugesagten 6 Milliarden Euro sollen aufgestockt, Visum-Erleichterungen und eine Ausweitung der Zollunion gewährleistet werden. Und Europa soll bitte schweigen, wenn die Türkei den Krieg gegen die Kurden fortführt und deshalb Teile von Syrien besetzt.

Nachdem Barack Obama Europa im Syrienkonflikt schon im Stich gelassen hatte, verschärfte Donald Trump den Ton und verlangte, dass Europa seine Sicherheit selbst in die Hand nimmt. Wie weit geht die amerikanische Bereitschaft, das Leben seiner Bürger für Europäer aufs Spiel zu setzen? Während des Ukraine-Krieges machte Joe Biden klar, dass dies kein Grund sei, amerikanische Leben zu riskieren. Wie sich ein Donald Trump im Ukraine-Krieg positioniert hätte, werden wir nie erfahren.

Der amerikanische Blick hat sich zwischenzeitlich vom Atlantik zum Pazifik verlagert. China liegt nun auf Augenhöhe mit den USA. Die gerade in Deutschland stark ausgeprägte Hoffnung, dass die amerikanische Position sich mit einem neuen Präsidenten verändern würde, ging mit der Wahl von Joe Biden nicht auf. Joe Bidens erste Europa-Reise fand im Juni 2021 statt und setzte klare Zeichen. Sie führte ihn zuerst zum G7-Gipfel nach Großbritannien, wo er bilaterale Gespräche mit Premier Boris Johnson und mit Königin Elizabeth führte. Dann flog er nach Brüssel zu seinem ersten NATO-Gipfel und seinem ersten EU-USA-Gipfel, bevor er Wladimir Putin in Genf traf: kein bilaterales Gespräch mit Merkel oder

Macron, sondern ein EU-USA-Gipfel. Und die Erwartungshaltung ist eindeutig. Vor seiner Reise sagte Joe Biden der Washington Post:

> „Während ich in Brüssel bin, werde ich die Präsidenten der EU-Kommission und des EU-Rats sehen, um zu besprechen, wie wir die globalen Herausforderungen im Schulterschluss angehen können. Wir werden uns darauf konzentrieren sicherzustellen, dass die Marktdemokratien die Regeln des 21. Jahrhunderts für den Handel und die Technologie schreiben, nicht China oder sonst wer. Und wir werden weiterhin das Ziel eines einheitlichen, freien und friedlichen Europas verfolgen."[39]

Europa soll die USA entlasten, indem es für seine eigene Sicherheit sorgt, damit diese sich stärker dem Pazifik widmen können: er läutet die Wende vom „risk sharing" zum „risk shifting" ein. Schließlich ist die dort gegenüber der aufstrebenden Großmacht China zu verteidigende Bevölkerung ebenso bedeutend wie die europäische und deren BIP ebenfalls.[40] Vor dem US-Kongress meinte Joe Biden 100 Tage nach seiner Amtseinführung:

> „Wir stehen im Wettbewerb mit China und anderen Nationen, um das XXI. Jahrhundert zu gewinnen. Wir stehen an einem Scheideweg der Geschichte. (...) Ich habe viel Zeit mit Präsident Xi verbracht (...). Er meint es total ernst mit seiner Ambition, die bedeutendste, konsequenteste Nation der Welt zu werden. Er und andere Autokraten glauben, dass die Demokratien im 21. Jahrhundert nicht mit den Autokratien

---

39 Washington Post, 6. Juni 2021: „*While in Brussels, I'll meet with the president of the European Commission and the president of the European Council to discuss how the United States and Europe can work in close coordination on global challenges. We will focus on ensuring that market democracies, not China or anyone else, write the 21st-century rules around trade and technology. And we will continue to pursue the goal of a Europe whole, free and at peace.*"

40 Zu den engsten Verbündeten im pazifischen Raum zählen wir hier Australien, Japan, Malaysia, Neuseeland, die Philippinen, Singapur, Südkorea, Taiwan und Thailand, Die EU hat ein BIP i. H. v. 15 Billionen Euro, die asiatischen Verbündeten 12,5 Billionen. Die Bevölkerung des asiatischen Verbündeten summiert sich auf ca. 448 Millionen Einwohner, auf Augenhöhe mit den 446 Millionen der EU.

konkurrieren können, weil sie zu viel Zeit brauchen, um einen Konsens zu finden."[41]

China wird in den kommenden 10 bis 15 Jahren zur größten Wirtschaftsmacht der Welt aufsteigen. Xi Jinping stellt jetzt schon das neue chinesische Selbstverständnis in den Vordergrund, und es herrschen andere, rachsüchtige Töne. Zum 100. Geburtstag der chinesischen kommunistischen Partei drohte er:

„Wir werden es niemals zulassen, dass wir von fremden Mächten unterjocht werden. Wer das versuchen sollte, wird sein Blut vergießen an einer großen Mauer aus Stahl, erbaut von 1,4 Milliarden Chinesen. (...) Wir haben den Mut zu kämpfen (...) und werden am Ende triumphieren."[42]

Seit 2020 hat China die USA als wichtigster Handelspartner der Union abgelöst. China baut sein internationales Netzwerk aus und behauptet sich erneut als Reich der Mitte – einerseits mit dem Projekt der Seidenstraße Richtung Europa und Afrika, andererseits mit dem Abschluss der Regional Comprehensive Economic Partnership (RCEP), der größten Handelszone der Welt, der auch Japan, Südkorea, Australien, Neuseeland und die ASEAN-Staaten angehören.

Die Politik der Einflussnahme geht über Investitionen wie der ersten chinesischen Universität in Ungarn. Bedeutender sind die Beteiligungen von 67 % am Hafen von Piräus und über 30 % an den Häfen von Savona und Neapel. Mit Hamburg vervollständigt Cosco seine Beteiligungsliste zu der u. a. schon Bilbao, Amsterdam und Rotterdam gehören. Im Gegenzug wird die Unterstützung der chinesischen Position gegenüber

---

41 „We're in competition with China and other countries to win the 21st century. We're at a great inflection point in history (...). I spent a lot of time with President Xi — traveled over 17,000 miles with him, spent over 24 hours in private discussions with him. When he called to congratulate, we had a two-hour discussion. He's deadly earnest on becoming the most significant, consequential nation in the world. He and others, autocrats, think that democracy can't compete in the 21st century with autocracies, because it takes too long to get consensus." (New York Times, Transkript der Rede von US-Präsident Joe Biden vor dem US-Kongress am 29. April 2021)
42 Xi Jinping am 1. Juli 2021 auf dem Platz des himmlischen Friedens

5. Europas politische Interessen in der Welt behaupten

dem Dalai Lama oder die Verhinderung der Verurteilung von Menschenrechtsverletzungen, wie an den Uiguren erwartet. In Afrika sichert sich China den Zugang zu den unentbehrlichen Rohstoffen und die Einflussnahme auf deren Innenpolitik durch die Finanzierung ihrer Staatsschulden. Die neue Weltordnung wird in der Shanghaier Organisation für Zusammenarbeit, an der Russland, Indien, aber auch der Iran und die Türkei teilnehmen, erprobt.

Die militärische Aufrüstung ist die konsequente Begleitmusik, angefangen mit dem Ziel, sich das Südchinesische Meer zu sichern, durch Rüstung der Spratley- und Paracel-Inseln, und Taiwan permanent im Blick. Als Nancy Pelosi, damalige Präsidentin des US-Repräsentantenhauses und dritthöchste Person der USA, Anfang August 2022 einen Besuch in Taiwan ankündigte, drohte China die Reise sogar militärisch zu verhindern! Die Marine wird global aufgerüstet und zeigt nun auch permanent Flagge im Mittelmeer. China wappnet sich, um seine Handelsrouten zu sichern: gegen die unsichere Zukunft von Libyen, dem Libanon oder Algerien, die demografische Entwicklung Afrikas und den Islamismus in der Sahelzone. Deshalb baut China seinen militärischen Stützpunkt in Djibouti konsequent aus. Wann China im Mittelmeer mitreden wird, ist nur eine Frage der Zeit.

Dass eine europäische Pazifik-Strategie noch auf sich warten lässt, zeigt die jüngste Vergangenheit. Am 13. September 2021 verkündete der EU-Außenbeauftragte Josep Borrell die EU-Pazifikstrategie:

„Wir haben ein großes Interesse am Indo-Pazifik – von Handel und Investitionen bis hin zu Konnektivität, Klimaschutz und Sicherheit. (…) Im Indo-Pazifik befinden sich die weltweit am schnellsten wachsenden Volkswirtschaften, auf die 62 % des globalen BIP entfallen. Die Region ist der zweitgrößte Absatzmarkt der EU, und vier unserer zehn wichtigsten Handelspartner sind dort ansässig. Die EU hat also ein großes Interesse an der indopazifischen Region und ist darauf bedacht, dass die regionale Architektur offen und regelbasiert bleibt. (…) Zum einen wollen wir unsere Beziehungen zu China neu austarieren, indem wir den Ansatz verfolgen, China als ‚Partner, Konkurrent und Rivale' zu behandeln. Gleichzeitig engagieren wir uns verstärkt dafür, unsere

Beziehungen mit dem Rest Asiens, insbesondere mit gleichgesinnten Partnern, auszubauen."

Drei Tage später kündigte Australien den Liefervertrag von 12 französischen U-Booten, um den Verteidigungspakt AUKUS mit den USA und Großbritannien abzuschließen. Die USA ziehen Großbritannien (den „Vasall", so der französische Außenminister Le Drian) als strategischen Partner Europas noch vor. Obwohl ca. eine Million Europäer (überwiegend Franzosen) im Pazifik beheimatet sind. Und Europa (Frankreich) musste durch Kündigung des U-Boot-Vertrages durch Australien auf 56 Milliarden Euro Umsatz verzichten. So viel zum Einfluss Europas auf die pazifische und amerikanische Außenpolitik.

Noch bleibt aber Russland für Europa die konkreteste Bedrohung, auch wenn wirtschaftlich Russland nicht größer als Spanien ist. Der Krieg in der Ukraine, aber schon zuvor die Luftraumverletzungen im Baltikum, die wiederholten Cyberangriffe auch gegenüber Deutschland sowie die Morde auf europäischem Boden zeigen die ganze Brisanz der Beziehungen. Europa muss sich entscheiden, wie es zu Russland stehen will.

Russland ignoriert die EU, wenn es um Sicherheitsfragen geht, und hält daran fest, die Welt mit den USA regieren zu wollen, notfalls im Schulterschluss mit China. Die politische Lage in Europa bespricht Putin im Sommer 2021 lieber direkt mit Joe Biden in Genf. Wie wenig Europa von Russland respektiert wird, wurde im Februar 2021 deutlich. Josep Borrell wurde bei seinem Besuch in Moskau regelrecht gedemütigt. Der russische Außenminister Lawrow sagte ihm während der gemeinsamen Pressekonferenz ins Gesicht: „Europa ist kein zuverlässiger Partner" – und das, nachdem der Oppositionspolitiker Nawalny von russischen Agenten vergiftet, die Krim annektiert, ein holländisches Linienflugzeug abgeschossen und der Bundestag gehackt wurde. Erst während der abschließenden Presse-Konferenz erfuhr Borrell, dass Russland zeitgleich deutsche, polnische und schwedische Diplomaten auswies, weil sie an Pro-Nawalny-Demonstrationen teilgenommen hatten.

Und trotzdem ist Russland für Westeuropa als großer osteuropäischer Nachbar nicht wegzudenken. Diese Feststellung führte de Gaulle, Egon Bahr und jüngst Emmanuel Macron dazu, neue Wege der Anbindung an den Westen zu suchen. De Gaulle sprach von einem Europa vom Atlantik bis zum Ural. Die Chance, ein solches Europa zu bilden, wurde aber nach dem Mauerfall und den ersten russischen Demokratie-Versuchen versäumt. Das sowjetische Reich zerfiel in den 90er Jahren. Im Gegenzug zur deutschen Vereinigung versprach wohl der damalige US-Außenminister James Baker Russland, die NATO nicht nach Osten auszudehnen. Obwohl dieses verbale Versprechen nicht eingehalten wurde, folgte eine Zeit der Entspannung. Der Warschauer Pakt wurde 1991 aufgelöst und die EU, dann die NATO erweiterten sich gen Osten. Russland zog seine Truppen aus Ostdeutschland ab; die Amerikaner reduzierten ihre Bodentruppen in Europa von 300.000 auf 100.000 Soldaten. Diese Entspannungsphase gipfelte 1997 mit der in Paris verabschiedeten „NATO-Russland-Akte" und dem 5 Jahre später in Rom ins Leben gerufenen NATO-Russland-Rat.

Wladimir Putin sah es anders und meinte schon 2014 – dem Jahr der Invasion der Krim –, das Ende der Sowjetunion sei eine *„gesamtnationale Tragödie von gewaltigen Ausmaßen"* gewesen, und fügte ein Jahr später hinzu, der Untergang der einstigen Supermacht sei zugleich *„die größte geopolitische Katastrophe des 20. Jahrhunderts"*[43]. Seitdem arbeitet er methodisch daran, das ehemalige „russische" Einflussgebiet wiederherzustellen. Russische Truppen intervenierten in Georgien, zuerst indirekt im Tschetschenien-Krieg (bis 2002), dann direkt (2008) mit den allein von Russland anerkannten Pseudo-Republiken Abchasien und Südossetien. Dann wurden erste Teile der Ukraine besetzt (2014), nachdem lokale, von Moskau gesteuerte Bewegungen in Donezk, Luhansk und der Krim „um russische Hilfe gerufen hatten". Nach demselben Muster handelte Putin am 24. Februar 2022, als er in weiteren Teilen der Ukraine einmarschierte.

Putin hat ein Umdenken der europäischen Bevölkerungen ermöglicht. Glaubte Europa noch lange an verständnisvolle, pazifistische Verhandlungen und setzte Angela Merkel 2014 noch auf „Wandel durch Handel", wurden 2022 einstimmig Sanktionen beschlossen (inklusive Ungarn und Polen). Noch spektakulärer ist der Antrag auf NATO-Mitgliedschaft von Schweden und Finnland – zwei Staaten, die seit Jahrzehnten mit der Schweiz die Fahne der Neutralität hochhielten. Mit Finnland verdoppelt

---

43 Susanne Schattenberg, „Das Ende der Sowjetunion in der Historiographie", 30. November 2011, Bundeszentrale für politische Bildung

sich die Grenze der NATO-Staaten zu Russland nahezu. Der Glaube an den „Wandel durch Handel" stellt sich sogar als naiv heraus, als die deutsche Abhängigkeit vom russischen Gas weiter vorangetrieben wurde. 55 % des deutschen Gasimports und mehr als 40 % des Rohöls kamen bei Ausbruch des Ukraine-Kriegs aus Russland! Sogar die deutschen strategischen Gaskavernen wurden der russischen Gasprom verkauft. Hierzu verhalf Putins Schachzug, den ehemaligen Bundeskanzler Gerhard Schröder 2005 zum Aufsichtsratsvorsitzenden von North Stream II und 2017 von Rosneft zu ernennen. Beide Energieriesen werden von Putin-Vertrauten geführt: Der Geschäftsführer von North Stream II ist Matthias Warnig, ein ehemaliger Stasi-Offizier. Der CEO von Rosneft, Igor Seltschin, war zuvor Putins stellvertretender Büroleiter. Schröder ist de facto zum Chef-Wirtschaftslobbyisten russischer Interessen geworden, zu Lasten des Baltikums, Polens und der Ukraine. Und er wollte es trotz tobendem Krieg in der Ukraine sogar bleiben, anders als der ehemalige französische Premierminister François Fillon, der seine Aufsichtsratsmandate bei russischen Konzernen niederlegte.

Die jetzige Gas Krise zeigt, wie groß die Herausforderung ist. Die viel zu große deutsche Abhängigkeit vom russischen Gas war eine entscheidende Hürde für die Umsetzung des Notfallplans der EU-Kommission, um sofort russische Gaslieferungen einstellen zu können. Wohlwissend, dass der Gasmarkt schon ein europaweiter Markt ist, der die Versorgung der Bürger vor der Industrie sichert, sieht der im Juli 2022 vorgestellte Plan von Kommissionspräsidentin von der Leyen und Binnenkommissar Thierry Breton eine zunächst freiwillige Kürzung des Gasverbrauchs von 15 % aller EU-Staaten und einen Solidaritätsmechanismus vor, sollte ein EU-Staat in Gasnotlage geraten. Gemeint war hier an erster Stelle Deutschland. Der Widerstand für eine solche automatische Unterstützung Deutschlands kam aus Polen, Spanien, aber auch aus Frankreich, wollte doch Deutschland nicht auf das (einseitig beschlossene) Abschalten seiner Atomkraftwerke verzichten. Nach wochenlanger Diskussion in den deutschen Medien über einen möglichen „dramatischen Winter 2022/2023" – eine Diskussion, die nur Wladimir Putin in die Hände spielte – forderte Deutschland die Solidarität von Frankreich ein, welches kaum russischen Gas importiert. Der Klima-und energiepolitische Sprecher der

5. Europas politische Interessen in der Welt behaupten

CDU/CSU Andreas Jung meinte sogar, dass der Aachener Vertrag überflüssig sei, sollte Frankreich sich nicht solidarisch zeigen.[44]

Der grüne Wirtschaftsminister Robert Habeck bereitete die deutsche Bevölkerung und vor allem die grüne Wählerschaft auf die Verlängerung des Betriebs der AKW mit einem neuen Stress-Test vor, aus dem hervorging, dass die europäische Energieversorgung im Winter zu knapp würde, auch weil zwei Drittel der französischen Atommeiler wegen Wartungsarbeiten provisorisch stillgelegt sind. Der Wirtschafts- und Finanzminister Bruno Le Maire eilte nach Berlin, sicherte die französische Solidarität auch in Energiefragen zu, genauso wie er zusagte, dass Frankreich die für Deutschland so wichtige 3%-Defizit-Regel bis 2027 einhalten würde, um aus Deutschland zu hören, man sei für ein souveränes Europa, welches Macron schon seit 2017 vorschlägt ...

Wie groß der geistige Wandel der deutschen Bevölkerung ist, zeigt eine Umfrage, die kurz vor dem Ukraine-Krieg geführt wurde. 66 % der Deutschen sahen Russland zwar als die größte Gefahr, 67 % hatten von Wladimir Putin keine gute Meinung, aber 68 % der Deutschen meinten, der Ukraine sollten keine Waffen geliefert werden.[45] Zwei Wochen später, am Sonntag 27. Februar 2022, sprach Olaf Scholz zur Überraschung vieler von einer „Zeitenwende" und schlug dem Bundestag vor, einem Sonderbudget zur Modernisierung der Bundeswehr in Höhe von 100 Mrd. Euro sowie der Aufstockung des Militärbudgets auf 2 % des Haushalts zuzustimmen. Der Haushaltsausschuss sollte dem Vorschlag am 2. Juni 2022 mit Stimmen von SPD, Bündnis 90/Die Grünen und FDP sowie von CDU/CSU zustimmen. Nur die AfD und Die Linke stimmten gegen die Vorlagen.

Der Unions-Außenpolitiker Norbert Röttgen behauptet:

„Deutschland, Europa und der Westen haben sich über viele Jahre in einen Zustand der Hilflosigkeit manövriert und brauchen eine grundlegend neue Außenpolitik mit einem neuen Realismus gegenüber den Gefährdern von Frieden und Freiheit."[46]

---

44 Interview im ARD/ZDF-Morgenmagazin mit Andreas Jung am 26. Juli 2022
45 Repräsentativumfrage des Instituts für Demokratie Allensbach im Auftrag der Frankfurter Allgemeinen Zeitung, abgeschlossen am 16. Februar 2022
46 Norbert Röttgen „Nie wieder hilflos! Ein Manifest in Zeiten des Krieges"

Kapitel 1: Deutschland und Frankreich brauchen ein autonomes Europa

Klaus von Dohnanyi hebt in seinem jüngsten Buch hervor, dass die Nation die demokratische Grundlage bleibe und Europa aufgrund seiner Vielfalt – sei es nur sprachlich – nicht in der Lage sein wird, sich als Nation zu verstehen. Er kommt zu dem Schluss, dass

> *„die Europapolitik selber für die europäische Sicherheit sorgen muss. Und wenn wir das nicht einheitlich können, weil die Unterschiede zwischen Polen und Portugal eben doch sehr groß sind, auch die Gefährdungen, dann müssen es die Nationen tun, die diese Verantwortung haben, und das sind Frankreich und Deutschland".*[47]

Putin hat aus als utopisch abgestempelten Ideen Wirklichkeit gemacht. In Deutschland spricht man von Zeitenwende. Was Olaf Scholz darunter versteht, machte er in einem grundlegenden Gastbeitrag in der Frankfurter Allgemeinen Zeitung am 18. Juli 2022 deutlich:

> *„Viele hatten die Hoffnung, enge wirtschaftliche Verflechtung und gegenseitige Abhängigkeiten würden zugleich für Stabilität und Sicherheit sorgen. Diese Hoffnung hat Putin mit seinem Krieg gegen die Ukraine nun für alle sichtbar zerstört. (...) Allzu gern haben Politik, Wirtschaft und große Teile unserer Gesellschaft weitreichende Konsequenzen aus dem Diktum eines früheren deutschen Verteidigungsministers gezogen, wonach Deutschland nur noch von Freunden umzingelt sei. Das war ein Irrtum. (...) Ja, wir sind bereit, jeden Teil des Bündnisgebiets zu verteidigen, und zwar genau so wie unser eigenes Land. (...) Deshalb lautet die wichtigste Antwort Europas auf die Zeitenwende: Geschlossenheit. Wir müssen sie unbedingt beibehalten, und wir müssen sie vertiefen. Für mich heißt das: Schluss mit den egoistischen Blockaden europäischer Beschlüsse durch einzelne Mitgliedstaaten. Schluss mit nationalen Alleingängen, die Europa als Ganzem schaden. Nationale Vetos, etwa in der Außenpolitik, können wir uns schlicht nicht mehr leisten, wenn wir weiter gehört werden wollen in einer Welt konkurrierender Großmächte. (...) Darauf lässt sich aufbauen, wenn Deutschland in dieser*

---

47 Klaus von Dohnanyi, „Nationale Interessen – Orientierung für deutsche und europäische Politik in Zeiten globaler Umbrüche"

5. Europas politische Interessen in der Welt behaupten

schwierigen Zeit Verantwortung für Europa und in der Welt übernimmt. Führen, das kann nur heißen: zusammenführen, und zwar im doppelten Wortsinn. Indem wir zusammen mit anderen Lösungen erarbeiten und auf Alleingänge verzichten. Und indem wir, als Land in der Mitte Europas, als Land, das auf beiden Seiten des Eisernen Vorhangs lag, Ost und West, Nord und Süd in Europa zusammenführen."

In Antwort auf die Zeitenwende wurde ein Sondervermögen für die Modernisierung der Bundeswehr in Höhe von 100 Milliarden Euro verabschiedet, und das seit Langem von den Amerikanern geforderte Ziel, 2 % des BIP in Verteidigungsausgaben zu investieren, soll nun eingehalten werden. Dies ist auch unentbehrlich, will man international respektiert werden. Die EU hat in ihrem 2022 veröffentlichten „Strategischen Kompass" eine Rapide Interventionstruppe von 5.000 Soldaten vorgesehen: wer soll damit beeindruckt werden?

Der Ukraine-Krieg hat gezeigt, dass nun Abschreckung sowohl mit konventionellen Streitkräften als auch mit nuklearer Abschreckung gewährleistet werden muss. Seit dem Jahr 2000 haben die USA ihre Militärausgaben um über 50 %, China um über 500 % erhöht und sorgen nicht nur für moderne Waffensysteme, sondern auch für Cybersicherheit. In Zahlen ausgedrückt bedeutet dies, dass die USA 2019 laut dem Friedensforschungsinstitut SIPRI 730 und China 260 Milliarden ausgegeben haben. Das Budget von Deutschland oder Frankreich entspricht schon heute der Größenordnung des russischen Etats.[48] Eine gemeinsame Verteidigung scheitert also nicht an den Budgets, sondern am Willen, die Verteidigungsindustrie konsequent europaweit neu aufzustellen, indem zum Beispiel Waffensysteme wie Minen, Drohnen oder Panzer europaweit nur noch jeweils durch zwei Konzerne hergestellt werden und Militäraufträge dem Prinzip „Europe First" unterliegen.

Der vor sechzig Jahren unterzeichnete deutsch-französische Freundschaftsvertrag ist aktueller denn je. Er sieht drei Felder der Zusammenarbeit vor: Erziehungs- und Jugendfragen, eine abgestimmte Außenpolitik und die Verteidigungspolitik.

---

48 Russland 65,1 Milliarden, Frankreich 50,1 Mrd., Deutschland 49,3 Mrd., UK 48,7 Mrd. (SIPRI)

> *„Die beiden Regierungen konsultieren sich vor jeder Entscheidung in allen wichtigen Fragen der Außenpolitik und in erster Linie in den Fragen von gemeinsamem Interesse, um so weit wie möglich zu einer gleichgerichteten Haltung zu gelangen.*
> *(…) Hinsichtlich der Entwicklungshilfe stellen die beiden Regierungen ihre Programme einander systematisch gegenüber, um dauernd eine enge Koordinierung durchzuführen.*
> *(…) Auf dem Gebiet der Strategie und der Taktik bemühen sich die zuständigen Stellen beider Länder, ihre Auffassungen einander anzunähern, um zu gemeinsamen Konzeptionen zu gelangen. Es werden deutsch-französische Institute für operative Forschung errichtet.*
> *(…) Auf dem Gebiet der Rüstung bemühen sich die beiden Regierungen, eine Gemeinschaftsarbeit vom Stadium der Ausarbeitung geeigneter Rüstungsvorhaben und der Vorbereitung der Finanzierungspläne an zu organisieren."*

Der Vertrag muss „nur" umgesetzt werden. Dass diese Vorhaben den Amerikanern missfielen, können wir nachvollziehen. Viele Umwege führen zum „Zusammenführen und zusammen Führen." Bundeskanzler Scholz setzte hierzu in Prag ermutigende Signale:

> *„Geboren wurde dieses vereinte Europa als ein nach innen gerichtetes Friedensprojekt. Nie wieder Krieg zwischen seinen Mitgliedstaaten, so lautete das Ziel. Heute ist es an uns, dieses Friedensversprechen weiterzuentwickeln. Indem wir die Europäische Union in die Lage versetzen, ihre Sicherheit, ihre Unabhängigkeit und ihre Stabilität auch gegenüber Herausforderungen von außen zu sichern. (…)*
> *Was aber fehlt, ist ein regelmäßiger Austausch auf politischer Ebene. Ein Forum, in dem wir Staats- und Regierungschefinnen und -chefs der EU und unserer europäischen Partner ein- oder zweimal jährlich die zentralen Themen besprechen, die unseren Kontinent als Ganzes betreffen: Sicherheit, Energie, Klima oder Konnektivität."*[49]

---

[49] Ansprache von Bundeskanzler Olaf Scholz an der Karls-Universität zu Prag am 29. August 2022

5. Europas politische Interessen in der Welt behaupten

Heute helfen uns die politischen Entwicklungen in den USA, Russland und China, um europäische Bedenken zu mehr Selbstständigkeit zu überwinden. Zur Behauptung gegenüber den Amerikanern ist es unentbehrlich, dass Europa wirtschaftlich auf Augenhöhe bleibt und seine Wettbewerbsfähigkeit stärkt. Dabei kommt es insbesondere auf Deutschland und Frankreich an, die zusammen 50 % des europäischen BIP ausmachen.

Kapitel 2:
Die soziale Marktwirtschaft macht Europa besonders

„Fortschritt ist die einvernehmliche Revolution."[50]

Victor Hugo

Knappe Mehrheiten können Schlimmes verursachen und vor Schlimmem bewahren. Der Brexit wurde mit knapper Mehrheit beschlossen und veränderte das politische Geschehen Europas mehr als anfangs gedacht. Es wäre zum Beispiel kaum vorstellbar, dass Großbritannien das Next-GenerationEU-Programm durchgewunken hätte. Schon der Vorschlag wäre dem britischem Veto zum Opfer gefallen, weil Großbritannien sich entschlossen gegen eine gemeinsame Verschuldung gestemmt hätte und die Einführung neuer Steuern auf EU-Ebene – und gegen US-Konzerne – ihm ein Dorn im Auge gewesen wäre.

Dass es in Frankreich genauso hätte kommen können, liegt daran, dass die französische Bevölkerung zutiefst verunsichert ist. Sie spürt, dass sie insbesondere in den letzten beiden Jahrzehnten wirtschaftlich nicht Schritt halten konnte. Im letzten Jahrtausend stieg das französische BIP pro Kopf noch schneller als in Deutschland und die Deutschen wurden zur Jahrtausendwende von den Franzosen sogar überholt. Dieser Rückblick zeigt aber auch, dass effiziente Wirtschaftsmaßnahmen ein Land in doch relativ kurzer Zeit wieder auf Kurs bringen können: So war es zweifelsohne mit den deutschen Wirtschaftsreformen der Agenda 2010.

---

50 *„Le progrès, c'est la révolution faite à l'amiable."*

Seitdem steigt das verfügbare Einkommen der Deutschen wieder schneller und lag 2021 zehn Prozent über dem der Franzosen. *(Siehe Anlage 1)* Marine Le Pen (oder der linksradikale Jean-Luc Mélenchon) vertreten die üblichen populistischen Meinungen: Europa und die Globalisierung tragen die Schuld an der Schwächung Frankreichs, natürlich ohne konkrete Begründung. Stärke durch Trotzhaltung zu zeigen, ist das erprobte Muster, welches über 50 % der Wähler in Frankreich wie in Großbritannien zuvor überzeugte. Der faktische „Frexit" hätte einen wesentlichen Grundsatz der Europäischen Union außer Kraft gesetzt: Die nationale Präferenz hätte die Zollunion und den europäischen Binnenmarkt in Frage gestellt. Wie hätte sich Marine Le Pen in der Energiekrise verhalten? Hätte sie Deutschland geholfen oder nach dem Motto „France d'abord" gehandelt?

Das Institut für Welthandel in Kiel hat prägnant dargestellt, was uns die europäische Wirtschaftsunion bringt:

„Die EU beschert ihren Mitgliedern durch den Abbau von Handelskosten hohe Einkommensgewinne. Durch den Binnenmarkt, die Zollfreiheit, den Euro, die Schengen-Zone und Handelsabkommen mit Dritten liegt das preisbereinigte Bruttoinlandsprodukt jährlich um insgesamt circa 940 Milliarden Euro höher. Alleine Deutschland profitiert durch ein Plus von jährlich gut 170 Milliarden. Großbritannien hat unter allen EU-Ländern die kleinsten relativen Gewinne, kleine Länder an der Peripherie die größten."[51]

Die Globalisierung stellt die Nationalstaaten vor die Frage, ob neue, damit verbundene Herausforderungen besser kollektiv oder einzeln beantwortet werden. Diese Frage stellt sich ebenso für den deutschen Exportmeister. Die Herausforderungen reichen von der Übermacht der GAFAM bis zum Abbau der zu großen Abhängigkeit von außereuropäischen Lieferketten und Rohstoffbesorgung. Nationales Handeln ist bei Fragen der Nachhaltigkeit, der Industrie- und Handelspolitik oder der Energiepolitik an seine Grenzen gestoßen. Es ist im Interesse des einzelnen Staates, das kollekti-

---

51 Gabriel Felbermayr et al.: „Die (Handels)Kosten einer Nicht-EU", Policy Brief Nr. 125 Institut für Welthandel, Mai 2019

ve Agieren vorzuziehen, um seine nationalen strategischen Wirtschaftsinteressen besser zu verteidigen.

Europa kann sich in der Welt nur dann behaupten, wenn es seinen Binnenmarkt stärkt. Dies war schon der Ursprungsgedanke der europäischen Gründungsväter und hat nichts an Stellenwert verloren. Europa steht nämlich im Wettbewerb mit zwei großen Wirtschaftsräumen: dem Nordamerikanischen (die USA bilden mit Kanada und Mexiko den Handelsraum NAFTA[52]) und dem chinesischen Wirtschaftsraum, die sich vornehmlich auf ihren Binnenraum verlassen können, um Wachstum zu generieren. Der europäische Binnenraum, in welchem Deutschland und Frankreich einen Anteil von 50 % halten, ist von ähnlicher Bedeutung.

Dabei geht es nicht nur um die Wettbewerbsfähigkeit europäischer Unternehmen, sondern auch um die Wahrung des europäischen Gesellschaftsmodells: Anders als die Amerikaner möchten bzw. brauchen die Europäer ein soziales Auffangnetz und stimmen deshalb einem größeren Staatsanteil in der Wirtschaft zu. Ausgaben für soziale Sicherung machen in Deutschland 26 %, in Frankreich sogar 31 % des BIP aus. Anders in den USA: Dort sind es lediglich 19 %. Barack Obama gelang es, eine medizinische Grundversorgung für alle Amerikaner einzuführen. Dank dem mit einer Zusatzsteuer auf Dividenden und Zinserträge finanzierten „Patient Protection and Affordable Care Act" sind über 30 Millionen (!) Amerikaner in die öffentliche Medizinversorgung aufgenommen worden. Für viele – vornehmlich republikanische – Amerikaner war „Obama-Care" ein wirtschaftslähmender, sogar für einige ein kommunistischer Prozess, weil ein solch weiches soziales Auffangnetz die Eigeninitiative schwächt. Für uns Europäer ist solches hingegen eine Selbstverständlichkeit.

Um das europäische Gesellschaftsmodell zu erhalten, ist es entscheidend, dass Deutschland und Frankreich gemeinsame Vorstellungen des zukünftigen europäischen Wirtschaftsraums haben. Der Austritt Großbritanniens – oft in Wirtschafts- und Finanzfragen ein natürlicher Partner Deutschlands, wenn es um die Wahrung liberaler Grundsätze ging – könnte eine solche unentbehrliche Einigung erleichtern. Auch wenn eine europäische Antwort auf den neuen amerikanischen Protektionismus

---

52 Der 1989 zwischen den USA und Kanada abgeschlossene North American Free Trade Agreement (NAFTA) wurde 1994 mit Mexiko erweitert.

Kapitel 2: Die soziale Marktwirtschaft macht Europa besonders

gefunden werden muss: jüngst haben die Amerikaner mit dem „Inflation Protection Act" über 350 Milliarden Dollar zur Verfügung gestellt um Arbeitsplätze zu verteidigen und europäische Großkonzerne in die USA zu locken.[53] Es verdeutlicht den Wettbewerb der Handelszonen, auch gegenüber Bündnispartnern. Europa muss in der Lage sein seine Wirtschaft zu schützen, z. B. mit einem „Buy European Act".

In Deutschland wird gerne – zu Recht – auf die notwendige Straffung der französischen Haushaltspolitik hingewiesen. Ebenso wird auf die Desindustrialisierung als Symptom der mangelnden Produktivität und Grund der strukturellen Handelsdefizite gezeigt. Diese Themenfelder sind genau die Bereiche deutscher Exzellenz.

In Frankreich verweist man gerne auf die deutlich bessere französische CO_2-Bilanz und die bessere öffentliche Infrastruktur, die mit Schnellzug-Schienen-Netz und 5G-Mobilnetz-Versorgung Frankreich in den letzten Jahren zum attraktivsten europäischen Standort für ausländische Investoren gemacht hat – eben solche Themenfelder, bei welchen Deutschland nicht so gut aufgestellt ist.

Wenn beide jedoch zum Schluss kommen, dass ihre eigene (wirtschaftliche) Souveränität nur auf europäischer Ebene wirksam verteidigt werden kann, müssen sie über ihre Schatten springen und den anderen Mitgliedstaaten eine Politik vorschlagen, um Europa als größte Welthandelsmacht zu behaupten. Dafür müssen sowohl der Euro-Raum, das europäische Finanzsystem und die Wettbewerbsfähigkeit gestärkt als auch die Abhängigkeiten von feindlich gesinnten Staaten im Außenhandel abgebaut werden.

---

53 Der *Inflation Reduction Act (IRA)* wurde im August 2022 vom amerikanischen Kongress gebilligt. Neben 64 Mrd. USD für die Weiterführung von Obamacare, werden 370 Mrd. für Energieprojekte und die Reduzierung von CO_2-Emissionen zur Verfügung gestellt. Das Programm wird durch die Einführung einer Mindestbesteuerung der Unternehmen von 15 % und einer Steuererhöhung auf Pharmaprodukte finanziert. Siemens Energy und BMW haben schon Interesse für die Herstellung vor Ort von Offshore Windparks und Batterieherstellung signalisiert.

1. Die Welthandelsmacht Europa mit „Friendshoring" behaupten

1980 erwirtschaftete Europa ein Viertel des weltweiten BIP. Dieser Anteil ist auf 15 % gesunken, ist aber vergleichbar mit dem US-amerikanischen Anteil am Welt-BIP. Auch im Welthandel behauptet sich die EU nach wie vor. Europa exportiert fast so viel wie China, ist der zweitgrößte Exporteur und nach den USA der zweitgrößte Warenimporteur. Zwar ist Frankreich auf den neunten Platz (hinter Italien) zurückgefallen, aber Deutschland verteidigt seinen dritten Platz unter den Exportnationen. Ein Drittel der EU-Ausfuhren mit Drittstaaten kommt aus Deutschland, während der französische Anteil auf 10 % gesunken ist.

Europäische Dienstleistungen bleiben weltweit führend und entsprechen der Hälfte des nicht-europäischen Warenhandels. Im Dienstleistungsbereich hat übrigens Russland die Bedeutung von Norwegen, und auch China ist mit nur 5 % der Ausfuhren und kaum mehr als 3 % der Einfuhren ein deutlich kleinerer Partner als im Warenhandel.

Die Kehrseite ist die europäische Abhängigkeit von den Exporten, die dreimal größer als für die USA und doppelt so groß wie für China ist.[54] Exporte sichern gemäß Bund der Deutschen Industrie (BDI) 36 Millionen Arbeitsplätze in der EU. Deutschland ist besonders als Exportnation in besonderer Weise abhängig. Die deutsche Handelsbilanz ist seit 1952 überschüssig. Maschinenbau, Automobilsektor, Chemie- und Pharma-Industrie sind Exportmeister. Der letzte französische Überschuss liegt hingegen schon 20 Jahre zurück (August 2002). Während Deutschland in den meisten Bereichen Überschüsse erwirtschaftet, ist Frankreich heute nur noch in wenigen Branchen überschüssig: in der Luft- und Raumfahrt, der Chemie- und Luxus-Branche, den Agrar- und Nahrungsmitteln und der Pharma-Industrie. In einer Stellungnahme hebt der BDI insbesondere das asymmetrische Verhältnis mit China hervor:

„Die immer noch bestehenden Marktzugangsasymmetrien im Handel und bei Investitionen sind deshalb für die EU nicht mehr tragbar. Chinesische Waren und Unternehmen genießen schon seit dem WTO-Bei-

---

54 Die Exportquote der EU übertrifft 40 % (Deutschland 46 %, Frankreich 29 %), die der USA liegt bei 12 %, die von China bei 20 %.

tritt im Jahr 2001 weitgehend freien Zugang zum EU-Binnenmarkt, während europäische Unternehmen in China auch heute noch diskriminiert werden. Außerdem machen sich Marktverzerrungen durch chinesische Subventionen und Staatsunternehmen zunehmend auch auf dem europäischen Binnenmarkt bemerkbar."

Und kommt zur Schlussfolgerung:

„Um Werte, Standards und Interessen international effektiv durchsetzen zu können und sich als eigenständiger Machtfaktor in der Welt zu behaupten, muss die EU nach außen einheitlich, konsistent und überzeugend auftreten."[55]

Die Lieferkettenprobleme und die strategische Wirtschaftsunabhängigkeit werden im Zuge der Corona-Krise und des Ukraine-Kriegs intensiver diskutiert. Chinas (Corona-)Null-Toleranzpolitik legte die Abhängigkeiten für alle offen. Nicht nur waren wir in Europa von den chinesischen Corona-Tests abhängig, sondern Europa hat keine eigene Herstellung von Halbleitern, die zu über 90 % aus China importiert werden. Dies ist für die USA anders. Unternehmen wie Tesla haben sich einen strategischen Vorteil durch die Herstellung von Halbleitern in Eigenregie verschafft. Gerade bei zukunftsträchtigen Sparten ist die Abhängigkeit besonders ausgeprägt: Über 50 % der Rohstoffe für die Herstellung von Elektromotoren, Windturbinen, Photovoltaik-Technologien und der Robotik kommen aus China!

Der Ukraine-Krieg stellte darüber hinaus die „moralische" Frage, inwiefern wir uns von Diktaturen weniger erpressbar machen können. Das Umdenken in Fragen Globalisierung brachte der Generalsekretär der NATO Jens Stoltenberg auf den Punkt, als er behauptete:

---

55 Bundesverband der Deutschen Industrie, „Europa in der Weltwirtschaft"

1. Die Welthandelsmacht Europa mit „Friendshoring" behaupten

„Der Krieg in der Ukraine zeigt, wie wirtschaftliche Beziehungen zu autoritären Regimen Schwachstellen schaffen können (...). Freiheit ist wichtiger als Freihandel. Der Schutz unserer Werte ist wichtiger als Profit."[56]

Und plötzlich – seit Juni 2022 – steht der Begriff des „Friendshoring" im Vordergrund[57]. Wie können wir uns auf den Handel mit befreundeten Staaten zurückbesinnen?

Deutschland hat ganz besonders auf den Handel mit China gesetzt, importierte aus China 50 % mehr als aus den USA und exportierte mehr nach China als nach Italien. 2021 war China zum sechsten Jahr in Folge mit 245 Mrd. Euro Deutschlands mit großem Abstand wichtigster Handelspartner.[58] Deutsche Investitionen machen fast die Hälfte aller europäischen Investitionen in China aus. Über 5.000 deutsche Unternehmen sind dort präsent. Die beiden Automobilhersteller Daimler und BMW sind besonders von China abhängig. Sie stellen ein Drittel ihrer Gesamtproduktion im Reich der Mitte her. Jüngst, im September 2022, wurde das 10-Milliarden-Euro Werk von BASF in Guangdong eingeweiht, eines der drei größten des Konzerns. Das Institut für Weltwirtschaft warnt vor der

„gefährlichen Abhängigkeit deutscher Unternehmen vom Wohlwollen der chinesischen Führung Sie dienen dem geopolitischen Machtanspruch Chinas, wenn sie ihr Know-how in das Land transferieren, und können von heimischen Firmen verdrängt werden."

---

56 Jens Stoltenberg, World Economic Forum in Davos am 24. Mai 2022
57 Der Begriff *„friendshoring"* wurde erstmals von der US-Finanzministerin Janet Yellen im Juni 2022 in Toronto verwendet. Der Ansatz geht auf Bonnie Glick zurück, damals stellvertretende Leiterin von USAid, der amerikanischen Entwicklungshilfe: Sie sprach im Zuge der Corona-Krise von *„allied shoring"*.
58 Deutschland importierte 2021 aus China Waren im Wert von 142 Milliarden Euro und exportierte 103 Milliarden ins Reich der Mitte. Mit den USA beträgt der Handel ein Volumen von 174 Milliarden (davon 102 Milliarden Exporte), nahezu so hoch wie mit Frankreich (170 Mrd. Euro), 30. Mai 2022)

Die Automobilbranche, die chemische Industrie und der Maschinenbau stehen besonders im Risiko, während sich US-Firmen zurückgehalten haben, weil die USA Investitionskontrollen nicht nur bei Direktinvestitionen in den USA, sondern auch bei ausländischen Investitionen von US-Firmen vornehmen.

Auch die französische Wirtschaft hängt von China ab. Das Handelsvolumen entspricht ungefähr einem Drittel des deutschen Volumens mit Chinas (ca. 88 Mrd. Euro): das Handelsdefizit war 2021 aber mit 39 Milliarden Euro genauso hoch wie das deutsche Defizit. 2.100 in China ansässige französische Unternehmen beschäftigen dort ca. 450.000 Mitarbeiter.[59]

Es sind gegenseitige Abhängigkeiten. Europa ist auf die Zulieferungen angewiesen, China nach wie vor auf den Technologietransfer und die durch europäische Unternehmen geschaffenen Arbeitsplätze. Geopolitisch sind die Energie-Abhängigkeiten schon seit den Erdölkrisen der 70er Jahre ein Thema, was jedoch immer wieder verdrängt wird, wie wir es jetzt bei der deutschen, aber auch italienischen und ungarischen Abhängigkeit von Russland feststellen mussten. Vor fünfzig Jahren waren Bilder von autofreien Autobahnen die Konsequenz der Vervierfachung des Erdölpreises durch die OPEC-Staaten. Ein halbes Jahrhundert später stellt Europa fest, dass die OPEC-Abhängigkeit geringer, dafür die Abhängigkeit von russischer Energie umso größer geworden ist. Über die deutsche Abhängigkeit hinaus sind Ungarn und Tschechien zu 100 % von Rohölimporten aus Russland abhängig. Der Boykott fällt schwer, obwohl allen bewusst ist, dass somit die Kriegskasse von Wladimir Putin tagtäglich mit Hunderten von Millionen Euro gefüllt wird.

Der „Befreiungsbesuch" des grünen Wirtschaftsministers Habeck in Qatar im März 2022 war ein Canossa-Gang. Wird Qatar nicht aufgrund seiner Menschenrechtsverletzungen und unwürdigen Arbeitsbedingungen bei der Vorbereitung der Fußball-Weltmeisterschaft gerade in Deutschland, gerade von den Grünen stark kritisiert? Es zeigt sich, wie Grüne als Minister zu staatsmännischen „Realos" geworden sind und wie schwer

---

[59] Rolf Langhammer, Policy Brief 162, IfW, „Reluctant US vs Ambitious German Direct Investment in China – the Tale of Two Strategies". Und Chambre de Commerce et d'Industrie (CCI) France Chine „Enquête sur les entreprises en Chine" – Frühling 2022.

1. Die Welthandelsmacht Europa mit „Friendshoring" behaupten

Moral und Handel zu vereinbaren sind. Der Zugang zu Rohstoffen zum günstigsten Preis hat einen (zu) hohen politischen Preis und könnte zu einer moralischen Umkehr führen. Auf die Hoffnung des „Wandel(s) durch Handel" sollte die Handelsintensivierung mit befreundeten Staaten folgen. Dafür ist eine europäische Energiepolitik vonnöten. Strom, Gas und Ölnetzwerke müssen für eine Versorgung aller EU-Staaten sorgen, also auch Binnenstaaten ohne Meerzugang wie Ungarn, Österreich, Tschechien oder die Slowakei.

2005 wurden die europäische Energiegemeinschaft und der Binnenmarkt für Strom und Gas geschaffen. Im Fokus stand die bestmögliche Versorgung der EU-Bürger und der Wandel in Richtung erneuerbarer Energien. Die Kommission formulierte die Ziele wie folgt:

„Voraussetzungen für die Vollendung des Energiebinnenmarkts sind der Abbau zahlreicher Hindernisse und Handelshemmnisse, eine Angleichung in der Steuer- und Preispolitik, Anpassungen von Normen und Standards sowie Umweltvorschriften und Sicherheitsauflagen. Es soll ein reibungslos funktionierender Markt geschaffen werden, der durch gerechten Marktzugang und ein hohes Verbraucherschutzniveau sowie ausreichende Verbund- und Erzeugungskapazitäten gekennzeichnet ist."

Schon kurz danach – im Winter 2008/2009 – kam es zur ersten russisch-ukrainischen Gas Krise. Die EU schrieb erste Maßnahmen zur Sicherung von Gas- und Erdölreserven vor.[60] 2014, dem Jahr der russischen Krimbesatzung (!), teilte die EU-Kommission nach einem durchgeführten Stresstest mit, dass

„rein nationale Ansätze im Falle einer schweren Versorgungsstörung aufgrund ihres zwangsläufig begrenzten Rahmens nicht sehr effektiv sind. Der Stresstest zeigte, wie mit einem kooperativeren Herangehen der Mitgliedstaaten die Folgen sehr schwerer Störungen in den am stärksten gefährdeten Mitgliedstaaten erheblich verringert werden könnten."

---

60 EU-Richtlinie 2009/119/EG und EU-Verordnung 2017/1938

2017 verdeutlichte die EU die Gefährdung:

„Eine größere Störung der Gasversorgung kann alle Mitgliedstaaten, die Union wie auch Vertragsparteien des am 25. Oktober 2005 in Athen unterzeichneten Vertrags zur Gründung der Energiegemeinschaft treffen. Sie kann der Wirtschaft der Union schweren Schaden zufügen und auch erhebliche soziale Auswirkungen, insbesondere für sozial schwache Kundengruppen, nach sich ziehen."

Die Risiken waren also von der EU-Kommission deutlich identifiziert, die zu ergreifenden Maßnahmen unter ihrer Koordination genau beschrieben. Was fehlte, war die politische Bereitschaft der Mitgliedstaaten, den Empfehlungen zu folgen. Vor dem Hintergrund der jüngsten Folgen des Ukraine-Kriegs ein trauriges Beispiel der Ineffizienz aufgrund nationaler Zurückhaltungen.

Diese Abhängigkeiten sollten nicht darüber hinwegtäuschen, dass der europäische Binnenmarkt den Außenhandel deutlich dominiert. Zwei Drittel des Außenhandels der europäischen Staaten finden im EU-Binnenhandel statt. Davon entfallen 20 % auf Deutschland und 8 % auf Frankreich. Für Frankreich bleibt Deutschland mit ca. 14 % der unangefochtene erste Handelspartner, weit vor China und Italien mit jeweils 8 %. Für Deutschland aber hat Frankreich relativ an Bedeutung verloren und ist nun der viertbedeutendste Partner nach China, den Niederlanden und den USA. Die Besinnung auf den europäischen Markt wäre also für Deutschland besonders schwierig. Es kommt hinzu, dass die Handelsbilanz mit den EU-Staaten nur ausgeglichen ist, während die wachsenden Überschüsse just mit Drittländern erzielt werden. Dort stärkt gerade der Währungsvorteil die deutsche Wettbewerbsfähigkeit. *(Siehe Anlage 2)*

Für Deutschland als Exportnation ist das „Friendshoring" also besonders herausfordernd. Über 350.000 deutsche Unternehmen exportieren, während die Zahl der französischen Exporteure auf 130.000 gesunken ist. Der einflussreiche britische Wirtschaftsjournalist der Financial Times, Martin Wolf, schrieb schon vor 10 Jahren:

1. Die Welthandelsmacht Europa mit „Friendshoring" behaupten

„Die deutschen Entscheider bestehen darauf, die Welt durch die Brille einer eher kleinen, offenen und wettbewerbsstarken Wirtschaft zu sehen. Aber die Eurozone ist kein kleiner, offener Wirtschaftsraum; es ist ein großer, eher geschlossener, Wirtschaftsraum. Der Motor dieser Union muss seinen finanzschwächeren Partnern einen dynamischen Markt zur Verfügung stellen, wenn diese ihre Defizite nicht mehr finanzieren können, oder sie direkt finanzieren. (…) Am Ende des Tages muss Deutschland die Wahl zwischen einer Eurozone, die definitiv sehr anders als ein Großdeutschland aussieht, und keiner Eurozone treffen."[61]

Seitdem sind die Abhängigkeiten gewachsen und deutsche Überschüsse noch stärker von China geprägt.

2. Den Euro als internationale Währung sichern

Die gemeinsame Währung ist ein bedeutender Baustein der europäischen Wettbewerbsfähigkeit. Der Euro hat die Unternehmen von Währungsrisiken und deren Kosten befreit. Als 2002 das Euro-Bargeld mit einem Wechselkurs zum Dollar von – wie heute[62] – 1:1 eingeführt wurde, entstand eine neue Währungsreserve, regelrecht auf Augenhöhe mit dem US-Dollar – ein systemisches Risiko für die USA, die ihre Defizite bis dahin wettbewerbslos im Ausland finanzieren konnten.

Nur sechs Jahre nach Einführung des Euros kam es im Zuge der Finanzkrise zum Überlebenstest für die europäische Währung. Es wurde über eine Spaltung in Nord- und Süd-Euro-Zonen spekuliert. Erst mit Mario Draghis Versprechen, dass der Euro mit unbegrenzten Mitteln verteidigt würde (*„whatever it takes"*), kehrte wieder Ruhe ein – nahezu drei Jahre nach Ausbruch der Krise![63]

---

61 Le Monde, „Le choix cornélien de Berlin", 20. September 2011
62 Am 23. August 2022 – zwanzig Jahre nach seiner Einführung als Bargeld – fiel der Euro auf einen Kurs von 0,99 zum US-Dollar.
63 Mario Draghi war von 2011 bis 2019 Präsident der Europäischen Zentralbank (EZB). Der italienische Wirtschaftsprofessor hatte als Generaldirektor des Finanzministeriums von 1991 bis 2001 große Teile des öffentlichen Sektors privatisiert (Autostrada, ENI usw.). Von 2001 bis 2006 war er Gouverneur der italienischen Zentralbank, dann Vize-

Der Euro überlebte seinen ersten Test und erinnert uns an Joseph Schumpeters Behauptung:

„Der Zustand des Geldwesens eines Volkes ist ein Symptom aller seiner Zustände."[64]

Mit der Zulassung von Kroatien umfasst der Euro-Raum nun 20 Staaten, mit welchen mehr als die Hälfte des Außenhandels stattfindet. Der Euro-Raum muss weiter stabilisiert und Geburtsfehler – eine gemeinsame Währung ohne gemeinsame Fiskal- bzw. Haushaltspolitik – geheilt werden, um möglichen Angriffen der angelsächsischen Finanzwelt vorzubeugen, die ansonsten die Chance, den Euro als Wettbewerber zu eliminieren, wieder nutzen würden. Steigende Inflation und Zinssätze verstärken die Notwendigkeit.

Es bestehen drei Verteidigungslinien des Euro. Die erste wurde im Maastricht-Vertrag selbst festgelegt und sieht den Sanktionsmechanismus bei Überschreitung der Regeln vor. Diese Linie wurde aber schon kurz nach Einführung des Euros entschärft, indem es zuerst Gerhard Schröder und später Jacques Chirac gelang, trotz überhöhter Defizite ihre Länder von Strafen befreiten. Die Macht des Faktischen hat 2022 dazu geführt, dass die Einhaltung der 3-%-Defizit-Regel seit der Finanzkrise, d. h. seit über 10 Jahren (!), ausgesetzt wurde und der durchschnittliche Schuldenstand im Euro-Raum nun bei nahezu 90 % des BIP liegt. Nur sechs (kleine) Staaten erfüllen das Kriterium; alle Flächenstaaten liegen deutlich darüber – mit Ausnahme von Deutschland.[65] Im besten Fall kann die 60-%-Verschuldungsmarke in 10 Jahren wieder erreicht werden, was wenig glaubwürdig ist.

Die Definition der 60-%-Verschuldungsgrenze ist unvollständig. Spanien war ein Musterschüler im Sinne der Maastricht-Kriterien, hatte alle Kriterien trotz Immobilienblase immer respektiert, wie Portugal und Irland

---

Präsident von Goldman Sachs für Europa. Ein Jahr nach seiner Ernennung als Präsident der EZB sagt er am 26. Juli 2012 bei der Global Investment Conference in London: *„Within our mandate, the ECB is ready to do whatever it takes to preserve the euro. And believe me, it will be enough."*

64 Joseph Schumpeter, „Das Wesen des Geldes", Vandenhoeck & Ruprecht, 1929
65 Griechenland 193,3 %; Italien 150,8 %; Portugal 127,4 %; Spanien 118,4 %; Frankreich 112,9 %; Deutschland 69,3 % (Quelle: Eurostat, 22. April 2022)

2. Den Euro als internationale Währung sichern

auch. Der Verschuldungsgrad der Privatpersonen und der Unternehmen war zu hochgestiegen und zog die Staaten in Mitleidenschaft. Diese ganz anderen Ursachen als in Griechenland, wo der öffentliche Schuldenstand gefälscht wurde, sind im Maastricht-Vertrag nicht berücksichtigt, wurden aber zum Verhängnis.

Auch die Messung des Schuldenstands muss korrigiert werden. Auf deutscher Seite fehlen zum Beispiel die Sondervermögen in der Aufstellung. Im Zuge des Ukraine-Kriegs wurde das 28. (!) Sondervermögen für die Bundeswehr beschlossen. Weitere Sondervermögen gibt es für das Klima, für die Flut- und die Corona-Opfer, für die notleidenden Banken, die Digitalisierung der Schulen und die Investitionen in die Kinderbetreuung, für die Eisenbahn, die Binnenschifffahrt und den Bergarbeiterwohnungsbau. Insgesamt mehr als 200 Mrd. Euro, die derzeit außerhalb des Haushalts und der Maastricht-Kriterien stehen. So steht zum Beispiel im Regierungsentwurf des Haushalts 2023 eine Kreditaufnahme von 17,2 Milliarden Euro ausgewiesen. Nicht enthalten sind 9,3 Milliarden für den Klima- und Transformationsfonds, 8,5 Milliarden für das Sondervermögen der Bundeswehr usw. Insgesamt müssen nicht 17,2, sondern Kredite in Höhe von 78 Milliarden aufgenommen werden.

Die Berücksichtigung aller Schulden würde eine Anpassung von der 60-%-Regel erforderlich machen und eine gesichtswahrende Veränderung des Verschuldungskriteriums ermöglichen.

Im internationalen Vergleich steht die europäische Verschuldungsquote nach wie vor gut da. Sie ist geringer als in den Vereinigten Staaten: 90 % im Euro-Raum, über 100 % in den USA, weit über 200 % in Japan. Auch das konsolidierte Haushaltsdefizit der Euro-Länder ist deutlich geringer. Ende 2021 lag es im Euro-Raum unter 5 %, in den USA über 10 %, wie übrigens schon nach der Finanzkrise.

Um den Währungsraum bestmöglich zu verteidigen, sollte der Automatismus der Strafen wieder gelten, was die Glaubwürdigkeit – unabhängig von den handelnden Personen – stärkt: Italien zeigt uns die Risiken die sonst eingegangen werden. Im Zuge des NextGenerationEU wurden Italien die höchsten Zuwendungen zugesagt, auch vor dem Hintergrund des vertrauenswürdigen, damals amtierenden Ministerpräsidenten Mario Draghi. Wenige Monate später trat er zurück und wurde von der neofaschistischen Giorgia

Meloni ersetzt. Es muss sichergestellt werden, dass die seitens Italiens versprochenen Strukturreformen auch umgesetzt werden: das Vertrauen muss systemimmanent sein. Denkbar wäre ein Aussetzen der Zahlungen von EU-Fördermitteln im Falle einer Maastricht-Regel-Verletzung. Dies würde sozusagen zu einer Umkehr der Beweislast führen: Der Regierungschef des sanktionierten Staates müsste seinen Wählern erklären, warum weniger EU-Mittel fließen. Er würde auch transparenter machen müssen, welche Gelder von der EU kommen. Europäische Solidarität würde offengelegt.

Die zweite Verteidigungslinie entstand als Antwort auf die Finanzkrise in Form der Europäischen Finanzstabilitätsfazilität (ESFS), die 2013 durch den European Stability Mechanism (ESM) mit einem Maximalvolumen von 500 Milliarden Euro abgelöst wurde, und des Staatsanleihen-Kaufprogramms der EZB. 2011 löste die massive Unterstützung der EZB durch Ankäufe südeuropäischer Staatsanleihen eine vehemente Diskussion zwischen deutschen Vertretern und ihren Kollegen, allen voran den Franzosen, aus. Sie führte zum Rücktritt des Präsidenten der Deutschen Bundesbank, Axel Weber, und des deutschen Chef-Ökonomen der EZB, Jürgen Stark. Kern der Auseinandersetzung war und bleibt die deutsche Befürchtung einer Vergemeinschaftung wachsender europäischer Schulden, die vor dem Hintergrund der Nichtbeistandsklausel nicht vertragskonform wäre. Die EZB ist nun bei stark steigenden Zinsen auch ermächtigt, kurzfristig Anleihen eines Euro-Staates auf dem Sekundärmarkt zu kaufen und so eine Zinsentspannung zu bewirken (die von Mario Draghi eingeführten *„Outright Money Transactions"* (OMT). Allein die Ankündigung einer möglichen Intervention „in unbegrenzter Höhe" (das berühmte *„Whatever it takes"*) reichte 2012, um die Märkte zu beruhigen. Der Europäische Gerichtshof hat 2012 versucht, Klarheit in die Diskussion zu bringen:[66]

> *„Das Verbot für die EZB und die Zentralbanken der Mitgliedstaaten, Körperschaften und Einrichtungen der Union und der Mitgliedstaaten Überziehungs- oder andere Kreditfazilitäten zu gewähren oder unmittelbar von ihnen Schuldtitel zu erwerben, wird durch den ESM nicht umgangen. Dieses Verbot richtet sich nämlich speziell an die EZB und die Zentral-*

---

[66] Urteil (Plenum) vom 27. November 2012, C-370/12 Thomas Pringle gg Government of Ireland u. a.

2. Den Euro als internationale Währung sichern

banken der Mitgliedstaaten. Wenn ein oder mehrere Mitgliedstaaten einem anderen Mitgliedstaat unmittelbar oder über den ESM finanziellen Beistand leisten, fällt dies somit nicht unter das genannte Verbot."

Vergessen wird allzu gerne, dass das Empfängerland sich im Gegenzug zur Gewährleistung solcher Finanzierungsmittel zu Strukturreformen verpflichtet (sogenannte „Konditionalität"). Fakt ist aber auch, dass die EZB Ende 2021 fast doppelt so hohe Bestände hält wie die amerikanische Federal Reserve (Fed): respektive 60 % gegenüber 36 % des BIP. Schon vor der Finanzkrise waren die Anleihe-Bestände der Fed halb so groß (6 im Vergleich zu 13 % des BIP). Anders als die EZB hat die Fed nämlich ihre Bestände in guten Jahren (zuletzt zwischen 2014 und 2019) stark zurückgeführt. Darüber hinaus hat die EZB ab 2020 deutlich stärker interveniert, um die Corona-Krise abzufedern. *(Siehe Anlage 3)*

Die Aufgabe der EZB ist um einiges schwieriger als die der Fed. Stark abweichende Inflationsraten (20 % im Baltikum, 7 % auf der gegenüberliegenden Ostseeseite in Finnland) sowie stark unterschiedliche Verschuldungsgrade der Mitgliedstaaten erschweren die Findung des guten Mittelwegs. Auch das Sparverhalten ist im Euro-Raum sehr unterschiedlich. So leiden z. B. die Deutschen mehr als andere unter der Niedrigzinspolitik. Sie legen 10 % mehr auf ihr nichtverzinstes Sparkonto als die Franzosen. Sie investieren weniger in Aktien und Immobilien und haben somit weniger von den positiven Auswirkungen der Niedrigzinspolitik profitiert. An diesen unterschiedlichen Anlagemustern trägt die EZB keine Schuld.

Die Fähigkeit europäischer Schuldenaufnahme ist ein weiterer Baustein. Sie trägt zu einer Umverteilung der Schuldenlast bei, sobald die Zuteilungsquoten von der Gewichtung der EU-Länder abweichen, wie es beim NextGenerationEU-Fonds der Fall ist. Sie ermöglicht den Auftritt der EU als Solidargemeinschaft auf den Kapitalmärkten und senkt die Zinslast für die begünstigten Länder. Ansätze für Themen, die nicht auf das Fehlverhalten eines Mitgliedstaats zurückzuführen sind und besser gemeinsam bewältigt werden, sind zahlreich: die Kosten für den Wiederaufbau der Ukraine, die Digitalisierung, die Dekarbonisierung oder die Verteidigung Europas werden insgesamt auf über 650 Milliarden Euro pro Jahr geschätzt.

Im Gegenzug zur europäischen Finanzierung mussten die Empfängerländer ihre zu finanzierenden Vorhaben zur Bewilligung vorlegen, um sicherzustellen, dass die gemeinsamen europäischen Ziele erreicht werden. Deutsche Maßnahmen verteilen sich auf nur fünf, französische auf neun Bereiche. Im Gegenzug der ausgezahlten Mittel des NextGenerationEU-Fonds verpflichten sich die Empfängerländer dazu, mindestens 37 % ihrer geplanten Ausgaben in Investitionen und Reformen zur Verwirklichung von Klimaschutzzielen und mindestens 20 % für Investitionen und Reformen für den digitalen Wandel fließen zu lassen. Werden die Strukturreformen umgesetzt, trägt dies zur europäischen Konvergenz bei.

Entscheidend ist, dass die Empfängerländer diese Maßnahmen nicht nur ankündigen, sondern auch umsetzen. Aus diesem Grund sind eine stringente Kontrolle und die Berichterstattung über die Fortschritte der ergriffenen Maßnahmen für die Glaubwürdigkeit und Festigung des Euro-Raums unentbehrlich. Dies ist mit dem öffentlich zugänglichen Anzeiger der EU („Scoreboard") beabsichtigt.

Schließlich ist eine stringentere Harmonisierung der Wirtschaftspolitik im Euro-Raum erforderlich. Dann würde die Deutsche Bundesbank recht behalten. Schon 1990 behauptete sie:

„Letzten Endes ist eine Währungsunion damit eine nicht mehr kündbare Solidargemeinschaft, die nach aller Erfahrung für ihren dauerhaften Bestand eine weitergehende Bindung in Form einer umfassenden politischen Union benötigt".[67]

Die EU versucht mit dem *„europäischen Semester"*, der Komplexität der Haushaltssanierungsaufgaben Rechnung zu tragen. Die (auf Anhieb unverständliche) Bezeichnung entstand, weil zu Jahresbeginn die Ziele des ersten Halbjahres definiert werden. Mit diesem Instrument legt die EU-Kommission dem Mitgliedstaat einen individualisierten Fahrplan vor, mit welchem das Land auf Kurs gebracht werden soll. Es beinhaltet Maß-

---

[67] Zitiert von Jens Weidmann „Die Stabilitätsunion sichern", Dankesrede anlässlich der Verleihung des Ludwig-Erhard-Preises für Wirtschaftspublizistik in Berlin am 5. Juli 2012, Deutsche Bundesbank

2. Den Euro als internationale Währung sichern

nahmen zur Abstimmung der Wirtschafts-, Fiskal-, Arbeits- und Sozialpolitik innerhalb der EU.

Frankreich wird zum Beispiel mit den anderen „hochverschuldeten Staaten" (Belgien, Griechenland, Italien und Spanien) aufgefordert, *„eine vorsichtige Fiskalpolitik einzuhalten, um mittelfristig nachhaltige Staatsfinanzen sicherzustellen".* Auch die Verschuldung des privaten Sektors wird als zu hoch angesehen. Die zwischen 2015 und 2020 um fast 7 % reduzierte Exportquote lässt darüber hinaus auf eine mangelhafte Wettbewerbsfähigkeit der Unternehmen schließen.

Ganz anders sind die Hinweise für Deutschland. Die nochmals verbesserten Leistungsbilanzüberschüsse (wie bei den Niederlanden) werden als zu hoch moniert und auf zu niedrige Investitionen sowohl der Haushalte als auch des Staats zurückgeführt.[68]

Diesen Empfehlungen sollen einer neuen Zerreißprobe innerhalb des Euro-Raums vorbeugen. Das erste Halbjahr 2022 hat im Zuge der Zinswende gezeigt, wie sensibel die Kapitalmärkte auf strukturelle Unterschiede reagieren. Der „Credit Spread" zwischen dem zu hoch verschuldeten Italien (150 % Verschuldung bezogen auf das BIP) und Deutschland (Verschuldung unter 70 %[69]) hat sich auf über 200 Basispunkte, d.h. 2 % in nur sechs Monaten verdoppelt. Auf Dauer wäre eine solche Zusatzbelastung für Italien nicht tragbar.

---

68 EU-Kommission, Alert Mechanism Report, 24. November 2021
„France entered the COVID-19 crisis with vulnerabilities linked to government debt and competitiveness in a context of low productivity. With the COVID-19 crisis, government, external and private debt stocks have increased."
„Germany entered the COVID-19 crisis with a large domestic savings surplus, underpinned primarily by net savings of households and the government. The current account surplus persists at a high level, as private investment remains muted despite policy support in the COVID-19 context, and public investment has not yet filled longstanding investment gaps. House prices have grown strongly. Overall, the Commission finds it opportune, also taking into account the identification of imbalances in June, to examine further the persistence of imbalances or their unwinding."

69 Eurostat, Öffentlicher Bruttoverschuldungsstand, letzte Aktualisierung 21. Oktober 2022

Zur besseren Umsetzung hat Emmanuel Macron eine „Regierung der Euro-Zone" vorgeschlagen, die bis dato insbesondere von Deutschland verweigert wurde. Dabei wäre es ein politischer Mittelweg: Die Mitgliedstaaten hätten anstelle der Kommission das Heft der Konvergenz in der Hand.

3. Eine bessere Haushaltsdisziplin umsetzen

Mit der Corona-Krise wurden die Staatskassen aufs Neue herausgefordert und die Spannung innerhalb der Eurozone steigt: Frankreich ist nun zu über 110 % verschuldet, während die deutsche Verschuldung nur bei 70 % liegt. Bei steigenden Zinsen spreizen sich die Risikoaufschläge und verstärken die Zentrifugalkräfte. Die Frage, wann (und nicht mehr, „ob") die Verschuldung Italiens, gefolgt von Frankreich, untragbar ist, ist gestellt.

Um die Verschuldung auf einem markttauglichen Niveau zu halten, ist die Einhaltung der Defizit-Regel zwingend. Deutschland hat in den beiden letzten Jahrzehnten demonstriert, wie richtig die 3-%-Defizit-Regel ist. Sowohl vor der Finanzkrise als auch vor der Corona Krise war der deutsche Haushalt ausgeglichen, während Frankreich in diesen Bestjahren ein Defizit von 3 % schrieb.[70] Deutschland ist es in guten Jahren gelungen, seine Ausgaben zu reduzieren, während diese in Frankreich unverändert blieben. Dies verleitete François Fillon schon vor 15 Jahren, als er 2007 zum Premierminister ernannt wurde, zu sagen, er fände einen Staat im faktischen Konkurszustand vor.

Die gute deutsche Haushaltsführung gibt die Spielräume her, um den Krisen mit erhöhten Ausgaben die Stirn zu bieten. Über solche Spielräume verfügt Frankreich nicht. Die französischen Ausgaben wurden „nur" um 10 %, im Rest der Euro-Länder um 14,5 % und in Deutschland sogar um 17,6 % erhöht. Laut Marcel Fratscher, Leiter des Deutschen Instituts für Wirtschaftsforschung (DIW), investierte der deutsche Staat 500 Milliarden allein für die *zwei* Jahre 2020 und 2021. In Frankreich wären es „nur" 420 Milliarden für *drei* Jahre von 2020 bis 2022.

---

70 Ansgar Belke, Daniel Gros, „The Euro area imbalances narrative in a Franco-German perspective: the importance of the longer-run view"

3. Eine bessere Haushaltsdisziplin umsetzen

Frankreich muss seine Ausgaben drosseln, allein weil es keinen Spielraum mehr für zusätzliche Einnahmen gibt. Der französische Staatsapparat ist deutlich zu teuer, nicht nur im Vergleich zu Deutschland, sondern zu ganz Europa. Die Ausgaben liegen mit 59 % des BIP fast 8 Prozentpunkte über den deutschen Ausgaben.[71] Mit erhöhten Zinsen steigt auch der Schuldendienst, der jetzt schon mit 38 Milliarden Euro der Hälfte des Budgets für Bildung entspricht.

Die Potenziale für Kostensenkungen sind so deutlich wie politisch schwer durchsetzbar.

Im Frankreich arbeitet jeder Fünfte im öffentlichen Dienst, im föderalen Deutschland nur jeder Zehnte. Schon 1997 machte sich der damalige sozialistische Minister für Bildung, Claude Allègre, höchst unbeliebt, als er von seinem eigenen Ministerium sagte *„Das Mammut muss verschlankt werden." („Il faut dégraisser le mammouth")*. Nicolas Sarkozy ist bisher der einzige Präsident gewesen, der die Anzahl der Beschäftigten auf Staatsebene reduziert hat: Nur jede zweite durch Ruhestand frei gewordene Stelle wurde neu besetzt. So kompensierte er den Stellenzuwachs der zehn vorherigen Jahre. Seitdem wurden zwar keine Zusatzstellen genehmigt, aber auch keine mehr abgebaut.

Am meisten wird für die Altersvorsorge und die Gesundheit ausgegeben. Im Gesundheitssektor kann nur wenig gespart werden, wie sich während der Corona-Krise herausstellte. 10,8 Krankenschwestern und 3,4 Ärzte pro 1000 Einwohner, während Deutschland mit Norwegen und der Schweiz die höchste medizinische Personaldichte mit 13 Krankenschwestern und über vier Ärzten pro 1000 Einwohner verfügt.[72] Das größere Sparpotenzial liegt im Rentensystem. Frankreich gibt 30 % mehr als im Rest Europas und Deutschland aus (13 % des BIP). Die von Emmanuel Macron angekündigte Rentenreform ist also überfällig. *(Siehe Anlage 4)*

Bleibt das Einsparpotenzial auf lokaler Ebene. Der Flächenstaat fordert seinen Tribut, insbesondere auf kommunaler Ebene. Eine Million Angestellte arbeiten für die Gemeinden, ca. ca. 300.000 für Departements,

---

71 Ausgaben im Euro-Raum 52,3 % des BIP; Deutschland 51,3 %, Frankreich 59 %, Italien 55,3 %, Spanien 50,6 % (Eurostat, letzte Aktualisierung 21. Oktober 2022)
72 Norwegen 17,9 Krankenschwestern, 4,5 Ärzte pro tausend Einwohner, Schweiz 17,3 und 4,2; UK 7,8 und 3 (OECD (Zahlen 2018)

250.000 für Zweckverbände und 100.000 für Regionen. Diese 1,6 Millionen Beschäftigten vergleichen sich zu den 1,3 Millionen Angestellten der deutschen Bundesländer, obwohl der französische Zentralstaat viele Aufgaben der deutschen Bundesländer übernimmt und dafür zwei Millionen mehr Beschäftigte zählt. Anders als in Deutschland wurde keine kommunale Strukturreform durchgeführt, um die (relative) Bürgernähe zu erhalten. Anstelle dessen wurde das Personal der Gebietskörperschaften n den letzten 20 Jahren um fast 50 %, sprich mehr als eine Million aufgestockt. Mit der Territorialreform von 2015 wurde zwar 22 Regionen zu 13 zusammengelegt. François Hollande wollte die Regionen stärken, und sie vergleichbarer zu deutschen Bundesländern machen. Anstatt aber Kosten zu sparen, wurde das Personal weiter aufgestockt. Genau hier liegt das Einsparpotenzial.

Statt Kostensenkungen wurde in Frankreich die Steuerschraube immer weiter angezogen. Steuern und Sozialbeiträge sind auf 52,5 % des BIP gestiegen, weit über den deutschen und europäischen Werten. Privatpersonen können de facto nicht zusätzlich belastet werden. Frankreich ist OECD-Meister bei den Steuer- und Sozialabgaben für ein Ehepaar mit zwei Kindern (Deutschland ist übrigens Vize-Meister für Singles).[73] Auch bei den Sozialabgaben ist Frankreich (mit Deutschland) europäischer Spitzenreiter mit ca. 17 % des BIP.

Bei den Produktions- und Importabgaben sind die Spielräume ebenfalls ausgereizt: Frankreich liegt mit fast 17 % des BIP weit vor Deutschland mit 11 %.[74]

Der beste Weg für mehr Einnahmen bleibt die Erhöhung der Beschäftigungsquote. Deutschland erzielt hier mit den Niederlanden und Schweden Spitzenwerte. 91 % der 20- bis 64-Jährigen sind beschäftigt. In Frankreich sind es nur 79 %. Den großen Unterschied machen dabei die

---

[73] Prozent der Sozial- und Steuerabgaben an den Gesamtarbeitskosten 2020:
für Singles: Belgien 51,5 %, Deutschland 49 %, Österreich 47,3 %, Frankreich 36,6 %
für Ehepaare mit 2 Kindern: Frankreich 37,9 %, Schweden 37,5 %; Italien 36,4 %;
Deutschland 32,9 % (Statista)

[74] Einnahmen im Euro-Raum 47,2 % des BIP; Deutschland 47,5 %, Frankreich 52,5 %, Italien 48,1 %, Spanien 43,7 %,
Produktions- und Importabgaben 2021: EU 13,6 %, Frankreich 16,7 %, Deutschland 11,0 % (Eurostat 21. Oktober 2022)

Jüngsten und die Ältesten aus. Bei den 15- bis 24- und den 55- bis 64-Jährigen ist die Beschäftigungsquote in Frankreich um 16 % niedriger als in Deutschland. Symptomatisch für den schwächeren Arbeitsmarkt ist, dass in Frankreich nur jeder zweite Geringqualifizierte beschäftigt ist; in Deutschland haben zwei Drittel der Geringqualifizierten einen Job. Zur Erhöhung der Beschäftigtenquote wurde darüber hinaus 2018 das Ausbildungsgesetz (nach deutschem Modell) verabschiedet: Die Zahl der jährlichen Ausbildungsverträge wurde 2021 auf 720.000 mehr als verdoppelt. Laut Berechnungen des Chefökonomen der Bank Natixis, Patrick Artus, würden das französische BIP bei deutscher Beschäftigungsquote um 12 % und die Steuereinkünfte um 6 % höher liegen[75] und die Rentensysteme wären besser finanziert.

Emmanuel Macron hat früh gesehen, dass, um wettbewerbsfähig zu bleiben, der Arbeitsmarkt flexibilisiert und die Steuern nicht weiter erhöht, sondern gesenkt werden müssen. Dies wird seit 2017 auch konsequent umgesetzt. Die Steuerquote für Unternehmen wurde von 33 auf 25 % gesenkt. 2023 werden diese um weitere 7 Milliarden entlastet. (*Siehe Anlage 5*)

Der Standort Frankreich wurde mit diesen Maßnahmen und nach Vereinfachung des Arbeitsrechts konsequent vermarktet – mit Erfolg. Es fehlt insbesondere noch die Rentenreform, deren Umsetzung schwieriger wird, nachdem die Populisten, die ein Rentenalter von 60 Jahren versprechen, mit über 50 % so stark bei den Parlamentswahlen abgeschnitten haben. Sie bleibt mittelfristig unentbehrlich. Mit seiner Wiederwahl 2022 könnte Macron sich den Platz des Staatssanierers in der Geschichte sichern. Gerhard Schröder ist es mit der „Agenda 2010" gelungen, auch wenn es ihn vier Jahre später die Wiederwahl kostete.

Insofern gemäß Verfassung Emmanuel Macron nun sein zweites und letztes Mandat beginnt, kann er frei handeln. Zuversicht kann ihm der Blick in den Rückspiegel geben: Im Jahr 2000 waren das deutsche Haushaltsdefizit und die Verschuldung größer als in Frankreich. Zwanzig Jahre später steht Deutschland als Musterschüler in Fragen der Haushaltsführung da.

---

75 Patrick Artus, Le Monde, 21. Mai 2022

Die Reduzierung der Staatsdefizite ist der öffentliche Beitrag des zur Stärkung der Wettbewerbsfähigkeit erforderlichen Umfelds. Für die Unabhängigkeit europäischer Unternehmen muss ein wettbewerbsfähiges Finanzsystem sorgen.

4. Stärkung des Banken- und Finanzsystems gefragt – insbesondere in Deutschland

Schon im Jahr 2000 wurde mit der Lissabon-Strategie festgehalten, dass

„effiziente und transparente Finanzmärkte durch eine bessere Bereitstellung von Kapital und durch eine Verringerung der Kapitalkosten zu Wachstum und Beschäftigung beitragen. (...) Es kommt wesentlich darauf an, dass das Potential des Euro ausgeschöpft wird, um die Integration der Finanzmärkte der EU voranzutreiben. Darüber hinaus spielen effiziente Risikokapitalmärkte eine wichtige Rolle für innovative, wachstumsintensive KMU und die Schaffung neuer und dauerhafter Arbeitsplätze. Damit die Vollendung des Binnenmarktes für Finanzdienstleistungen beschleunigt wird, sollten Schritte unternommen werden, um einen straffen Zeitplan für eine Umsetzung des Aktionsrahmens für Finanzdienstleistungen bis 2005 festzulegen, wobei folgenden Bereichen vorrangige Behandlung zukommen sollte: Erleichterung eines möglichst umfassenden Zugangs zu Investitionskapital auf unionsweiter Grundlage - auch für KMU - vermittels eines einheitlichen „Passes" für Emittenten, Erleichterung einer erfolgreichen Teilnahme aller Investoren an einem integrierten Markt, wobei Hindernisse für Anlagen in Pensionsfonds zu beseitigen sind; Förderung der weiteren Integration und des besseren Funktionierens der Staatsanleihenmärkte durch verstärkte Konsultation und Transparenz hinsichtlich der Zeitpläne, Techniken und Instrumente für die Emission von Schuldverschreibungen und besseres Funktionieren der grenzüberschreitenden Verkaufs- und Rückkaufsmärkte, Verbesserung der Vergleichbarkeit der Jahresabschlüsse von Unternehmen und Intensivierung der Zusammenarbeit zwischen Regelungs- und Aufsichtsbehörden für die Finanzmärkte in der EU;

4 Stärkung des Banken- und Finanzsystems gefragt

um die vollständige Umsetzung des Risikokapital-Aktionsplans bis 2003 sicherzustellen;

um bei den schon lange vorliegenden Vorschlägen betreffend Übernahmeangebote sowie die Sanierung und die Liquidation von Kreditinstituten und Versicherungsunternehmen rasche Fortschritte zu erzielen, so daß das Funktionieren und die Stabilität des europäischen Finanzmarkts verbessert werden;

um im Einklang mit den Schlussfolgerungen des Europäischen Rates von Helsinki die noch offenen Fragen im Zusammenhang mit dem Steuerpaket abschließend zu regeln."[76]

Ob das europäische Finanzsystem mit einem integrierten Kapital-und Finanzmarkt besser auf die Finanzkrise 2008/2009 reagiert hätte ist nicht auszumachen. Fakt ist, dass die oben skizzierten Ziele leider nur ansatzweise umgesetzt wurden und das europäische Bankensystem mit der Finanzkrise im Kern getroffen wurde – mit größeren Auswirkungen in Deutschland als in Frankreich.

Die erste Welle der Finanzkrise schwächte sowohl amerikanische als auch europäische Banken, die zweite nur die Europäer. Schnelleres und konsequenteres Agieren der amerikanischen Aufsicht führten dazu, dass europäische Banken heute das Nachsehen im Wettbewerb mit US-amerikanischen Banken haben, und dies, obwohl der Auslöser eine amerikanische Immobilienkrise war.

Es fing mit der amerikanischen Immobilienblase an. Zur Finanzkrise wurde es jedoch erst durch die ausgelöste internationale Kettenreaktion. Im Vordergrund standen Subprime-Finanzierungen, Darlehen an – per Definition – zu finanzschwache Kreditnehmer, ein moralisch schon sehr fragwürdiges Produkt. Als die Immobilienpreise schwächelten, meldete eine erste US-Genossenschaftsbank – Washington Mutual –, aber auch die Investmentbank Lehman Brothers Insolvenz an. Auch der weltweit größte und als AAA besinotierte Versicherungskonzern AIG musste mit 180 Milliarden US$ US-Regierungsgeldern gerettet werden. Niemand hatte einen Versicherer an vorderster Front vermutet. AIG hatte Sub-

---

76 Europäischer Rat, Schlussfolgerungen des Vorsitzes, 23. und 24. März 2000, Lissabon

prime- Finanzierungen im großen Umfang garantiert, was wenig mit dem herkömmlichen Versicherungsgeschäft zu tun hatte.

Finanzmärkte fürchten nichts mehr als Überraschungen. Dass US-Banken wie Lehman oder Washington Mutual einer amerikanischen Immobilienblase zum Opfer fallen, entspricht der Marktlogik. Aber auch englische Großbanken wie die stolze Royal Bank of Scotland mussten um ihre Existenz bangen und zusehen, wie sich Schlangen von Kleinanlegern vor ihren Filialen bildeten, um ihr Geld abzuziehen. Auch belgische und niederländische Großbanken mussten gerettet werden, während französische Banken weniger tangiert waren.[77]

Sehr überraschend waren die Schieflagen von deutschen Banken. Deutsche Hypotheken- und Landesbanken und die auf den deutschen Mittelstand spezialisierte IKB waren nun konkursgefährdet, was keiner in diesem Kontext für möglich gehalten hatte. Sie waren insbesondere dem „Tranchieren" der Subprime-Finanzierungen zum Opfer gefallen. Sie hatten überwiegend in bestmögliche Risiken, sogenannte AAA-Tranchen, investiert, dabei den Sog-Effekt eines rapiden Verfalls der schlechteren Tranchen vollkommen unterschätzt. Landesbanken hatten im Anschluss an das Entfallen der Gewährträgerhaftung eine überhöhte Emissionstätigkeit und einige – nicht alle – wurden zu Investoren solcher Tranchen, die im Zuge der Krise wie ein Kartenspiel zusammenfielen.[78] Dass diese Finanzierungen meistens in Ad-hoc-Tochtergesellschaften gebucht wurden – also nicht in den Bankbilanzen selbst zu sehen waren –, trug zur Unübersichtlichkeit bei. Der Vertrauensverlust wuchs.

---

77 Der französische Staat unterstützte alle Banken ausnahmslos, um „finger pointing" zu vermeiden. Die Staatsgarantien wurden aber von allen Banken zurückerstattet – mit Ausnahme von Natixis. In Deutschland lief es auf Druck der Deutschen Bank anders: Nur bedürftige Banken wurden durch die eigens gegründete Soffin gestützt.

78 Mit dem Entfallen der Gewährträgerhaftung per 31.12.2005 verloren die Landesbanken ihr exzellentes Rating: von AAA bzw. AA sanken die Ratings auf zwischen A und BBB, was deutlich höhere Refinanzierungskosten bedeutet. Um den Übergang zu erleichtern, wurde den Landesbanken ermöglicht, bis Ende 2005 Fremdmittel mit Gewährträgerhaftung und Laufzeiten bis Ende 2015 aufzunehmen. Viele emittierten – sozusagen auf Vorrat – zu den günstigeren AAA-Konditionen und suchten nach liquiden sicheren Übergangsanlagen, hier die AAA-Tranchen von Subprime.

Auch die zweite Krisenwelle fing mit einem Vertrauensverlust an. Griechenland hatte „getürkte" Zahlen veröffentlicht. Das korrigierte Haushaltsdefizit schnellte auf 15 %, der Verschuldungsgrad auf 165 % des BIP hoch. Die Märkte entzogen Griechenland das Vertrauen und suchten nach den nächstmöglichen Krisenherden. Es wurden die Immobilienblasen in Spanien und Irland ausgemacht, obwohl beide Länder vor der Krise Haushaltsüberschüsse und eine stark *unterdurchschnittliche* Verschuldung vorweisen konnten: nur 36,2 respektive 24,8 %. In Irland stieg die Verschuldungsquote auf 108 % und in Spanien auf 68 %. Die Maastricht-Kriterien reichten also nicht aus, um mögliche Krisen innerhalb des Währungsraums abzuwenden, und sind seitdem faktisch ausgeschaltet.

Amerikanische Banken waren kaum in solche europäische Risiken engagiert, europäische Banken umso mehr. Deutsche und französische Banken waren hier in vergleichbarem Ausmaß engagiert: französische Banken insbesondere aufgrund ihrer Bankbeteiligungen in Griechenland und Italien, deutsche Banken aufgrund erhöhter Kreditbestände. Der große Unterschied bestand darin, dass deutsche Banken durch die erste Welle schon deutlich stärker geschwächt waren.

Quartal für Quartal meldeten Banken europaweit zusätzlichen Abschreibungsbedarf. Die Ungewissheit wurde durch das Versagen von vermuteten Frühwarnern wie Ratingagenturen, Wirtschaftsprüfern und Aufsichtsbehörden verstärkt. Die bankinternen Risikofrühwarnsysteme waren überfordert. Insofern niemand wusste, wo weitere Risiken schlummerten, war das Vertrauen entzogen und der Interbankenmarkt kam zum Erliegen. Die Verunsicherung saß fest und die Finanzbranche stand vor dem Abgrund.

Staaten mussten ihre Bankensysteme kraft milliardenschwerer Programme retten: 700 Milliarden US-Dollar für das amerikanische TARP[79]-Programm, 480 Milliarden Euro für das deutsche Finanzmarktstabilisierungsprogramm und 300 Mrd. Euro in Frankreich. Angela Merkel behauptete mit ihrem Finanzminister Steinbrück vor den Kameras ohne jegliche rechtliche Grundlage: „*Wir sagen den Sparerinnen und Sparern, dass ihre*

---

79 TARP (= Troubled Asset Relief Program) wurde im Oktober 2008 noch durch die Bush-Regierung verabschiedet und 2010 durch den „Dodd-Frank Act" mit einem auf 470 Mrd. USD reduzierten Volumen abgelöst.

Einlagen sicher sind. Auch dafür steht die Bundesregierung ein."⁸⁰ Das Vertrauen in die Regierung hatte überlebt, denn die Schlangenbildung, die es in Großbritannien gegeben hatte, blieb in Deutschland aus.

Neelie Kroes, damals EU-Wettbewerbskommissarin, machte sich unbeliebt, als sie behauptete, *„das deutsche Bankensystem sei überholt"*⁸¹. Sie sollte aber leider recht behalten. Es ist auf jeden Fall durch die Krisen erheblich geschwächt worden. Zwölf Jahre später schrieb die Deutsche Bank Research, die deutsche Bankenbranche sei *„dramatisch zurückgefallen".*

> *„(...) Sie ist chronisch wachstumsschwach, strukturell sklerotisch, außerordentlich wenig profitabel und viel zu ineffizient (...). Am deutschen Bankensystem sind die Reformen, die viele westliche Länder in den vergangenen Jahrzehnten vorgenommen haben, völlig vorbeigegangen. Die starre Separierung in drei Säulen hat eine weitergehende Konsolidierung und Privatisierung verhindert, das Vordringen ausländischer Wettbewerber begünstigt und einen fast beispiellosen Bedeutungsverlust deutscher Kreditinstitute im internationalen Vergleich zur Folge gehabt."*⁸²

Tatsache ist, dass der deutsche Anteil am europäischen Bankenmarkt – trotz internationaler Tätigkeiten – auf 18 % zurückgefallen ist, obwohl Deutschland einen Anteil am europäischen BIP von 21 % hat. Frankreichs Banken hingegen behaupten sich mit einem Marktanteil von 30 %.

Die Finanzkrise hat sowohl die öffentlich-rechtliche als auch die private Säule getroffen. Die West LB wurde aufgelöst, die Landesbank Rheinland-Pfalz und die Sachsen LB gingen in der LBBW auf. Vier Landesbanken (LBBW, BayernLB, HSH Nordbank und Nord/LB) mussten mit Rekapitalisierungen i. H. v. über 50 Milliarden Euro gerettet werden und im Gegenzug ihre Bilanzen um 50 % und mehr kürzen. Allein die Rekapitalisierung der BayernLB kostete den Steuerzahler mehr als die Commerzbank an der Börse wert war.

---

80 ARD/ZDF, Bundeskanzlerin Angela Merkel und Bundesfinanzminister Peer Steinbrück am 5. Oktober 2008
81 Interview der Süddeutschen Zeitung am 3. Juni 2009
82 Deutsche Bank Research, ARD-Homepage 15. September 2021

4 Stärkung des Banken- und Finanzsystems gefragt

Den Privatsektor traf es ähnlich bzw. noch schlimmer. Die Commerzbank wurde gezwungen, ihre Tätigkeiten um 40 bis 50 % zu reduzieren und wesentliche Beteiligungen abzustoßen. Vor allem die Hypothekenbanken, an ihrer Spitze die Hypo Real Estate (HRE), hatten die Grenzen ihres Wirtschaftsmodells erreicht. Ihrem Namen „Hypothekenbanken" zum Trotz waren sie seit den achtziger Jahren nicht nur im deutschen Immobilien- und Kommunalgeschäft, sondern international aktiv. So kamen sie zu „US-Immobilien-Subprime" und großvolumigem Kreditgeschäft mit südeuropäischen Staaten und Gebietskörperschaften. Die HRE wurde verstaatlicht, um den Pfandbriefmarkt zu retten, und die Aareal Bank musste ihre Bilanzsumme radikal verkürzen.

In der Folge wurde 2014 die europäische Bankenunion ausgerufen, blieb aber sehr unvollkommen. Als Antwort auf die Finanzkrise war sie defensiv und besteht aus dem Einheitlichen Aufsichtsmechanismus (SSM) und dem einheitlichen Abwicklungsmechanismus (SRM). Sollte es zu einer neuen Bankenschieflage kommen, greift nun der zu 50 % durch Deutschland und Frankreich getragene gemeinsame Abwicklungsfonds, der Kosten für den Steuerzahler abwenden bzw. minimieren soll.[83] Darüber hinaus werden nun die größten Banken des Euro-Raums aus einer Hand reguliert, unterliegen höheren Mindesteigenkapitalvorschriften und einem stringenteren Risikomonitoring.

Dass europäische Banken krisenfester gemacht wurden, konnten wir im Zuge der Corona-Krise sehen. Das Bankensystem hat standgehalten und es gab keine Diskussion über die Überlebensfähigkeit des Euro. Banken wurden stabilisiert, das Feuer wurde gelöscht.

Die Profitabilität lässt aber noch zu wünschen übrig. Strukturreformen werden insbesondere in Deutschland zu langsam umgesetzt. Heute noch zählt Deutschland fünf Mal mehr Banken als Frankreich (1.500 zu weniger als 350). Deutsche Großbanken haben in ihrem Heimatmarkt kleinere Marktanteile als ihre europäischen Peers. Die fünf größten Kreditinstitute kommen auf einen Marktanteil von knapp 20 %, während die fünf größ-

---

83 Deutschland und Frankreich halten zusammen 38 % (21,4 und 16,6 %) der 10,8 Milliarden eingezahlten Kapitals der EZB. Am Europäischen Stabilitätsmechanismus von 720 Milliarden halten sie zusammen fast 10 % mehr: Deutschland 29,1 %, Frankreich 21,9 % (wovon nur 80 Milliarden ausstehen).

ten französischen Banken einen Anteil von über 50 % haben. Es ist deutschen Banken, anders als französischen Banken, auch nicht gelungen, das Internetbanking im Konzern zu halten. Symbolhaft ging das Online-Geschäft in Deutschland an die jetzt niederländische ING, die mittlerweile zur zweitgrößten Privatkundenbank avanciert ist. In Frankreich hat ING das Online-Banking nach einem erfolglosen Jahrzehnt verkauft, weil keine Möglichkeiten mehr gesehen wurden, seinen Marktanteil über die vorhandene eine Million Kunden hinaus auszubauen.

Verschiedene Rechtsgrundlagen und Sprachen sowie unterschiedliche Besteuerungen zeichnen nach wie vor eine fragmentierte europäische Bankenlandschaft aus. Das europäische Einlagensicherungssystem sollte ein erster Schritt sein, scheiterte bis dato aber insbesondere am deutschen Widerstand.

Auch die Start-up-Szene bleibt überwiegend national geprägt. Aufgrund dieser faktischen Marktsegmentierung wird der Weg zur Fremdfinanzierung erschwert. Es gibt noch keinen reellen europäischen Kapitalmarkt, wie ihn die USA kennen, dafür aber eine einheitliche Währung. Die Amerikaner haben dadurch ihr faktisches Dollar-Monopol als Währungsreserve verloren und sehen den Euro als lästigen Wettbewerber.

In der Zwischenzeit haben sich amerikanische Großbanken viel schneller neu aufgestellt und erwirtschaften nun einen Nettogewinn von 30 bis 40 Milliarden Euro pro Jahr, während die größten europäischen Banken auf gerade mal ein Viertel kommen. JPMorganChase könnte sich die Deutsche Bank mit zwei Quartalsergebnissen leisten, kauft sie aber nicht.[84]

Gesellschaftlich hinterließ die Krise tiefe Spuren. Man fing an zu hinterfragen, welche Banktätigkeiten „realwirtschaftlich" seien, als ob Banken nicht mehr Teil der Realwirtschaft wären. Es herrscht wachsendes Unverständnis für das Bonus-System: mehr Bonuszahlungen als Dividendenausschüttungen, Tausende „Bonus-Millionäre", deren Arbeitgeber mit Hunderten Milliarden vom Steuerzahler gerettet werden mussten, während die Prekarität steigt. Die „Unverhältnismäßigkeit" solcher Gehälter bzw. Boni sorgte immer mehr für Kopfschütteln. Durch die Belastung der Pande-

---

84 Nettogewinn 2021 (in Euro): JPMorganChase 43,2 Mrd.; Bank of America 28,4 Mrd.; BNP Paribas 9,5 Mrd.; Société Générale 5,6 Mrd.; Deutsche Bank 2,5 Mrd.; KfW 2,2 Mrd.

mie auf das gesamte Gesundheitssystem rückte z. B. stärker ins Bewusstsein, dass der wortwörtlich überlebenswichtige Gesundheitssektor eine bessere Bezahlung verdient. Dazu mehr im letzten Kapitel.

5. Staatssektor und Arbeitskosten sind vergleichbar geworden

Die EU legte Frankreich im letzten europäischen Semester nahe, insbesondere seine Wettbewerbsfähigkeit zu verbessern. Die Stellschrauben liegen weder am Staatsanteil in der Wirtschaft noch an den Arbeitskosten oder den Arbeitszeiten.

Immer wieder wird vermutet, dass der Staatsanteil in Frankreich besonders hoch sei. Fakt aber ist, dass in beiden Ländern ca. 6 % der Erwerbstätigen für Unternehmen in öffentlicher Hand arbeiten: 2,7 Millionen Menschen in Deutschland bei 45,5 Millionen Erwerbstätigen und 1,7 Millionen in Frankreich bei 27,8 Millionen Erwerbstätigen. *(Siehe Anlage 6)*

In beiden Staaten sind große Teile des Transportwesens in der öffentlichen Hand: Eisenbahn, Flug- und Seehäfen. Und beide halten eine Minderheitsbeteiligung im Automobilsektor. Das Land Niedersachsen ist mit 11,8 % an der Volkswagen AG beteiligt und verfügt über ein Vetorecht, während der französische Staat noch 15 % der Aktien (und 22 % der Stimmrechte) der Renault Group hält.

Ansonsten gehören Staatsunternehmen in Frankreich überwiegend der Vergangenheit an. Es gab drei politisch motivierte Verstaatlichungswellen. Vor dem Zweiten Weltkrieg gründete Premierminister Léon Blum die staatliche Eisenbahngesellschaft SNCF. Nach dem Zweiten Weltkrieg wurden Unternehmen nach kommunistischen staatsmonopolistischen Vorstellungen verstaatlicht (Versicherungen, Bergbau und Energie) bzw. als Bestrafung für die Unterstützung des Vichy-Regimes (so z. B. der Automobilkonzern Renault). Von diesen beiden Wellen sind lediglich die SNCF und der Stromversorger EDF in staatlicher Hand geblieben. Die dritte Welle fand 1982 nach der Wahl von François Mitterrand statt. Dieser hatte ein Koalitionsprogramm mit den Kommunisten verabschiedet, in welchem die Verstaatlichung der meisten Großunternehmen und des

Finanzsektors vorgesehen war. Fast alle Banken, Strom- und Wasserversorger (Suez, die Compagnie Générale d'Électricité), der Stahlkonzern Usinor-Sacilor, der Aluminiumhersteller Pechiney Ugine Kuhlmann, der Rüstungskonzern Thomson, der Glas- und Baumaterialienhersteller Saint-Gobain sowie der Pharma- und Chemiekonzern Rhône-Poulenc kamen 1982 in Staatsbesitz. Sie wurden in den folgenden zehn Jahren alle wieder privatisiert. Darüber hinaus gingen der erste französische Fernsehsender TF1, die Autobahnen und die Energiekonzerne in private Hände, zuletzt auch während der Regierung des Sozialisten Lionel Jospin.

Im Ergebnis liegt die französische Wasserversorgung in privaten Händen – anders als in Deutschland. Die Stromversorgung ist in Frankreich im Staatskonzern Électricité de France (EDF) gebündelt, während in Deutschland Hunderte kommunalnahe Unternehmen und vier Großversorger das Sagen haben. Und die deutsche Stromversorgung soll auch in deutscher öffentlicher Hand bleiben, wie es 2010 das Land Baden-Württemberg zeigte, das den nahezu 45-%-Anteil der französischen EDF an der EnBW übernommen hat und sogar 18 % Aufschlag zum damaligen Börsenkurs in Kauf nahm, um die EDF-Mehrheitsbeteiligung abzuwehren.

Auch das französische Finanzsystem ist – anders als in Deutschland – privatisiert. Die „*öffentlich-rechtliche*" Säule des deutschen Bankensystems, das heißt der Sparkassensektor mit den Landesbanken und der Deka, hat einen Marktanteil von gut einem Drittel des deutschen Bankensystems[85]. Die zweitgrößte deutsche Bank ist nunmehr die Förderbank KfW, die zu 100 % dem Staat gehört. Das französische Bankensystem ist hingegen weitestgehend in privaten Händen. Ausnahmen sind die Caisse des Dépôts, BPI France und die Banque Postale. Die französischen Sparkassen wurden in den 80er Jahren zu Genossenschaftsbanken. Ähnlich ist das Verhältnis bei Versicherern. Die öffentliche Hand kommt mit ihren Versicherern (von Provinzial über SV Sparkassenversicherung bis hin zur Bayerischen

---

85 Marktanteile der Bankengruppen an der gesamten Bilanzsumme der Bankenbranche in Deutschland im September 2022: **Private Säule: 46,8 %.** Großbanken 24,5 %, Regional- und sonstige Kreditbanken 17,9 %, Realkredit 2,1 %, Bauspar 2,3 %; **öffentlich-rechtliche Säule: 38,6 %.** Sparkassen 14,3 %, Landesbanken 8,9 %, Banken mit Sonder,- Förder- und sonstigen Unterstützungsaufgaben 15,4 %; **Genossenschaftliche Säule** (Kreditgenossenschaften) **10,9 %**; Zweigstellen ausländischer Banken: 4,2 % (Statista, 14. November 2022)

Versorgungskammer) auf einen Marktanteil von über 10 % und nimmt konsolidiert den zweiten Platz hinter der Allianz ein. In Frankreich ist hier lediglich die CNP Assurance zu nennen.

Sehr erstaunlich ist der Unterschied in der Rüstungsbranche, der in Frankreich zu großen Teilen in Staatshänden liegt, während er in Deutschland überwiegend im Privatbesitz ist. Ein Indiz für eine gewisse Staatsnähe bieten die Aufsichtsräte: der ehemalige Bundesverteidigungsminister Franz Josef Jung sitzt im Gremium der Rheinmetall, der Generalinspekteur Kujat leitete bis 2020 den Aufsichtsrat von Heckler & Koch. Deutsche Konzerne wie Rheinmetall, Diehl Defence und Krauss-Maffei Wegmann dürften jedoch in ihrer Existenz stark von Staatsaufträgen abhängig sein.

Der Mindestlohn und die Arbeitszeiten werden als zweiter möglicher Grund für mangelnde französische Wettbewerbsfähigkeit vermutet. Die Wirklichkeit ist nuancierter. In Gänze hat die demografische Entwicklung in Deutschland zu einer Erhöhung der Lohnkosten um 28 % geführt, zehn Prozentpunkte mehr als in Frankreich.[86]

Der deutsche Mindestlohn ist nun sogar höher als in Frankreich und Franzosen, die einen Job ausüben arbeiten längere Stunden als in Deutschland üblich. Der Mindestlohn wurde in Frankreich viel früher eingeführt, aber Deutschland hat in den letzten 10 Jahren aufgeholt. Den flächendeckenden französischen Mindestlohn gibt es schon seit 1950. Dem garantierten Mindestlohn SMIG (Salaire minimum interprofessionnel garanti) folgte 1970 der SMIC (Salaire minimum interprofessionnel de croissance). Im Mai 2022 war dieser auf 1.645 Euro brutto im Monat festgelegt, in Deutschland auf 1.621 Euro. Etwa sechs Millionen Beschäftigte – vor allem im Osten – profitieren vom Wahlversprechen der SPD, den Mindestlohn von 9,60 Euro auf 12 Euro im Oktober 2022 zu erhöhen. In Frankreich liegt er bei 10,85 Euro. Schon zuvor waren viele deutsche branchenspezifische Mindestlöhne vergleichbar bzw. lagen deutlich darüber: 10,45 Euro für die Straßenreinigung, 17,18 Euro für die Aus- und Weiterbildungsdienstleistungen. In der deutschen Pflegebranche gelten

---

86 Arbeitskosten pro Stunde der Gesamtwirtschaft sind in Deutschland zwischen 2008 und 2019 von 27,9 auf 35,6 Euro, in Frankreich von 31,2 auf 36,6 Euro gestiegen (Eurostat, Pressemitteilung 31. März 2020)

12,55 Euro für ungelerntes Personal, 13,20 Euro für gelernte Pflegekräfte und 15,40 Euro für Pflegefachkräfte.

Die durchschnittlich gearbeiteten Stunden pro Kopf sind in Frankreich niedriger als in den meisten anderen europäischen Ländern. Dies ist auf die höhere Arbeitslosigkeit und den früheren Renteneintritt zurückzuführen. Für diejenigen die arbeiten sind die effektiven Arbeitszeiten vergleichbar, trotz 35-Stunden-Woche in Frankreich und deutscher 39-Stunden-Woche. Im Durchschnitt werden in Frankreich 37,4 Stunden pro Woche gearbeitet, leicht mehr als im europäischen Durchschnitt und 2,6 Stunden mehr als in Deutschland. Der Grund liegt an der hohen Teilzeitquote in Deutschland, insbesondere bei Frauen.

Französische Vollzeitbeschäftigte haben 2021 zwar eine halbe Stunde weniger gearbeitet (39,9 Stunden im Vergleich zu 40,5 Stunden), aber die Teilzeitarbeitsquote in Deutschland bleibt 50 % höher als in Frankreich und dem Rest der EU, mangels eines flächendeckenden Angebots an Ganztagsschulen und Kinderbetreuung. In Teilzeit arbeiten die Franzosen übrigens zwei Stunden pro Woche mehr als die Deutschen und der Durchschnitts-Europäer. Die 35-Stunden-Woche wird also in Frankreich politisch stark in das Schaufenster gestellt, aber in Deutschland umgesetzt.[87]

Auch die Überstunden wirken sich nicht mehr so kostspielig aus. In Deutschland werden 50 % aufgeschlagen; in Frankreich ist der Aufschlag gestaffelt und fängt mit einem Aufschlag von 25 % für die ersten acht Stunden an und 50 % darüber hinaus. Der Arbeitgeber wird zum Teil von den Rentenabgaben für die Überstunden, der Arbeitnehmer bis zu 7.500 Euro von der Steuer befreit.

---

87 Teilzeitarbeitsquote: EU 17,7 %, Deutschland 27,9 % Frankreich 17,3 % (Eurostat, 12. April 2022) Gearbeiteten Stunden bei Teilzeitarbeit: Teilzeit: Frankreich 23,4 Stunden, Deutschland 21,5 Stunden, fast wie im europäischen Durchschnitt von 21,9 Stunden (Eurostat, letzte Aktualisierung 27. April 2022)

6. Wettbewerbsfähigkeit stärken, insbesondere in Frankreich

Die EU hat zu Beginn des neuen Jahrtausends mit der ehrgeizigen Lissabon-Strategie beschlossen „*Europa für das 21. Jahrhundert fit zu machen*". Die EU sollte binnen 10 Jahren, *also bis 2010, „zum wettbewerbfähigsten und dynamischsten wissensgeschützten Wirtschaftsraum der Welt werden*". Hierzu rief der Europäische Rat die Kommission auf

„bis Ende des Jahres 2000 eine Strategie für die Beseitigung der Hemmnisse im Dienstleistungsbereich festlegen;
die Liberalisierung in Bereichen wie Gas, Strom, Postdienste und Beförderung zu beschleunigen. Ebenso ersucht der Rat die Kommission, hinsichtlich der Nutzung und des Managements des Luftraums so rasch wie möglich ihre Vorschläge zu unterbreiten. Angestrebt wird, in diesen Bereichen einen voll funktionsfähigen Binnenmarkt zu verwirklichen (...);
die Arbeiten betreffend die demnächst vorzulegenden Vorschläge zur Aktualisierung der Regeln für das öffentliche Beschaffungswesen rechtzeitig abschließen und diese insbesondere den KMU zugänglich zu machen, so daß die neuen Regeln bis 2002 in Kraft treten können;
(...) bis 2001 eine Strategie für weitere koordinierte Maßnahmen zur Vereinfachung des Regelungsrahmens, einschließlich der Aufgaben der öffentlichen Verwaltung, auf nationaler und auf Gemeinschaftsebene festlegen. Dies sollte auch die Bestimmung von Bereichen umfassen, in denen weitere Maßnahmen der Mitgliedstaaten zur Rationalisierung der Umsetzung von Gemeinschaftsrecht in einzelstaatliches Recht erforderlich sind.
ihre Anstrengungen zur Förderung des Wettbewerbs und zur Verringerung der allgemeinen Höhe staatlicher Beihilfen fortsetzen, indem der Nachdruck von der Förderung einzelner Unternehmen oder Sektoren auf Querschnittsaufgaben von gemeinschaftlichem Interesse, wie z.B. Beschäftigung, Regionalentwicklung, Umwelt und Ausbildung oder Forschung, verlagert wird."[88]

---

88 Europäischer Rat, Schlussfolgerungen des Vorsitzes, 23. und 24. März 2000, Lissabon

Die Ziele bleiben (leider) immer noch aktuell. Europa ist noch nicht zur wettbewerbsstärksten Wirtschaftsraum der Welt geworden und gerade die französische Wirtschaft sich besser aufstellen.

Wie wir es schon sehen konnten, liegt der französische Wettbewerbsnachteil nicht am Finanzsektor. Französische Banken sind mit 33 % der Bilanzsumme aller europäischen Banken Marktführer, weit vor ihren deutschen Wettbewerbern, die nur einen Anteil von 18 % haben.

Französische (börsennotierte) Großunternehmen behaupten sich besser als deutsche Unternehmen. 17 französische und 16 deutsche Konzerne schaffen es in den Euro STOXX der 50 größten europäischen Börsenwerte.[89] Der Börsenwert der CAC 40 Unternehmen übertrifft den Wert des Dax um gut ein Drittel. Die weltweit führende Luxusbranche trägt dazu bei, aber auch die 10 kleinsten französischen Börsenwerte sind höher als ihre deutschen Pendants. *(Siehe Anlage 7)*

Der Wettbewerbsnachteil liegt auch nicht an fehlender Internationalisierung der Wertschöpfung. Der Anteil des im Ausland generierten Mehrwerts französischer Unternehmen ist sogar leicht höher als in Deutschland.[90]

Unternehmen mit einem Umsatz zwischen 250 Millionen und 1,5 Milliarden Euro und zwischen 250 und 5.000 Mitarbeitern, sogenannte „entreprises de taille intermédiaire" (ETI) sind ebenfalls auf Augenhöhe. Sie beschäftigen mittlerweile 3 Millionen Menschen und sind überdurchschnittlich exportorientiert. Ihr Anteil am französischen Umsatz liegt bei 24 %, beim Außenhandel sind es 34 %. Nur gibt es zu wenige davon: in Frankreich sind es 5.300, in Italien 8.000 und in Deutschland drei Mal so viele. Von den 16.000 deutschen Unternehmen mit 250 bis 5.000 Mitarbeitern war ein gutes Viertel im Familienbesitz.[91] Der Bundesverband

---

89 Euro STOXX 50 (18. November 2022) **16 deutsche Unternehmen**: adidas, Allianz, BASF, Bayer, BMW, Deutsche Börse, Deutsche Post, Deutsche Telekom, Infineon, Linde, Mercedes Benz, Münchener Rück, SAP, Siemens, Volkswagen und Vonovia; **17 französische Unternehmen**: Air Liquide, Airbus, Axa, BNP Paribas, Danone, EssilorLuxotica, Hermès International, Kering, L'Oréal, LVMH, PernodRicard, Safran, Sanofi, Schneider Electric, Stellantis, TotalEnergies, Vinci.

90 Siehe Belke, Ansgar, Gros, Daniel, „The Euro area imbalances narrative in a Franco-German perspective: the importance of the longer-run view"

91 Als Familienunternehmen werden solche angesehen, in welchen maximal drei Fami-

6. Wettbewerbsfähigkeit stärken, insbesondere in Frankreich

der Deutschen Industrie (BDI) bezeichnet die KMU als „Herz der deutschen Wirtschaft". Ihre Umsatzrendite und ihre Forschungsquote sind doppelt so hoch wie bei anderen Unternehmen.[92] Sie sind mit durchschnittlich 1.596 Mitarbeitern auch größer als sonstige Mittelständler, glänzen mit einer besonders hohen Eigenkapitalisierung (33,5 % zu 25,2 %) und haben eine Exportquote von nahezu 40 % des Umsatzes, um ein Viertel höher als die allgemeine Exportquote.

Es muss also Frankreich gelingen, die zu geringe Anzahl an kleinen und mittelständischen Unternehmen wachsen zu lassen.[93] In Frankreich gibt es 3,7 Millionen Mikrounternehmen mit bis zu 9 Mitarbeitern; in Deutschland sind es nur 2,9 Millionen. Mit solch einer personellen Aufstellung können diese nicht exportieren und kaum Forschung betreiben. Deutsche Unternehmen mit 10 bis 5.000 Mitarbeitern sind drei Mal zahlreicher als die französischen KMUs.

Olivier Mellerio, Präsident des gleichnamigen Familienuterunternehmens und des Comité Colbert – dem prestigeträchtigen Lobbyverband der französischen Luxusbranche –, wurde 2009 von Präsident Sarkozy beauftragt, die strukturellen Schwächen der französischen Industrie zu analysieren. Er stellte fest, dass französische Familienunternehmen – wie KMU im Allgemeinen – nur selten einen Umsatz von mehr als 100 Millionen Euro generieren. Oft werden sie bei Erreichen dieser Umsatzgröße von Konzernen geschluckt: Im Zuge von Umstrukturierungen wird Personal abgebaut, Kompetenz in die Konzernspitze geholt, die typischerweise in Paris sitzt. Es gibt zwar nach wie vor nennenswerte familiengeführte Großunternehmen wie Peugeot, Michelin, den Baukonzern Bouygues oder den Handelskonzern Leclerc. Aber schon 2009 gehörte jedes zweite KMU einem Großkonzern: 1997 war es nur noch jedes fünfte. Der Bericht verweist dabei auf eine Studie des Wirtschaftsprüfers KPMG von 2007 über Familienunternehmen mit einem Umsatz zwischen 7,5 und 100 Millionen Euro, die vor 1995 gegründet wurden. Sie sind im Vergleich zu

---

lien mehr als 50 % der Anteile im Unternehmen halten. 60 % haben ihren Hauptsitz in den drei Bundesländern Nordrhein-Westfalen, Bayern und Baden-Württemberg.
92 Forschung und Entwicklung in Hohe von 5,7 % des Umsatzes, im Schnitt 2,5 %.
93 Wertschöpfung im nichtfinanziellen Bereich bei Unternehmen über 250 Millionen Umsatz: EU 47,2 %, Deutschland 52,5 %, Frankreich 55,5 %

deutschen Durchschnitts-KMU nicht so stark kapitalisiert – 24 % Eigenkapital im Vergleich zu durchschnittlich 44 % in Deutschland und weniger exportorientiert.

Nur 10 % (!) der französischen KMUs mit mehr als 10 Mitarbeitern verbleiben in der zweiten Generation in Händen der Gründerfamilie: in Italien sind es 72 %, in Deutschland 55 %. Die Besteuerung ist hierbei das zentrale, mittlerweile erkannte Thema. Mehr als die Hälfte der Inhaber wollten ihr Unternehmen auch vor dem Hintergrund der 1983 eingeführten Vermögenssteuer verkaufen. Die Vermögenssteuer wurde von Sarkozy abgeschafft, von François Hollande wieder eingeführt und letztlich von Macron erneut abgeschafft – insbesondere, um den gehobenen Mittelstand zu stärken.

Insgesamt wurden zwölf Hauptgründe für den deutschen Wettbewerbsvorsprung hervorgehoben. Insbesondere die deutsche „Industriekultur", die Fähigkeit der Arbeitgeber- und Arbeitnehmervertreter „gemeinsam zu arbeiten", die Verknüpfung Forschung–Ausbildung–Industrie, die in Deutschland besser funktioniert, die Wettbewerbsfähigkeit im Design oder auch die Produktqualität, die dazu führt, dass deutsche Unternehmen „price maker" eher als „price taker" sind. *(Siehe Anlage 8)*

Die Verzahnung zwischen Forschung, Unternehmen und Universitäten ist ein besonderes deutsches Aushängeschild. Privat organisierte außeruniversitäre Einrichtungen wie die Fraunhofer- oder Max-Planck Gesellschaft, die Leibniz oder Helmholtz Gemeinschaften finden in Frankreich nicht ihresgleichen. Sie verfügen bei 110.000 Mitarbeitern über ein Budget von über 10 Milliarden und sind über die ganze Republik verteilt, während sich in Frankreich die meisten Forschungsinstitute auf Paris konzentrieren. Exemplarisch ist die Helmholtz Gesellschaft, die ihr 200-jähriges Bestehen feierte und die größte Forschungsorganisation in Deutschland ist. Forschungsschwerpunkte sind, *„die Lebensgrundlagen des Menschen langfristig (zu) sichern und Technologien für eine wettbewerbsfähige Wirtschaft (zu) entwickeln".* Es werden Partnerschaften mit Universitäten abgeschlossen, die bis zu 5 Millionen Euro Zuschuss pro Institut von ihr erhalten. Auch die Max-Planck-Gesellschaft wurde schon im 19. Jahrhundert für die Grundlagenforschung gegründet. 1949 kam die Fraunhofer Gesellschaft hinzu, die mittlerweile die weltweit größte Organisation für

6. Wettbewerbsfähigkeit stärken, insbesondere in Frankreich

anwendungsorientierte Forschung ist. Ihre 75 Institute forschen in Bioökonomie, Intelligenter Medizin, Künstlicher Intelligenz, Next-Generation Computing-Quantentechnologien, Ressourceneffizienz und Klima- und Wasserstofftechnologien. Die 1991 gegründete Leibniz Gemeinschaft ist die jüngste im Bunde und verfügt allein über ein Budget von 2 Milliarden.

Nicolas Sarkozy versuchte diese Verzahnung zwischen Industrie und Forschung mit der Gründung von 71 „Kompetenz-Clustern" (*„Pôles de compétitivité"*) zu verbessern. Dafür wurde ein jährliches Budget von ca. einer Milliarde Euro zur Verfügung gestellt. Die Themen gehen vom Zukunftsauto mit 200 angeschlossenen Unternehmen im Elsass und der Franche-Comté bis hin zum Cluster „Lyon Biopôle", welches sich mit der Entwicklung von Impfstoffen gegen Infektionskrankheiten von Mensch und Tier und Biomedikamenten befasst. Ein weiteres Cluster („Mer Bretagne") befasst sich mit Fragen der Sicherheit auf See, dem Schiffbau, den biologischen und energetischen Meeres-Ressourcen und dem Umweltschutz der Küsten. Die Bilanz nach 15 Jahren fällt nüchtern aus. KMU haben zwar ihr Forschungsbudget erhöht: Für 1 Euro öffentliches Geld wurden die Ausgaben der Unternehmen um 2,50 Euro erhöht. Die Forschung von Unternehmen mit mehr als 250 Mitarbeitern wurde aber kaum erhöht und es führte zu kaum mehr Arbeitsplätzen.[94]

Um den „Kampf um Intelligenz zu gewinnen" (*„gagner la bataille de l'intelligence"*), hatte Sarkozy auch die seit 1983 bestehende Steuererleichterung für Forschung „crédit d'impôt recherche (CIR)" i. H. v. 30 % deutlich ausgeweitet, indem der Maximalbetrag der geförderten Forschungsausgaben von 16 auf 100 Millionen Euro angehoben wurde (darüber hinaus werden nur 5 % berücksichtigt). Für diese Maßnahme verwendet der Staat bis zu 5 Milliarden Euro pro Jahr. Hier hat sich Deutschland von Frankreich inspirieren lassen. 2019 wurde das *Gesetz zur steuerlichen Förderung von Forschung und Entwicklung* verabschiedet, welches höchstens 2 Millionen Euro pro Unternehmen vorsieht. Erste Erfolge wurden nach

---

94 France Stratégies, „Les pôles de compétitivité: quels résultats depuis 2005?" (August 2020). Die Anzahl der Cluster wurde in der Folge auf 54 reduziert. Ein Unternehmen erhielt ab 2009 im Durchschnitt 160.000 Euro öffentliche Forschungsfördergelder und erhöhte sein Forschungsbudget in der Regel um 465.000 Euro.

der Finanzkrise sichtbar: Die französische Produktivität stieg schneller als in Deutschland.[95]

Die EU hatte schon 2000 ein Minimum von 3 % des BIP für die FuE als Ziel ihrer Wachstumsstrategie definiert. Deutschland hat das Ziel von Forschungsausgaben i. H. v. 3 % des BIP übertroffen, Frankreich bei Weitem nicht erreicht. Der deutsche (quantitative) Vorsprung nimmt seit fast dreißig Jahren kontinuierlich zu. Heute investiert Deutschland 3,14 % des BIP in Forschung und Entwicklung, in Frankreich sind es nur 2,35 %, wie übrigens im europäischen Durchschnitt. In Zahlen wird der Unterschied noch deutlicher: Die USA investieren über 600 Milliarden, Deutschland 140 und Frankreich nur die Hälfte davon. Die geringeren Forschungsbudgets spiegeln sich in der Patentrangliste der Top-50-Länder weltweit wider. Frankreich belegte 2020 mit 10.000 gemeldeten Patenten immerhin den fünften Rang weltweit, jedoch weit hinter den USA (45.000) und Deutschland (25.000). Kein einziges französisches Unternehmen schaffte es unter die Top 10, zu denen Siemens und Bosch zählten. Wohlgemerkt stammen die drei ersten Patentanmelder alle aus Asien (Huawei, Samsung und LG Electronics).

Auch im Ranking der meisten wissenschaftlichen Veröffentlichungen ist Frankreich seit 2005 vom 6. auf den 9. Platz zurückgefallen, während Deutschland von Platz 5 auf 4 aufsteigen konnte. Überholt wurde Frankreich von Italien, aber auch von Indien und Russland.[96]

Qualitativ bleibt die französische Forschung auch in jüngster Zeit (noch) sehr erfolgreich. Ein Drittel aller Fields-Medaillen ging an Franzosen; Frankreich zählt 15 Nobelpreisträger in Physik (zuletzt in den Jahren 2007, 2012, 2018 und 2022), 13 für Medizin (zwei 2008 und einer 2011), 9 für Chemie (jüngst in den Jahren 2005, 2016 und 2020) und vier für Wirtschaftswissenschaften (2014 und 2019). Auch die Anzahl der Forscher vergleicht sich im internationalen Kontext mit 11 Forschern je 1000 Beschäftigte gut: In Deutschland sind es 10, wie auch in den Vereinigten

---

95 Thomas Grebel, Mauro Napoletano, Lionel Nesta, „Distant but close in sight: firm-level evidence on French-German productivity gaps in manufacturing"
96 Ranking der Länder mit den meisten wissenschaftlichen Publikationen im Jahr 2017: China 456.960, USA 423.529, Indien 121.960, *Deutschland 105.596*, Vereinigtes Königreich 99.297, Japan 97.841, Italien 71.480, Russland 71.226, *Frankreich 69.560*, Südkorea 62.918 (Statista 2022)

6. Wettbewerbsfähigkeit stärken, insbesondere in Frankreich

Staaten. Lediglich Südkorea und Schweden verfügen über relativ mehr Forscher (mit 16 und 15 je 1000 Beschäftigte). Es fehlt aber an finanziellen Ressourcen, und die technische Ausstattung sowie die Gehälter halten im internationalen Vergleich nicht Schritt. Ein weiterer Grund, neue Spielräume in den öffentlichen Finanzen zu finden und die Verzahnung mit der Industrie zu verbessern. Die Stärkung der Industrie war auch Ziel des sozialistischen Präsidenten François Hollande. Er beauftragte 2012 Louis Gallois[97], einen Bericht zur Modernisierung der französischen Industrie zu verfassen.

Dabei gilt es nicht gegen den allgemeinen Trend der Entwicklung zu einer Dienstleistungswirtschaft zu kämpfen. Insgesamt nimmt der Wirtschaftsanteil der Industrie ab, auf europäischer Ebene auf durchschnittlich 20 %. In Frankreich ist dieser Anteil aber auf 10 % eingebrochen. Nur die Pharmabranche hat zusätzliche Arbeitsplätze geschaffen. Zwischen 1995 und 2015 hat Frankreich die Hälfte seiner Industriewerke und ein Drittel seiner Arbeitsplätze der Industrie verloren.[98] Mit einer Reindustrialisierung würden auch die Forschung gestärkt und die Außenhandelsdefizite reduziert.

Zu diesem Ergebnis kommt auch das World Economic Forum, welches seit Langem die Wettbewerbskriterien im Global Competitiveness Report (GCR) zusammenfasst. Insgesamt belegt die Bundesrepublik mit dem 7. Platz eine Spitzenposition, auch wenn sie leicht zurückgefallen ist (2015 belegte Deutschland noch den 5. Platz). Frankreich wird im Global Competitiveness Report für die oben angesprochenen Reformen und Steuersenkungen belohnt und ist seit 2015 von Rang 22 auf 15 aufgestiegen.

Bei den staatlichen Grundvoraussetzungen (Institutionen, Infrastruktur, makroökonomischen Rahmenbedingungen und Gesundheits- und Schulwesen) liegen Deutschland und Frankreich auf Augenhöhe, jedoch weit hinter dem Klassenbesten Finnland, weil sie Zielscheiben terroristischer Angriffe sein könnten. Bei der Informations- und Kommunikationstechnologie hat Deutschland sogar einen noch größeren Nachholbedarf

---

97 Louis Gallois war Chef der Verteidigungs- und Luftfahrtkonzerne Snecma (1989.1992), Aérospatiale (1992–1996), dann SNCF (1996–2006) und schließlich der EADS (2006–2012).
98 Nicolas Dufourcq, „La Désindustrialisation de la France (1995–2015)"

als Frankreich auf den Primus Korea. Beim Humankapital zeichnet sich Frankreich durch eine bessere Gesundheit aus, es werden aber bei den weichen Faktoren (Skills) die zu großen Schulklassen, insbesondere in der Grundschule, moniert. Die gute Verfassung des französischen Finanzsystems wird bestätigt, der Arbeitsmarkt aber kritisiert, weil sich Gewerkschaften wenig kooperationsbereit zeigen und das Arbeitsrecht noch viel zu komplex ist. Last but not least erweist sich das Insolvenzrecht als Hürde für Investoren und es fehlt Frankreich an Unternehmergeist.

Ein Jahr später bewerte das World Economic Forum mit ergänzenden Kriterien wie die Staaten sich im Zuge der Corona-Krise für die Zukunft aufstellen.[99] Besonders positiv werden die Modernisierung der Arbeitsmarktstrukturen in Deutschland und die Fördermaßnahmen zur Finanzierung langfristiger Investitionen, Inklusion & Stabilität in Frankreich hervorgehoben. *(Siehe Anlage 9)*

Die Zukunftsorientierung der französischen Wirtschaft steht im Mittelpunkt des Reformprogramms von Emmanuel Macron. 2013 wurde das Programm *„French Tech"* implementiert. 13 Städte wurden als „Métropoles French Tech" in Anerkennung ihres besonders start-up-freundlichen Umfelds zertifiziert. 200 Millionen Euro wurden in diesem Rahmen vom Staat für Start-Ups mit ultra-schnellem Wachstum (i.e. über 100 % pro Jahr) bereitgestellt. Das Programm unterstützt auch über 70 Start-ups im Ausland, die durch Franzosen gegründet wurden. Der amerikanische Tech-Konzern Cisco unterstützt diese Initiative mit weiteren 100 Millionen Euro. Frankreich kann hier Erfolge melden. Französische Start-ups haben 2021 ihr Emissionsvolumen im Vergleich zum Vorjahr mehr als verdoppelt (11,6 Milliarden Euro) und damit mehr Anschluss an Großbritannien (32 Milliarden Euro) und Deutschland (16 Milliarden Euro) ermöglicht.[100] Darüber hinaus wurden ab 2018 ca. 800 Projekte gefördert, um die Produktion wieder nach Frankreich zu verlagern. Davon profitier-

---

99 Klaus Schwab, World Economic Forum „Global Competitiveness Report 2019" & Klaus Schwab, Saadia Zahidi, World Economic Forum „The Special edition 2020. How countries are performing on the road of recovery"
100 Das Ziel, bis 2025 25 Unicorns zu haben, wurde schon Ende 2021 erreicht. (Ernst &Young, Baromètre EY du capital risque en France – Bilan 2021)

6. Wettbewerbsfähigkeit stärken, insbesondere in Frankreich

ten insbesondere die elektronische Chip-Industrie, Nahrungsmittel- und Pharmabranche und die Elektrifizierung der Produktionsmittel. Erste Erfolge bei der Gewinnung von ausländischen Großinvestitionen sind ermutigend. 2017 war Frankreich noch auf dem dritten Platz der ausländischen Investitionen in Europa, hinter Deutschland und Großbritannien. Seit 2019 belegt Frankreich den ersten Platz. Die Gewinnung ausländischer Investoren wird nicht nur mit den oben genannten Steuermaßnahmen gefördert, sondern auch von Macron persönlich vermarktet. Jedes Jahr organisiert er das Gipfeltreffen „Choose France" für ausländische Investoren in Versailles. Und erste Erfolge sind sichtbar: Deutsche Unternehmen wie BASF und Merck, aber auch die Amerikaner Eastman Kodak und Fedex sowie jüngst der Halbleiter-Hersteller STMicroelectronics kündigten größere Investitionen an. Auch Unternehmensgründungen sind zahlreicher denn je und seit 2016 ist die Zahl der Werkschließungen geringer als die der Gründungen.

Die Arbeitslosigkeit ist aktuell rückläufig. Ende 2021 war sie mit 7,4 % auf das Niveau von 2008 zurückgefallen; die Jugendarbeitslosigkeit ist noch stärker zurückgegangen und ist mit 15,9 % so niedrig wie zuletzt ... 1981! Die neue Wettbewerbsfähigkeit müsste sich auch bald im Außenhandel reflektieren.

7. Mehr Industriepolitik auf EU-Ebene durchsetzen

Corona-Krise und Ukraine-Krieg haben dazu beigetragen, dass die EU-Mitgliedstaaten nun die Notwendigkeit der Stärkung der europäischen Wettbewerbsfähigkeit auch auf europäischer Ebene einsehen. Lange leisteten Deutschland und Großbritannien dagegen Widerstand.

Nun ist es zu einem Paradigmenwechsel gekommen und der Präsident des Europäischen Rats Charles Michel behauptet:

„70 Jahre nach den Gründervätern ist die strategische Autonomie Europas das oberste Ziel unserer Generation."

Das Programm NextGenerationEU (NGEU) ist ein wesentlicher Meilenstein europäischer Industriepolitik, wegweisend für die Art und Weise, europäische Wettbewerbsfähigkeit zu stärken: *„eine einmalige Gelegenheit, gestärkt aus der Pandemie hervorzugehen, Wirtschaft und Gesellschaft umzugestalten und ein Europa für alle zu schaffen. Wir haben klare Vorstellungen, einen Plan und die Abmachung, 806,9 Mrd. EUR* zu investieren."* Das Programm vereint die nationalen Schwerpunkte mit den EU-Zielen, die schon im März 2020 als Industriestrategie formuliert wurden. Die europäische Industrie soll *„nachhaltiger, grüner, weltweit wettbewerbsfähiger und resilienter gemacht werden".*

Die EU-Staaten haben sich somit auf einen Weg geeinigt, um die ansonsten bescheiden gebliebenen EU-Mittel zu erhöhen. Der EU-Haushalt in Höhe von knapp 170 Milliarden Euro entspricht nur der Hälfte des französischen und einem Drittel des deutschen Staatshaushalts.[101] Darüber hinaus bleibt die Gemeinsame Agrarpolitik (GAP) immer noch mit 33 % der Gesamtausgaben der größte Ausgabenblock der EU, obwohl der Agrarsektor nur 1,3 % des europäischen BIP ausmacht und weniger als 2 % der europäischen Bevölkerung im Agrarsektor beschäftigt sind. Mit dem NGEU verfügt die EU also allein für die Förderprogramme um Mittel, die zwei ihrer Jahreshaushalte entsprechen. Auf den ersten Blick mag verwundern, dass fast 45 % aller Fördermittel Italien zugutekommen und nur 11 und 7 % für Frankreich und Deutschland vorgesehen sind. Berücksichtigt man jedoch, dass die italienische Verschuldung den Euro gefährden könnte, handelt es sich schlussendlich um die Stärkung des schwächsten Glieds des Euro-Raums. Dies ist wiederum im Interesse aller, vorneweg des Exportlands Deutschland.

Die gesetzten thematischen Schwerpunkte dienen der Stärkung der europäischen Wettbewerbsfähigkeit. Der Automobilstandort Europa wird mit 70 Milliarden bedacht, um die Wende hin zum CO_2-neutralen Transport zu realisieren und somit Tesla und asiatischen Wettbewerbern die Stirn zu bieten. Deutschland konzentriert seine durch die EU geförderten Projekte auf die Themen Mobilität, Forschung und Entwicklung (nach dem Motto „Stärken stärken") sowie die Digitalisierung der öffentlichen Hand, während Frankreich neben der Mobilität einen Schwerpunkt auf

---

101 Staatshaushalt 2023: Deutschland 445 Milliarden; Frankreich 339 Milliarden

7. Mehr Industriepolitik auf EU-Ebene durchsetzen

die Stärkung der KMU setzt und somit eine der Hauptschwächen seiner Wettbewerbsfähigkeit adressiert. In beiden Ländern wird die Modernisierung der öffentlichen Verwaltung, des Gesundheitssektors und von Umweltmaßnahmen gefördert. 50 % aller EU-Mittel gehen in Deutschland somit auf das Konto der Gebäude-Dämmung, der Förderung des Kaufs von Elektro-Autos und in den Aufbau einer entsprechenden Ladeinfrastruktur. In Frankreich sind es 25 %. Frankreich investiert mehr in die Stärkung seiner Wettbewerbsfähigkeit und setzt auf Exporthilfen, Industrieprojekte – insbesondere von KMUs – sowie die Unterstützung von strategischen Projekten in sechs Industriesparten (Luftfahrt, Automobil, Kernkraft, Agrobusiness, Gesundheit und Elektronik). Deutschland setzt eher auf die Förderung der Wasserstoffproduktion. In Gänze gehen die Fördermittel schwerpunktmäßig in die Digitalisierung der öffentlichen Hand (47 Mrd.), des Bildungssystems – Stichwort Online-Education – (45,6 Mrd.) und des Gesundheitssystems (37 Mrd.). *(Siehe Anlage 10)*

Der EU-Kommissar Thierry Breton, ein zuvor erfolgreicher Industrielenker und ehemaliger französischer Wirtschaftsminister, treibt seinerseits die *Digitalisierung* voran. *„Das kommende Jahrzehnt soll die Dekade der Digitalisierung werden."*[102] Mit einem eigenen Budget von 7,5 Milliarden Euro bis 2027 ergänzt die Kommission das NGEU in fünf Bereichen: Hochleistungsrechner, künstliche Intelligenz, die Cybersicherheit, und Gewährleistung der breiten Nutzung der digitalen Technik in der gesamten Wirtschaft und Gesellschaft. Jeder europäische Bürger soll Zugang zum 5G-Netz haben; es sollen 10.000 klimaneutrale Rechenzentren für Clouds in Europa hergestellt und eine Verdoppelung der Unicorns[103] erzielt werden. Eine Milliarde soll jährlich in künstliche Intelligenz investiert werden mit dem Ziel, dass 25 % aller Roboter in Europa produziert werden.

Auch die Chip-Industrie soll mit dem EU-Chip-Gesetz deutlich stärker gefördert werden. 8 von 10 Chips werden in Asien hergestellt, 7 der 8 wer-

---

102 Thierry Breton (Jg. 1955) is seit 2019 EU-Kommissar für den Binnenmarkt und Dienstleistungen. Er machte als CEO der französischen Konzerne Thomson (1997–2002), France Télécom (2002–2005) auf sich aufmerksam und wurde dann von 2005 bis 2007 Minister für Wirtschaft, Finanzen und Industrie unter Regierungspräsident Raffarin, als Jacques Chirac Präsident der Republik war. Von 2007 bis 2019 war er CEO des französischen IT-Konzerns Atos.
103 Ein Unicorn ist ein Start-up-Unternehmen mit Umsatz über einer Milliarde.

den in Nordamerika und Europa eingebaut. In seiner Mitteilung weist die EU darauf hin, dass die USA 52 Milliarden USD bis 2026 für die Forschung und Herstellung von Halbleitern auf amerikanischem Boden bereitstellen.

„Angesichts zunehmender geopolitischer Spannungen, eines raschen Nachfragewachstums und möglicher weiterer Störungen in der Lieferkette muss Europa seine Stärken nutzen und wirksame Mechanismen einrichten, um eine stärkere Führungsposition zu etablieren"

Ziel des mit 43 Milliarden dotierten EU-Chip-Gesetzes ist es, den Anteil der europäischen Chip-Herstellung von 10 auf 20 % der Weltproduktion bis 2030 anzuheben[104]

Jüngst – seit Ausbruch des Ukraine-Kriegs – gilt dem Energiesektor die größte Aufmerksamkeit. Der europäische *Energiemix* bestand 2021 zu einem Drittel aus Erdöl, einem Viertel Gas, einem Fünftel Kohle und der Kernenergie (6 %). Saubere Energiequellen sind auf 16 % gestiegen. Deutschland hat aufgrund seines hohen Industrie-Anteils nicht nur absolut, sondern auch relativ einen sehr hohen Energiebedarf, der lange ein Drittel höher als in Frankreich lag. Im Vordergrund stehen die Chemie- und Papierbranche sowie die Nichtmetallverarbeitende Industrie. Auch die Haushalte verbrauchen leicht mehr, was nicht nur an den kälteren klimatischen Umständen, sondern auch am Verbrauchsverhalten deutscher Haushalte liegen dürfte.

Beim *Strommix* hat Deutschland einen doppelt so hohen Anteil an erneuerbaren Energien wie Frankreich. Frankreich produziert mehr Wasserenergie und mehr Biomasseenergie, aber nur ein Zehntel der deutschen Windkraft und der Solarenergie.

Der deutsche Verbraucher und die Industrie zahlen schon heute einen hohen Preis für die Energiewende. Die Strompreise erreichten nach Ausbruch des Ukraine-Kriegs mit 37,4 Cent pro kWh europäische Spitzenwerte für private Haushalte und gewerbliche Kunden. Aufgrund der Gaspreisverteuerung musste vermehrt auf emissionsintensive Energien zurückgegriffen werden, was den Strom aufgrund der CO_2-Abgabe noch weiter verteuerte.

---

104 EU-Kommission, Mitteilung vom 8. Februar 2022

Französische Haushalte zahlen für ihren Strom 40 % weniger, und die französische Industrie zahlt nur die Hälfte des deutschen Preises.[105] Die Preise wurden Mitte 2021 sogar bis Februar 2023 gedeckelt und dürfen 2023 nur um maximal 4 % erhöht werden. Um diese Maßnahme zu finanzieren, wurde die Förderung erneuerbarer Energien um 2 Milliarden Euro reduziert.

Für die Zukunft gilt es die Positionen beider Länder zusammenzuführen, gerade weil die Ausgangspositionen so unterschiedlich sind. Deutschland stellt die Erhöhung vom Anteil der erneuerbaren Energien am Strommix auf 45 % in den Vordergrund, Frankreich, dass der Abbau von Kohle 2022 vollkommen eingestellt wurde, mit dem Ergebnis, dass Deutschland fast doppelt so viel CO_2 wie Frankreich ausstößt. *(Siehe Anlage 11)*

Das Energierecht wurde vergemeinschaftet und 2011 eine Agentur für die Zusammenarbeit der Energieregulierungsbehörden gegründet, mit dem erklärten Ziel Lösungen für die wachsende Abhängigkeit aus einigen wenigen Regionen der Welt und für das Problem der Klimaänderung zu finden. „Schon lange macht die EU-Kommission auf eine bessere Aufstellung Europas aufmerksam, zuletzt im Rahmen des *Green Deal*, mit welchem bis 2050 die Nettogasemissionen der EU auf null gebracht werden sollen. Auf der Homepage des Bundesministeriums für Wirtschaft ist zu lesen:

„Um bei der Energiewende Versorgungssicherheit, Wettbewerbsfähigkeit und Klimaschutz effizient und kostengünstig zusammenzubringen, sind europäische Lösungen nötig. Mit dem Europäischen Klima- und Energierahmen 2030 und den Legislativpaketen zur Energieunion hat die Europäische Union die Weichen für die künftige Ausrichtung der europäischen und nationalen Klima- und Energiepolitiken und die erfolgreiche Umsetzung der Energiewende gestellt. Mit dem europäischen Grünen Deal will Europa zum ersten klimaneutralen Kontinent werden."[106]

---

105 Strom-Report, 17. Mai 2022
106 Bundesministerium für Wirtschaft und Klimaschutz, „Europäische Energiepolitik" am 9. Juni 2022

Kapitel 2: Die soziale Marktwirtschaft macht Europa besonders

Geeinigt haben sich die EU-Staaten im Rahmen des Green Deal darauf, dass der Anteil erneuerbarer Energien und die Netzwerke deutlich ausgebaut werden und dass der Energieübergang „gerecht" stattfinden muss. Die offene Frage bleibt nur, mit welchen Energieressourcen die Wirtschaft bis zur CO_2-neutralen Energieversorgung versorgt werden soll. Dass zur Dekarbonisierung die (Braun-)Kohle abgestellt werden muss, ist selbstverständlich. Frankreich ist bereits ausgestiegen. Deutschland hat diese Quelle seit 1990 von 36 % auf 18 % gesenkt. 2021 wurde aber ein neues Kohlekraftwerk ans Netz genommen. Und nun ringen wir um Gaslieferungen, die für Deutschland viermal bedeutender als für Frankreich sind.

Der Ukraine-Krieg belegt (leider), wie richtig die EU die Lage eingeschätzt hatte. Nur werden ihre Vorschläge immer wieder Opfer nationaler Einwände und Interessen – mit einem hohen Preis, wie wir es sehen konnten. Das immer noch erklärte und mittlerweile nicht mehr erreichbare Ziel ist, die CO_2-Emissionen bis 2030 (!) um 55 % zu reduzieren. Hierfür soll Frankreich bis 2030 40 %, Deutschland 65 % seines Stroms aus erneuerbaren Energien beziehen.[107] Frankreich hat zwar beschlossen, neue Atommeiler zu bauen: diese werden aber frühestens 2035 ans Netz gehen. Auch der Bau von Offshore-Windparks – zum Beispiel in der Nordsee – braucht Zeit, auch wenn beschlossen wurde, 2 % der Flächen bundesweit für erneuerbare Energien freizustellen. Der Strom muss aus dem Norden in den Süden transportiert und die dafür erforderlichen Trassen müssen schneller genehmigt werden.

Es sind kurzfristige Lösungen gefragt. So muss zunächst einmal das europäische Stromnetz ausgebaut werden, um z. B. Binnenstaaten ohne Meerzugang wie Österreich und Ungarn mit Flüssiggas versorgen zu können. Gängige Energieressourcen müssen verlängert werden, auch die Kernkraft. Atomstrom wird nicht nur in Frankreich, sondern in der Hälfte aller EU-Staaten hergestellt und sorgt für über ein Viertel der europäischen Stromversorgung.

In Deutschland heißt es nach wie vor „Atomkraft, Nein Danke!" Die Deutschen schrecken seit Langem vor der Atomenergie zurück, obwohl diese nachweislich – so die Franzosen – die wenigsten Menschenopfer

---

107 Allemagne-énergies, Bilans énergétiques: Comparaison France et Allemagne (letzte Aktualisierung am 21. Mai 2022)

verursacht hat und zur bestmöglichen CO_2-Bilanz verhilft. In den 70er Jahren wurde gegen die Castor-Transporte demonstriert. Demonstranten ketteten sich auf Schienen und deutsche Aktivisten versuchten die französische Bevölkerung gegen die Atommeiler in Frankreich (wie z. B. gegen den Bau des Meilers in Creys-Malville) zu mobilisieren. Ohne jeglichen Erfolg. Schon 2000 beschloss die rot-grüne Regierung den sogenannten Atomkonsens, der dazu führen sollte, Atomreaktoren progressiv vom Netz zu nehmen. 2011, nach dem Fukushima-GAU, beschloss Angela Merkel Hals über Kopf den Atomausstieg und kassierte die gerade beschlossene Laufzeitverlängerung der Atommeiler ein. Dafür war sie bereit, über 2 Milliarden Euro Entschädigungen für die Stromhersteller in Kauf zu nehmen.[108] Ohne diese Entscheidung gäbe es kein Problem der europäischen Stromversorgung.

Interessant ist in diesem Kontext die Haltung von Schweden. Nach dem Unglück von Three Mile Island in den USA hatten sich die Schweden 1979 von der Atomenergie verabschiedet. Zwecks unabhängiger Stromversorgung und Kostenüberlegungen beschlossen sie 2009 den Wiedereinstieg. Fukushima änderte daran nichts und 2019 wurde die nur auf Atomenergie erhobene Abgabe sogar abgeschafft.

Ein solch wesentlicher Beitrag ist mittelfristig nicht wegzudenken und muss als Konsequenz der Taxonomie finanzierbar bleiben, auch um den Strompreis als Standortfaktor wettbewerbsfähig zu halten. Hier muss sich Deutschland inhaltlich Europa zuwenden. Sowohl die Atomenergie als auch die Kohle als nachhaltige Übergangslösungen zu akzeptieren, ist hier nur konsequent, der Vorschlag der EU-Kommission die pragmatische Antwort auf das neue politische Umfeld.

Mit der Lissabon-Strategie wurde schon vor zwanzig Jahren der Weg für die Verteidigung des europäischen Wirtschaftsmodells formuliert. Die jüngsten Krisen haben gezeigt wie unentbehrlich es ist die Abhängigkeiten der Industrie und des Energiebereichs abzubauen. Grundlage der von der EU gesetzten Schwerpunkte war die Analyse der Abhängigkeiten bei 5.200 Produkten: Bei 147 ist diese zu groß und muss abgebaut werden.

---

108 10 Jahre nach dem Beschluss, aus der Atomenergie auszusteigen, hat sich die Bundesregierung Anfang März 2021 mit den vier Betreibern E.On, RWE, EnBW und Vattenfall auf eine Entschädigung in Höhe von 2,4 Milliarden Euro geeinigt.

Zur Hälfte kommen diese Produkte aus China und zu 11 % aus Vietnam. Sechs der Bereiche mit zu großer Abhängigkeit werden als strategisch eingestuft: Rohstoffe, Batterien, pharmazeutische Wirkstoffe, Wasserstoff, Halbleiter und Cloud- und Spitzentechnologien.

Die jüngste Vergangenheit hat gezeigt, dass Souveränität es erforderlich macht, einige Themen auf europäischer Ebene anzugehen. „Das größte Konjunkturpaket aller Zeiten" – der NextGenerationEU-Fonds – stellt das fünffache Volumen eines EU-Jahreshaushalts zur Verteidigung der europäischen Industrie zur Verfügung, um die Wettbewerbsfähigkeit von „Old Europe" stärken. Für die Zukunft des europäischen Zusammenhalts ist entscheidend, dass die beabsichtigten Reformen zur Stärkung der europäischen Wettbewerbsfähigkeit auch durchgesetzt werden und seitens der EU-Kommission genau Bericht über die Verwendung dieser erheblichen Mittel erstattet wird.

Den neuen Handlungsspielräumen auf EU-Ebene war die Verständigung von Deutschland und Frankreich vorausgegangen. Die Stärkung der europäischen Handlungsfähigkeit ist nun wichtiger denn je, weil politische Mehrheiten in beiden Ländern immer schwieriger zu finden sind.

Kapitel 3:
Lernen, mit wachsender politischer Unberechenbarkeit umzugehen

*„Für den Triumph des Bösen reicht es,
wenn die Guten nichts tun!"*

Edmund Burke (1729–1796)

Ein Gespenst geht um in Europa: der Populismus. Anders als bei Karl Marx, der den Kommunismus herbeisehnte,[109] ist der Populismus längst Wirklichkeit. Vom britischen Brexit zu den extrem-nationalen Tönen in Italien, Ungarn und Polen bis hin zu den französischen Präsidentschaftswahlen, bei welchen „extreme" Kandidaten auf über 50 % der Stimmen kamen.

Auch das deutsch-französische Verhältnis wurde während der Präsidentschaftswahl 2022 in Frankreich thematisiert, und zwar nicht im Positiven. Marine Le Pen holte die alten Ressentiments gegenüber Deutschland aus der Mottenkiste, um das „Modell Deutschland" in Frage zu stellen: Sie kündigte an, sie werde jegliche Kooperation mit Berlin beenden:

„Deutschland stellt sich als komplettes Gegenbild der strategischen Identität Frankreichs dar. (…) Der deutsch-französische Motor Europas ist quasi eine Fiktion und Frankreich muss mit dem Macron-Merkel-Modell

---

109 Karl Marx, *„Ein neues Gespenst geht um in Europa, das Gespenst des Kommunismus".* Dies ist der einleitende Satz des *„Manifest der Kommunistischen Partei",* 1848.

Kapitel 3: Lernen, mit wachsender politischer Unberechenbarkeit umzugehen

der blinden Gefolgschaft Berlins aufhören."[110] Das Spiel mit dem Feuer beherrschen Radikale am besten.

Das Ausmaß des Stimmenanteils der Populisten überraschte. Die traditionellen Regierungsparteien waren plötzlich bedeutungslos geworden. Sozialisten und Republikaner erhielten nur 4,8 und 1,7 % der Stimmen! Marine Le Pen legte im Vergleich zum ersten Wahlgang 2017 nochmals zu, trotz der 7 % für einen zweiten rechtsradikalen Kandidaten (Eric Zémmour), verlor dann aber gegen Emmanuel Macron in der Stichwahl, trotz „Gilets jaunes" und Corona-Krise. Sie lag nur knapp vor dem Linkspopulisten Mélenchon, der als Drittplatzierter nicht als Verlierer vom Platz gehen wollte und sich deshalb sofort als Kandidat zum Premierminister empfahl. Er spekulierte auf ein Drittel aller Wählerstimmen bei den folgenden Parlamentswahlen (seine eigenen 22 % und 10 %, die an Kandidaten im linken Lager gegangen waren), mit welchen er die Hoffnung hatte, mehr Stimmen als die Lager von Macron und Le Pen einfahren zu können. Die Ergebnisse hätten ihm fast recht gegeben. Links- und rechtsradikale Parteien zogen mit starken Fraktionen in die Assemblée nationale. Die Partei des Präsidenten verlor ihre absolute Mehrheit und das Parlament besteht nun aus vier Blöcken: die Linksradikalen um Jean-Luc Mélenchon, die Rechtsradikalen um Marine Le Pen, die mehr Abgeordnete zählen als die konservativen Republikaner, die ihre Gallionsfigur noch suchen und die Partei von Emmanuel Macron, die ohne absolute Mehrheit und ohne Chance auf Bildung einer stabilen Koalition erstmals Gesetz für Gesetz ad hoc Mehrheiten finden muss.

Bei den Bundestagswahlen in Deutschland kam die Überraschung von den traditionellen Volksparteien, die zusammen erstmalig weniger als 50 % der Stimmen erhielten und somit das Spielfeld für Vertreter aller Schattierungen weit offenließen. Aber anders als in Frankreich profitierten davon nicht die Extremen, sondern die Grünen und in geringerem Maß die FDP. Die beiden extremen Parteien Die Linke und AfD kamen

---

110 Marine Le Pen, Pressekonferenz am 13. April 2022: *„L'Allemagne s'affirme comme le négatif absolu de l'identité stratégique française"; poursuivre la réconciliation franco-allemande sans suivre le modèle Macron-Merkel d'aveuglement français à l'égard de Berlin".*

Kapitel 3: Lernen, mit wachsender politischer Unberechenbarkeit umzugehen

zusammen auf nur 15 %. Die Linke musste herbe Stimmenverluste verkraften und erstmalig seit fast 20 Jahren um den Einzug in den Bundestag fürchten. Auch die AfD verlor Stimmen, konnte mit 10 % aber eine 83 Abgeordnete starke Fraktion stellen.

Die Christdemokraten verloren die Wahlen so knapp wie sie 16 Jahre zuvor gewonnen wurden. Der Bundesvorsitzenden Annegret Kramp-Karrenbauer – Wunschkandidatin der ausscheidenden Bundeskanzlerin Angela Merkel – gelang es nicht, die Partei auf die Siegesspur zu führen. Armin Laschet, damals Ministerpräsident von Nordrhein-Westfalen, wurde politisch in letzter Minute, im Januar 2021 zum Bundesvorsitzenden und als Kanzlerkandidat aufgestellt. Ein unpassender Lacher und die Sticheleien des CSU-Vorsitzenden Markus Söder reichten, um der SPD in den letzten Tagen einen leichten Vorsprung zu verschaffen. Über ein Jahr lang waren die Sozialdemokraten hinter den Grünen nur drittstärkste Partei gewesen. Bei den Europawahlen 2019 lagen sie sogar 5 % hinter den Grünen. Insofern die Christdemokraten nicht Junior-Partner einer großen Koalition werden wollten, blieb nur die Möglichkeit einer erstmaligen Drei-Parteien-Koalition der SPD mit den Grünen und der FDP (auch genannt Ampel-Koalition).

All diese Überraschungen – in Frankreich wie in Deutschland – sind kein Zufall, sondern das Ergebnis einer langen Entwicklung. Regierungsmehrheiten werden immer schwieriger, weil die großen Parteien ihre Wähler verlieren, wie übrigens in den meisten anderen europäischen Ländern auch. Überraschungen an Wahlabenden werden somit zur Regel.

Das Verständnis dieser Entwicklungen wird durch die grundverschiedenen Strukturen beider politischen Landschaften erschwert: Den Regierungen fehlt ein aufeinander abgestimmter parteipolitischer Unterbau. Die nationalbetonten Gaullisten haben in Deutschland kein wirkliches Pendant, zu groß ist der Unterschied zu den pro-europäischen Christdemokraten. Die SPD bekannte sich schon 1959 zur Marktwirtschaft, während die französischen Sozialisten noch 1981 ein gemeinsames Programm mit den Kommunisten formulierten (*„le programme commun de gouvernement"*), welches die Verstaatlichung großer Teile der Wirtschaft vorsah. Diese politische Richtung wird heute von Mélenchon verkörpert, während die Partei Die Linke nach dreißig Jahren Existenz ums Überleben kämpft. Und die Grünen, die in Deutschland mit den Sozialdemokraten

89

um den Platz als zweitstärkste Partei wetteifern, und schon zum zweiten Mal in einer Regierungskoalition sind, spielen in Frankreich kaum eine Rolle. Rechtsradikale stehen in Frankreich auf der Schwelle zur Macht, während sie in Deutschland, auch mangels charismatischem Führungspersonals, bei 10 % verharren.

Die Verständigung wird durch den häufigeren Wechsel der handelnden Personen in Frankreich erschwert. So hatte es Angela Merkel mit vier verschiedenen Präsidenten der Republik zu tun.

1. Deutsche Stabilitätskultur stößt auf französische Volatilität – eine politische Herausforderung

Beiden Ländern ist es gelungen, eine parlamentarische Stabilität herzustellen – anders als zum Beispiel Italien.

Nach dem Zweiten Weltkrieg sorgte das deutsche Grundgesetz für die Stabilität, die während der Weimarer Republik fehlte: In 14 Jahren Weimarer Republik hatte es zwar nur zwei Reichspräsidenten, dafür alle 8 Monate einen neuen Reichskanzler gegeben. Den 20 Reichskanzlern der 14 Jahre Weimarer Republik folgten nur neun Bundeskanzler in den über 70 Jahren Bundesrepublik. Ein eindeutiger Stabilisierungserfolg, der mit dem ersten Bundeskanzler Konrad Adenauer begann: Er blieb 14 Jahre im Amt – so lange, wie es die Weimarer Republik überhaupt gab. Für Helmut Kohl und Angela Merkel wurden es sogar sechzehn Jahre.

Diese Stabilität ist auf das konstruktive Misstrauensvotum zurückzuführen, welches eine ablösende parlamentarische Mehrheit zur Bedingung eines Regierungswechsels und stabile Koalitionen zur Kondition der Regierungsbildung macht.

„Der Bundestag kann dem Bundeskanzler das Misstrauen nur dadurch aussprechen, dass er mit der Mehrheit seiner Mitglieder einen Nachfolger wählt und den Bundespräsidenten ersucht, den Bundeskanzler zu entlassen. Der Bundespräsident muss dem Ersuchen entsprechen und den Gewählten ernennen."[111]

---

111 Artikel 67 Grundgesetz

1. Deutsche Stabilitätskultur stößt auf französische Volatilität

Solche alternativen Mehrheiten erweisen sich als schwierig und das konstruktive Misstrauensvotum wurde seit 1949 nur zweimal angewandt: 1972 fehlten Rainer Barzel nur zwei Stimmen, um Willy Brandt abzulösen. Nur einmal führte es – zehn Jahre später – zur Bildung einer neuen Regierung, als Helmut Kohl Helmut Schmidt ablöste. Stabilisierend wirkt auch die 5-%-Sperrklausel: Es dürfen nur die Parteien im Bundestag vertreten sein, die bundesweit mindestens 5 % der gültigen Zweitstimmen bzw. auf Landesebene mindestens drei Direktmandate (Grundmandatsklausel) erhalten haben.

Auch die Auflösung des Parlaments bleibt in beiden Ländern eine Ausnahme. Der Bundestag wurde nur viermal, die Assemblée nationale fünf Mal frühzeitig aufgelöst. Die erste deutsche Auflösung folgte 1972 dem gescheiterten Misstrauensvotum von Rainer Barzel. Die von der sozialliberalen Bundesregierung eingeleitete Ostpolitik sah die Anerkennung der Oder-Neiße-Grenze als polnische Westgrenze vor, was mehrere SPD- und FDP-Abgeordnete veranlasst hatte, ihre Fraktionen zu verlassen. Mit der Auflösung des Parlaments sollte die entstandene Pattsituation gelöst werden. Sie wurde es auch mit einer sozialliberalen Mehrheit bei den anschließenden Bundestagswahlen. Nach der zweiten Auflösung bestätigten die Wähler 1983 den Koalitionswechsel der FDP, und die Wahlen nach der dritten Auflösung 1990 wirkten wie ein Plebiszit der gelungenen Wiedervereinigung: Es war die Zeit der Versprechungen von „blühenden Landschaften"[112]. Die letzte Auflösung (2005) widersprach dem Geist des Grundgesetzes und führte nicht zum gewünschten Ergebnis. Die Begründung war willkürlich: In Nordrhein-Westfalen hatte die SPD fast 6 % der Stimmen und erstmals in vierzig Jahren ihre Mehrheit im Landtag – beides zu Gunsten der CDU – verloren. Gerhard Schröder zog aus diesem schlechten Ergebnis auf Landesebene die Erkenntnis, *„das Vertrauen der Bevölkerung sei nicht mehr erkennbar"*, und inszenierte das Scheitern der Vertrauensfrage im Bundestag. Die SPD verlor 1 % mehr

---

112 Helmut Kohl nutzte die Metapher erstmalig am 1. Juli 1990: „Durch eine gemeinsame *Anstrengung wird es uns gelingen, Mecklenburg-Vorpommern und Sachsen-Anhalt, Brandenburg, Sachsen und Thüringen schon bald wieder in blühende Landschaften zu verwandeln, in denen es sich zu leben und zu arbeiten lohnt."*

Stimmen als die CDU. Der hauchdünne Vorsprung reichte den Christdemokraten für die Bildung der ersten Regierung von Angela Merkel.[113]
Auch die französischen Wähler bestraften eine willkürliche Auflösung, nicht aber die vier ersten Parlamentsauflösungen. Der Präsident kann die Assemblée nationale auflösen, ohne dafür einen Grund benennen zu müssen. Die einzige Einschränkung ist, dass dies höchstens einmal pro Jahr erfolgen darf. Charles de Gaulle löste das Parlament 1962 und 1968 auf. Das erste Mal, um die Verfassungsänderung inklusive Direktwahl des Präsidenten den Wählern vorzulegen, das zweite Mal nach der Mai-Revolte. Beide Male wurde die parlamentarische Mehrheit bei der vorgezogenen Wahl bestätigt. François Mitterrand löste das Parlament ebenfalls zweimal auf: Beide Male war er zum Präsidenten gewählt worden und erhoffte sich durch vorgezogene Parlamentswahlen eine entsprechende Mehrheit der Assemblée nationale, die er auch erhielt. Die fünfte und letzte Auflösung war so willkürlich wie die vierte des Bundestags. Jacques Chirac wollte 1997 lediglich eine bestehende politische Mehrheit zwei Jahre nach seiner Wahl zum Präsidenten verlängern. Es führte zur Niederlage der Konservativen und er musste den Sozialisten Jospin zum Premierminister ernennen, der die gesamte Dauer der Legislaturperiode, lange fünf Jahre, im Amt bleiben sollte.

Auf den ersten Blick ist es der Verfassung der V. Republik auch gelungen, für mehr Stabilität zu sorgen. Seit dem Zweiten Weltkrieg wurden neun Bundeskanzler und zehn Präsidenten der Französischen Republik gewählt. Diese sind für sieben, seit 2002 fünf Jahre im Amt und können nicht abgewählt werden. Emmanuel Macron ist der achte Präsident der V. Republik, nach zwei Präsidenten der IV. Republik (von 1945 bis 1958), die seinerzeit überwiegend eine repräsentative Rolle – wie der deutsche Bundespräsident bis heute – innehatten.

Und trotzdem ist die politische Volatilität in Frankreich deutlich höher. Anders als in Deutschland sieht die Verfassung von 1958 eine zweiköpfige Exekutive vor. Neben dem Präsidenten wird das Tagesgeschäft dem Premierminister im Hotel Matignon überlassen. Deren Anzahl ist schon deutlich größer. Elisabeth Borne ist die 24. Amtsinhaberin. Die „Haltedauer" eines Premierministers wurde zwar von 6 Monaten in der

---

113 Die CDU erhielt 35,2 % (−3,3 %), die SPD 34,2 % (−4,3 %)

1. Deutsche Stabilitätskultur stößt auf französische Volatilität

IV. Republik auf nun 30 Monate in der V. Republik erhöht, ist aber deutlich kürzer als die eines Bundeskanzlers, der im Schnitt bis 2021 44 Monate im Amt blieb.

Dass es zu so vielen Premierministern kommt, hat drei wesentliche Gründe, die Ausdruck der französischen politischen Kultur sind.

Der erste Grund liegt im Wahlergebnis selbst. Nie hatte ein Kandidat im ersten Wahlgang die erforderliche absolute Mehrheit erhalten, auch nicht de Gaulle, als er sich 1965 erstmals der Volkswahl stellte. Präsident und Abgeordnete der ersten Kammer (députés de Assemblée nationale) werden in zwei Wahlgängen ausgemacht, es sei denn, die absolute Mehrheit wurde schon im ersten Wahlgang erreicht.

Bei der Präsidentenwahl treten in der Regel mindestens 10 Kandidaten an und es qualifizieren sich die zwei Bestplatzierten für die Stichwahl. Der Sieger überzeugt im ersten Wahlgang durchschnittlich weniger als ein Drittel der Wählerschaft von sich. Im Umkehrschluss ziehen mindestens zwei Drittel der Wähler zunächst einen anderen Kandidaten vor. So war es auch 2022: Emmanuel Macron erhielt im ersten Wahlgang nur 28 % der Stimmen.[114] Die 10 politischen Fraktionen der Assemblée nationale spiegeln diese Zersplitterung wider. Für die Stichwahl qualifizieren sich alle Kandidaten, für die mindestens 25 % der Wahlberechtigten gestimmt haben. Um die Chancen eines Wahlsiegs zu erhöhen, schmieden Partei-

---

114 In Klammern die Anzahl der Präsidentschaftskandidaten; in Fettdruck die Kandidaten, die gewonnen haben. Nur de Gaulle und Pompidou erhielten im ersten Wahlgang mehr als 40 % der Stimmen.
2022 (12 Kandidaten) **Macron** 27,8 %, Le Pen 23,1 %, Mélenchon 22 %, Zémmour 7,1 %
2017 (11) **Macron** 24,0 %, Le Pen 21,3 %, Fillon 20,0 %, Mélenchon 19,6 %
2012 (10) **Hollande** 28,6 %, Sarkozy 27,2 %, Le Pen 17,9 %, Mélenchon 11,9 %
2007 (12) **Sarkozy** 31,2 %, Royal 25,9 %, Bayrou 18,6 %, Le Pen 10,4 %
2002 (15) **Chirac** 19,9 %, Le Pen 16,9 %, Jospin 16,2 %, Bayrou 6,8 %
1995 (9) Jospin 23,3 %, **Chirac** 20,8 %, Balladur 18,6 %, Le Pen 15 %
1988 (9) **Mitterrand** 34,1 %, Chirac 19,9 %, Barre 16,6 %, Le Pen 14,4 %
1981 (10) Giscard d'Estaing 28,3 %, **Mitterrand** 25,9 %, Chirac 18 %, Marchais 15,4 %
1974 (12) Mitterrand 43,3 %, **Giscard d'Estaing** 32,6 %, Chaban-Delmas 15,1 %, Royer 3,2 %
1969 (7) **Pompidou** 44,5 %, Poher 23,3 %, Duclos 21,3 % Defferre 5 %
1965 (6) **de Gaulle** 44,7 % Mitterrand 31,7 %, Lecanuet 15,6 %, Tixier 5,2 %

en im Vorfeld Allianzen, die lediglich Mittel zum Zweck sind: Sie verständigen sich auf gemeinsame Kandidaten in den 577 Wahlbezirken.

Die Wahlen im Juni 2022 zeigen exemplarisch die daraus resultierende wahltaktische Vorgehensweise. Eine reelle Chance auf Erfolg, in die Stichwahl einzuziehen, hatten Kandidaten aus zwei Parteien (die Republikaner und die Rechtsradikalen des Rassemblement National) und zwei Bündnissen (um die Parteien von Emmanuel Macron und Jean-Luc Mélenchon).

Das Bündnis *Ensemble* (so der Name der Emmanuel Macron unterstützenden Allianz) setzt sich aus drei Parteien zusammen. Die Partei des Präsidenten hatte sich mit der christdemokratischen Partei MoDem und der Partei Horizons von Edouard Philippe, dem ersten Premierminister von Macron, auf die Aufstellung von gemeinsamen Bündnis-Kandidaten in jedem Wahlbezirk geeinigt. Wie erhofft, verfügten nach der Wahl alle drei Parteien über ausreichend Abgeordnete, um eine eigene Fraktion zu bilden: die 170 Abgeordneten der Präsidentenpartei *Renaissance* (ex En Marche) bilden die stärkste Fraktion und sollen durch die Fraktionen der 46 Christdemokraten (MoDem) und der 26 Abgeordneten der Partei Horizons unterstützt werden. Die absolute Mehrheit wurde aber verfehlt: Zusammen verfügen sie über 44 % der Sitze.

Im linksradikalen Lager gelang es Jean-Luc Mélenchon, das Bündnis namens *Nouvelle Union populaire écologique et sociale* (NUPES) zu schmieden. Nach den Parlamentswahlen verweigerten die Bündnispartner aber die Bildung einer gemeinsamen Fraktion. Die Meinungsunterschiede zwischen der größten Partei La France insoumise (72 Abgeordnete), den Sozialisten (26), Grünen (23) und Kommunisten (12) waren einfach zu groß.

Die Mehrheiten des Präsidenten und im Parlament sind also fragiler als vermutet und erklären eine gewisse Nervosität des Präsidenten, z. B. wenn Strukturreformen für Unruhen bzw. Massendemonstrationen sorgen. Trotz der Machtfülle des Amtes steht der französische Präsident auf tönernen Füßen, was ihn veranlasst, seine Legitimität immer wieder auffrischen zu wollen.

Ein zweiter Grund der größeren Volatilität liegt an der Zwitterposition des Premierministers, der jederzeit vom Präsidenten ausgewechselt werden kann, auch ohne Begründung. So auch die Praxis. Seit 1958 hat nur

1. Deutsche Stabilitätskultur stößt auf französische Volatilität

Nicolas Sarkozy an ein und demselben Premierminister während seiner gesamten Amtszeit festgehalten, seinem „Mitarbeiter" Fillon, wie er diesen gerne nannte. Jacques Fauvet, Herausgeber der Tageszeitung Le Monde, bezeichnete deshalb das duale Exekutiv als „Tandem mit Sicherung" (*„le tandem et le fusible"*[115]), wobei der Premierminister dem Präsidenten immer untergeordnet ist und bei Dissonanzen zurücktritt. Es heißt, dass Charles de Gaulle am Tage der Ernennung seiner Premierminister deren Rücktrittsbrief verlangte um ihn dann jederzeit aus der Schublade ziehen zu können.

Es kommt hinzu, dass ein Premierminister sein Kabinett im Durchschnitt drei Mal umbildet und bei der Gelegenheit mehrere Minister austauscht (sogenannte *„remaniements ministériels"*). Demzufolge reduziert sich die Amtszeit eines französischen Ministers auf zwei Jahre: Ein Deutscher bleibt doppelt so lang im Amt.[116] So ist es schwierig, gemeinsame Vorhaben umzusetzen, wenn man nur über zwei Jahre verfügt.

Gefährlich wird es auch dafür, politisch zu überleben, wenn die Popularität des Premierministers die des Präsidenten übertrifft: Der Premierminister könnte ja zum Rivalen bei den nächsten Präsidentschaftswahlen werden. Dies führte zum Beispiel 1972 Georges Pompidou zur Ablösung von Jacques Chaban-Delmas durch den blassen, aber treuen Pierre Messmer oder jüngst Emmanuel Macron zur Ablösung des nach wie vor sehr populären Edouard Philippe durch den unbekannten Jean Castex.

Der Präsident bleibt fünf Jahre im Amt, der Premierminister de facto 30 Monate, ein Minister 2 Jahre. Das Ohr des Präsidenten liegt ständig

---

115 Titel des Leitartikels von Jacques Fauvet in Le Monde am 27. August 1976. Jacques Chirac hatte sich am 25. August (wütend) vom Amt des Premierministers zurückgezogen. Ihm würden nicht die notwendigen Spielräume gelassen, um das Amt des Premier Ministers auszuüben und habe deshalb beschlossen zurückzutreten. (*„Je ne dispose pas des moyens que j'estime nécessaires pour assumer efficacement les fonctions de Premier ministre et, dans ces conditions, j'ai décidé d'y mettre fin."*)

116 Dieses Verhältnis von 1 zu 2 stimmt auch für die längsten Amtszeiten. Hans-Dietrich Genscher war allein als Außenminister über 200 Monate im Amt, der französische Außenminister Couve de Murville 106 Monate. Weitere französische Champions waren der Kultusminister André Malraux mit 128 Monaten und der Finanz- und Wirtschaftsminister Giscard d'Estaing (104 Monate), alle zu Zeiten von de Gaulle und seinem Premier Georges Pompidou in den sechziger Jahren.

am Gleis und horcht, ob etwa eine Protestbewegung seine Wiederwahl gefährden könnte. So können je nach geschätzter Bedrohung der Premierminister oder Teile der Regierung zum Bauernopfer werden. Aus all diesen Gründen ist die „Haltedauer" französischer Premierminister deutlich kürzer geblieben als die eines deutschen Bundeskanzlers und Angela Merkel hatte es mit vier französischen Präsidenten und sieben verschiedenen Premierministern zu tun.[117]

2. Sinkende Wahlbeteiligung und Ende der Großparteien: die schwindende Legitimität der Regierungen

Die Wahlbeteiligung nimmt ab und die Nichtwähler sind mittlerweile in beiden Ländern zahlreicher als die Wähler jeder Großpartei. Dass dies mit der sinkenden Zufriedenheit mit der Politik zu tun hat, ist wahrscheinlich. Nur 23 % der Franzosen sind mit der Demokratie zufrieden, im Vergleich zu immerhin 47 % in Deutschland. Nur 17 % der Franzosen und nur 32 % der Deutschen vertrauen dem Parlament.[118] Das ist in beiden Ländern eine sehr bescheidene Unterstützung.

Noch mobilisieren sich drei von vier Wählern bei den jeweils bedeutendsten Wahlen: in Deutschland die Bundestagswahlen, in Frankreich die Präsidentschafts- und Parlamentswahlen. Wahlbeteiligungsniveau und Trend der Beteiligung sind vergleichbar. In Deutschland ist die Beteiligung bei den Bundestagswahlen um 15 % auf 76 %, in Frankreich bei den Präsidentschaftswahlen um 12 % auf 72 % gesunken.[119]

Noch schlechter ist die Beteiligung bei den sonstigen Wahlen. Auch hier sind Niveau und Trend vergleichbar. 2022 nahmen nur noch 43 % der französischen Wähler am zweiten Wahlgang der Parlamentswahlen teil.

---

117 Jacques Chirac und Premierminister Villepin (2005–2007), Nicolas Sarkozy und François Fillon (2007–2012), François Hollande und die drei Premierminister Jean-Marc Ayrault, Manuel Valls und Jean Cazeneuve (2012–2017) sowie Emmanuel Macron mit Edouard Philippe und zuletzt Jean Castex.
118 Luc Rouban, „Les raisons de la defiance"
119 Der Tiefpunkt wurde in Frankreich 2002 mit 71,6 %, in Deutschland 2009 mit 70,8 % erreicht. Die beiden Erstplatzierten (Jacques Chirac und Jean-Marie Le Pen) erhielten zusammen lediglich 37 % der Stimmen!

2. Sinkende Wahlbeteiligung und Ende der Großparteien

Auch bei den sonst populären Kommunalwahlen fiel die Beteiligung in den letzten 15 Jahren um 20 % auf deutlich weniger als 50 %. In Deutschland ist es nicht besser. Die Wahlbeteiligung bei Landtagswahlen ist um ca. 30 % (!) auf ebenfalls unter 50 % gefallen, unabhängig davon, ob Flächenland oder Stadtstaat, linker oder konservativer politischer Prägung. Die Analyse des deutschen Politologen Maik Bohne könnte ebenfalls auf Frankreich zutreffen, wenn er über Deutschland schreibt, dass die Nichtwähler

> *„kaum verdrossen von der Demokratie in Deutschland (sind), haben aber das Gefühl, politisch wirkungslos zu sein. Was sie sich wünschen, sind größere Ehrlichkeit, Glaubwürdigkeit und Problemlösungskompetenz von Parteien und Politikern."*[120]

Parallel zur schwächelnden Wahlbeteiligung sinkt der Zuspruch der Großparteien. Ihre Wahlanteile nehmen ab und gleichzeitig erhöht sich die Wählermigration von einer Volkspartei zu anderen.

Bei den französischen Präsidentschaftswahlen sinkt der Anteil der zwei bestplatzierten Kandidaten des ersten Wahlgangs kontinuierlich. 1965 kamen Charles de Gaulle und François Mitterrand zusammen auf 76 % der Stimmen. 2022 stimmten nur noch 51 % der Wähler zusammen für Emmanuel Macron und Marine Le Pen: 25 % weniger als 50 Jahre zuvor.

Was für die Kandidaten zutrifft, ist für Parteien noch deutlicher. Vor 50 Jahren war das Ziel einer „Volkspartei" noch, die Hälfte der Wählerschaft von sich zu überzeugen. Der Anteil der Wähler der zwei größten Parteien ist in beiden Ländern von über 80 % der Stimmen auf unter 50 % gefallen. Heute wird bei Erreichung eines Viertels der gesamten Wählerschaft gefeiert (siehe jüngst die SPD). Zwei Parteien reichen für eine stabile Koalition nicht mehr aus. Die von ihnen nicht mehr gebundene Wählerschaft erhöht die Volatilität und andere, auch neue Parteien konnten das Vakuum nicht in Gänze füllen.

In Deutschland stieg der Anteil der beiden Großparteien zwischen 1949 und 1976 von 60 auf über 90 %. Insbesondere die CDU profitierte in den 50er Jahren von der Übernahme der Wähler verschiedener Regionalparteien, von denen nur die CSU überlebt hat. Die SPD feierte

---

120 Maik Bohne, „Nichtwähler in Deutschland – Analyse und Perspektiven"

Kapitel 3: Lernen, mit wachsender politischer Unberechenbarkeit umzugehen

ihren größten Stimmenanteil vor einem halben Jahrhundert, nach Barzels 1972 gescheitertem Misstrauensvotum und dem Abschluss der Ostverträge. Die CDU erhielt ihr bestes Ergebnis 1983 nach dem Koalitionswechsel der FDP. Seitdem hat sich der Anteil der beiden Volksparteien in zwei Wellen nahezu halbiert. 2017 war er auf Bundesebene schon auf 53 % geschmolzen und erstmalig waren sechs Fraktionen im Bundestag vertreten. 2021 fiel er unter 50 % und man entschied sich eine große Koalition. Auf Landesebene ist der Stimmeneinbruch sogar noch gravierender. Im Osten ist die AfD oft zur stärksten Partei geworden, in Baden-Württemberg sind es die Grünen, in Bayern haben die Grünen die SPD als zweitstärkste Partei abgelöst.[121] In Sachsen-Anhalt und Berlin kamen CDU und SPD gemeinsam nur noch auf 40 %. Auch in Mecklenburg-Vorpommern, dem Bundesland von Angela Merkel, fielen CDU und SPD zusammen unter 50 %. Der bundesweite Wählerschwund schließt nicht den ein oder anderen „Persönlichkeitsbonus" aus. Dies zeigte sich 2021 mit der Wiederwahl der Sozialdemokratin Malu Dreyer in Rheinland-Pfalz, des Grünen Kretschmann in Baden-Württemberg und des Christdemokraten Haseloff in Sachsen-Anhalt.

Beide Parteien erleiden einen Stimmenverfall, bei der SPD noch größer als bei der CDU.

Nach ihrem Spitzenergebnis von 52 % bei den Bundestagswahlen 1983 verlor die CDU/CSU Stimmen in zwei Phasen, die auch auf eine Müdigkeit der langen Amtszeiten von Kohl und Merkel schließen lassen: 6,3 % in den letzten Amtsjahren von Helmut Kohl (zwischen 1994 und 1998), dann 8,8 % in den Amtsjahren von Angela Merkel. Ihr Versuch, eine neue, ihr treue Generation an die Macht zu bringen, scheiterte. Von den damals sieben neu aufgestellten Ministerpräsidenten überlebte kein Einziger. Wer erinnert sich noch an Dieter Althaus, Stefan Mappus oder David McAllister?

---

121 Christ- und Sozialdemokraten haben zusammen folgende Ergebnisse bei den jeweils letzten Landtagswahlen erhalten. **2022** erhielten CDU und SPD zusammen 72 % im Saarland, 62,4 % in Nordrhein-Westfalen und 61,5 % in Niedersachsen; **2021** 35,1 % in Baden-Württemberg, 39,4 % in Berlin, 52,9 % in Mecklenburg-Vorpommern, 63,4 % in Rheinland-Pfalz, 45,1 % in Sachsen-Anhalt, 38,9 % in Sachsen und 44,6 % in Thüringen; **2020** waren es 51,6 % in Bremen und 50,4 % in Hamburg; **2019** 41,8 % in Brandenburg, 46,8 % in Hessen; **2018** 46,9 % in Bayern 46,9 %.

2. Sinkende Wahlbeteiligung und Ende der Großparteien

Anders als es Franz-Josef Strauß wollte *(„Rechts von der CDU/CSU darf es keine demokratisch legitimierte Partei geben")*[122], definierte sich die CDU mit Angela Merkel eindeutig als Partei der Mitte, wie es im Grundsatzprogramm „Freiheit und Sicherheit" vom November 2007 steht.

> *„Die Christlich-Demokratische Union Deutschlands ist die Volkspartei der Mitte. Ihre Politik beruht auf dem christlichen Verständnis vom Menschen und seiner Verantwortung vor Gott. Wir wissen, dass sich aus dem christlichen Glauben kein bestimmtes politisches Programm ableiten lässt. Die CDU ist für jeden offen, der die Würde und die Freiheit aller Menschen anerkennt."*[123]

Mit dieser Definition wurde das Feld rechts von der Mitte geöffnet und 2015 im Sog der Flüchtlingskrise von der AfD besetzt. Diese verfügt nun über 83 Sitze im Bundestag und über gesamt 200 Sitze in den meisten Landtagen. Nun muss also die CDU gleichzeitig Wähler links und rechts gewinnen und sich mit ca. 24 % der Stimmen als größte Oppositionspartei im Bund neu definieren. Das Risiko der Zwitterposition in der Mitte der politischen Spielwiese könnte Franz-Josef Strauß nachträglich recht geben, als er behauptete:

> *„Wer everybody's Darling sein möchte, ist zuletzt everybody's Depp."*[124]

Während der ersten Jahrzehnte der Bundesrepublik war es die FDP, welche die Schwankungen innerhalb des traditionellen Parteienspektrums auffing, wie „das Zünglein an der Waage". Eine Koalition alleine mit dem traditionellen Partner FDP ist aber nicht mehr möglich. Seit Gründung der Bundesrepublik erzielte diese bei Bundestagswahlen durchschnittlich 9,2 % der Stimmen. Spitzenwerte jenseits der 10 % kommen fast alle Jahrzehnte vor: 1961, 1980, 1990, 2009 und 2021. Den bis dato höchsten

---

[122] Franz-Josef Strauß, 9. August 1987 (SWR2 Archiv)
[123] CDU-Homepage, *„Freiheit und Sicherheit. Das Grundsatzprogramm"*, beschlossen vom 21. Parteitag in Hannover, 3.–4. Dezember 2007
[124] Zitiert u. a. in Friederike Haupt, „Wie rechts darf die Union sein?" Frankfurter Allgemeinen Zeitung, 30. Mai 2016

Kapitel 3: Lernen, mit wachsender politischer Unberechenbarkeit umzugehen

Sieg feierte Guido Westerwelle 2009 mit 14,6 % der Stimmen, um jedoch zwei Jahre später 2011 alle Regionalwahlen zu verlieren und wieder aus vier Landtagen auszuscheiden. 2021 war erneut ein gutes Jahr mit 11,5 %, auch wenn die Grünen deutlich mehr von den gestiegenen Freiräumen profitiert hatten. Es fehlt der FDP an Themenbreite und sie ist zu stark auf eine Person ausgerichtet: Dies war schon zu Zeiten des verstorbenen Guido Westerwelle der Fall und ist es noch mehr mit Christian Lindner.

Insofern eine Koalition mit der AfD ausgeschlossen wird, bleibt der CDU die Wahl zwischen einer großen Koalition und einem viel komplizierteren Dreierbündnis mit Grünen und FDP, zumindest solange es mit den Grünen alleine nicht möglich ist. In der Folge war die große Koalition für die CDU die erste Wahl, weil einfacher: die SPD kann in einer solchen Koalition lediglich Juniorpartner sein.

Der SPD sind noch mehr Stimmen verloren gegangen, die jetzt fehlen, um allein mit den Grünen zu koalieren. Ihr bestes Ergebnis liegt schon fünfzig Jahre zurück, als sie 1972 – zum Höhepunkt der Ostpolitik – 45 % erhielt. Einen ersten Stimmenverlust von ca. 5 % büßten sie bei Einzug der Grünen in den Bundestag ein. Der Einzug der Kommunisten nach der deutschen Vereinigung änderte zunächst nichts an ihrem Ergebnis: Sie blieben von 1983 bis 2005 bei 36 bis 40 % der Stimmen. Viel schmerzhafter waren die Folgen der „Agenda 2010", die zur Abspaltung ihres linken Flügels und einer zweiten Welle des Wählerschwunds auf heute 20 % führten.

Die aus Protest gegen die „Agenda 2010" formierten westdeutschen Wählergruppen der WASG verbündeten sich mit der Sozialistischen Einheitspartei Deutschlands (SED), die zur Partei des Demokratischen Sozialismus (PDS) geworden war. Diese verfügte über einen soliden Wählersockel in den ostdeutschen Bundesländern. 2004 fusionierten sie und wurden zur Partei Die Linke mit der Doppelspitze des ehemaligen SPD-Kanzlerkandidaten Oskar Lafontaine und des ehemaligen SED-Funktionärs Gregor Gysi. Bis heute spielt sich ein ideologischer Kampf zwischen westdeutschen Sozialisten und ostdeutschen Kommunisten ab. Der Kommunismus wurde deshalb erst 2011 als Ziel aus dem Programm gestrichen und somit eine erste Vorbedingung einer Koalition mit der SPD auf Bundesebene erfüllt. Es bleiben aber die Flügel „Kommunistische Plattform", „Antikapitalistische Linke" und die „Sozialistische Linke" mit kommunistischer Tradition, die

2. Sinkende Wahlbeteiligung und Ende der Großparteien

vom Verfassungsschutz als linksextrem eingestuft werden. Im Europaparlament sitzt Die Linke mit den portugiesischen Kommunisten und den Linksradikalen von Jean-Luc Mélenchon in einer Gruppe.

Für die SPD stellt sich seitdem grundsätzlich die Frage einer möglichen Allianz mit Der Linken, die 2008 anlässlich der Landtagswahl in Hessen eskalierte. Die hessische Landtagswahl hatte zu einer Pattsituation geführt: CDU und SPD erhielten beide 42 Sitze im Landtag und waren auf Koalitionspartner angewiesen. Die Linke war mit 5,1 % zum ersten Mal überhaupt in einem westdeutschen Landtag vertreten. Insofern die SPD-Kandidatin Andrea Ypsilanti im Vorfeld eine Große Koalition ausgeschlossen hatte, blieb der SPD nur die Option einer „Rot-Grün-Roten" Koalition, die aber während der Wahlkampagne ausdrücklich ausgeschlossen worden war. Trotzdem feilte Ypsilanti nach der Wahl an einem solchen Bündnis. Um sich der eigenen Abgeordneten sicher zu sein, wurde innerhalb der SPD heimlich vorabgestimmt.[125] Vier SPD-Landtagsabgeordnete verweigerten eine solche Koalition. Ypsilanti zog sich nach dem Debakel aus der Politik zurück. Ein Jahr später, bei den vorgezogenen Landtagswahlen, verlor die SPD 13 %. Auch die Bundes-SPD hatte sich unsicher gezeigt: zunächst „nein", dann „vielleicht", dann schließlich „was auf Landesebene gilt, gilt nicht auf Bundesebene" – was letztendlich zum Rücktritt des Parteivorsitzenden Kurt Beck führte. Er war der dritte Nachfolger von Gerhard Schröder in nur vier Jahren. Von nun an verlor die SPD Wähler in alle Himmelsrichtungen: Ihre Wählerschaft zerstreute sich auf das gesamte politische Spektrum.

Ob es heute überhaupt noch zu einer rot-rot-grünen Koalition auf Bundesebene kommen kann, ist fraglich, denn der Stimmenanteil der Linken nimmt ab. Sie sind zwar in allen Landtagen der ehemaligen DDR vertreten und stellen in Thüringen den Ministerpräsidenten. Aber im Westen wurden sie nur noch in Hessen und den beiden Stadtstaaten Hamburg und Bremen in den Landtag bzw. die Bürgerschaften gewählt. 2021 war ihr Wiedereinzug in den Bundestag nur dank der erhaltenen Direktmandate im Osten möglich: Die 5-%-Hürde der Stimmen hatten sie verfehlt, wenn

---

125 In Schleswig-Holstein verfehlte 2005 die langjährige SPD-Ministerpräsidentin Heide Simonis nach geheimen (gewonnenen) Vorabstimmungen nach vier Wahlgängen die effektive Mehrheit und musste zurücktreten.

auch nur knapp. Ihr Verbleib oberhalb dieser Hürde ist fraglich, weil die politischen Köpfe, von denen immer wieder medienwirksame Impulse kamen, sich mittlerweile als Vertreter der Linken zurückgezogen haben: Sahra Wagenknecht und Gregor Gysi sowie der Mitbegründer der Partei Oskar Lafontaine haben bis dato keine Nachfolger auf Augenhöhe.

Um Wähler rechts wie links zurückzugewinnen, wird die SPD mittlerweile von Duos geführt. Zunächst Sigmar Gabriel und Andrea Nahles: der „Pragmatiker" für die Wähler der Mitte und die ehemalige Juso-Vorsitzende im linken Lager, zuletzt mit den eher unbekannten und blassen Walter-Borjans und Saskia Esken. Olaf Scholz war diesen beiden zwar ein Jahr zuvor bei der Wahl zur Parteispitze noch unterlegen, wurde dann aber zum Kanzlerkandidaten gekürt. Einmal links mit der Parteispitze, einmal Richtung Mitte mit dem Kanzlerkandidaten. Der SPD droht den knappen 1-%-Vorsprung vor der CDU zu verlieren und in der Wählergunst durch die Grünen ersetzt zu werden. Auch deshalb setzt die SPD so sehr auf die Einführung des „Bürgergelds": neben der Erhöhung des Regelsatzes um 53 Euro und dem Entfallen des Vermittlungsvorrangs verschwindet vor allem der so stark belastende Begriff „Hartz IV".

In beiden Ländern steigen Wahlenthaltungen, verlieren Großparteien an Bedeutung. Bei wachsender Volatilität und Fungibilität der Parteien werden Schwankungen von 10 % und mehr zur Regel.

Schon bei den Bundestagswahlen 2009 verlor die SPD 5,5 Millionen Wähler. Über 2 Millionen wurden zu Nichtwählern, fast eine Million ging jeweils zur CDU und zu den Grünen, über eine Million an Die Linke. Auch die FDP profitierte von einer halben Million enttäuschter SPD-Wähler. Bei derselben Wahl verlor die CDU/CSU über zwei Millionen Stimmen: eine Million ging an die FDP und eine weitere Million mutierte zu Nichtwählern. Ähnliche Migrationen gab es in den Hochburgen von CSU und SPD, Bayern und Bremen, bei den Landtagswahlen ein Jahr später. In Bremen verlor die SPD 8 % und ihre letzte Bastion. Auch in Bayern musste die CSU erstmalig mit einem Partner koalieren, weil sie 10 % eingebüßt hatte; die SPD verlor sogar 11 %.

Bei der Bundestagswahl 2021 wuchs die Volatilität aufs Neue und die Wählermigration ebenfalls. Die CDU verlor fast die Hälfte, die SPD ein gutes Drittel der 2017 erhaltenen Stimmen. Von den 6,5 Millionen ver-

2. Sinkende Wahlbeteiligung und Ende der Großparteien

lorenen Stimmen der CDU wanderten zwei Millionen zur SPD, 1,3 Millionen zur FDP und eine Million zu den Grünen. Eine Million Wähler wurde zu Nichtwählern. Über drei Millionen Wähler kehrten der SPD den Rücken. Eine Million wanderte zu den Grünen, eine halbe Million zur CDU und 700 Tausend wurden Nichtwähler: Nur sehr wenige Stimmen gingen an die radikalen Parteien.[126] 2022 bestätigten die Landtagswahlen im Saarland diesen Trend.

Der große Unterschied beider Länder liegt also darin, dass sich in Deutschland 80 % der Stimmen nach wie vor auf die traditionellen Parteien verteilen und nur 20 % an radikale Parteien gehen (mit Ausnahme der drei neuen Bundesländer Sachsen, Sachsen-Anhalt und Thüringen), während in Frankreich nur noch 50 % der Wähler für die traditionellen Parteien stimmen.

In Deutschland ist aus einem Drei-Parteien ein Sechsparteien-System geworden und drei Parteien sind für eine parlamentarische Mehrheit erforderlich. Welche und in welcher Reihenfolge bleibt dabei vollkommen offen. In Frankreich ist die politische Landschaft in ihre ursprünglichen Komponenten zurückgefallen. Mehrheiten sind schwieriger zu erreichen und die Umsetzung einer mutigen Politik wird noch stärker von der Führungspersönlichkeit geprägt. Die fortlaufenden Herausforderungen der Amtszeiten von Scholz und Macron werden zeigen, ob für Regierungen mit einer fragileren Basis grundsätzliche Reformen möglich sind.

3. Die Grünen nur in Deutschland? Der Unterschied zwischen Politik und Umweltbewusstsein

Bündnis 90/Die Grünen (im Verlauf des Textes die Grünen) stellen nun schon seit über zehn Jahren den Ministerpräsidenten in der ehemaligen CDU-Hochburg Baden-Württemberg und haben die SPD als zweitstärkste Partei in verschiedenen Bundesländern und bei den letzten Europawahlen abgelöst. Derzeit bieten sie sich als starker Juniorpartner sowohl für die Christ- wie die Sozialdemokraten an.

---

126 ARD 27. September 2021

Die Ursprünge der deutschen Grünen reichen bis zur 1965 in Bayern formierten „Aktionsgemeinschaft Unabhängiger Deutscher" (AUD) und der 1979 in Niedersachsen gegründeten „Umweltschutzpartei" (USP) zurück. Sie sind durch zwei Grundströmungen geprägt: Die Bewegung „Atomkraft, Nein Danke" formierte sich in der Folge der Kernschmelze des Reaktors Three Mile Island in der Nähe von New York im März 1979, welche mit dem von Bruce Springsteen organisierten „No nukes"-Konzert internationale Aufmerksamkeit erlangte. Die zweite (anti-militärische) Strömung bildete sich gegen den im Dezember desselben Jahres gefassten NATO-Doppelbeschluss. Im Januar 1980 folgte dann die Gründung der Partei „Die Grünen". Erste Wahlerfolge kamen schnell. 1980 bei den Landtagswahlen in Baden-Württemberg (5,3 %), dann 1982 in Hamburg und Hessen mit ca. 8 %. Nur drei Jahre nach Parteigründung zogen sie mit Petra Kelly und Otto Schily in den Bundestag ein und beschreiben es selbst wie folgt:

„29 grüne Abgeordnete bringen ab 1983 die Verhältnisse im Bonner Bundeshaus – dem Plenarsaal des Bundestages – zum Tanzen. Neu sind nicht nur die Vollbärte und Strickpullover, neu ist vor allem der Politikstil: provokativ und schonungslos offen und kritisch – auch untereinander."[127]

Schon fünf Jahre nach Gründung kam es 1985 zur ersten Koalition mit der SPD auf Landesebene in Hessen. Für Aufsehen sorgte Joschka Fischer als „Turnschuh-Minister". Die interne Debatte zwischen „Realos" (Umsetzung der politischen Ziele durch Beteiligung an der Machtausübung) und „Fundis" geht auf diese Hessenwahl zurück. Trotz der unterschiedlichen Strömungen gelang es den Grünen, ihre Einheit zu bewahren. Auch der Zusammenschluss 1993 mit der ostdeutschen Bewegung „Bündnis 90" änderte daran nichts.

Bis 2017 blieben die Grünen bei ca. 8–9 % der Wählerstimmen. Einen richtigen Durchbruch erlebten sie erneut in Baden-Württemberg. Beflügelt durch die Diskussion über das Bahnhofprojekt „Stuttgart 21" und v. a. den atomaren „Super-GAU" von Fukushima verdoppelten sie ihr Ergebnis 2011 bei den Landtagswahlen und überholten die SPD mit 24 %. Sie bildeten

---
[127] „Die Gründung der Grünen", Homepage Bündnis 90/Die Grünen, 7. September 2022

die erste Regierung mit einem grünen Ministerpräsidenten und koalierten mit der CDU. Auf die Frage „*Geht das mit der CDU einfacher als mit der SPD?*" lautete die Antwort des neuen Ministerpräsidenten Kretschmann: „*Es geht mit der CDU besser, denn die ist eine Partei mit sehr vielen tiefen und alten Verbindungen in der Wirtschaft, die bei den Sozialdemokraten so nicht gegeben sind*"[128]. Interessant zu beobachten ist, dass die neuen grünen Wähler aus allen Lagern kamen: 266.000 waren zuvor Nichtwähler, 140.000 Wähler der SPD, 87.000 der CDU und 61.000 der FDP.

In den meisten Wahlen liegen die Grünen nun vor der FDP und lösten diese als Koalitionspartner der CDU auch ab. Erste Koalitionserfolge auf kommunaler Ebene (Frankfurt am Main) oder auf Landesebene (Hamburg, Saarland) zeigten, dass eine solche Koalition auch funktionsfähig ist. Die grüne Bundestagsabgeordnete Kerstin Andreae äußerte sich wie folgt zu einer möglichen Koalition mit der CDU:

„*Jenes Befragungsergebnis, wonach 87 Prozent der Grünen-Wähler eine Koalition mit der Union befürworten, wenn dadurch ein Bündnis von FDP und CDU/CSU unmöglich gemacht werden kann: damit kann ich gut leben. Das entspricht unseren Parteitagsbeschlüssen. (…) Unser Ziel ist doch genau dies: Schwarz-Gelb verhindern und die große Koalition beenden. Denn: Die Grünen wollen regieren.*"[129]

Die Grünen sind nun zur ersten Wahl sowohl der Christ- wie der Sozialdemokraten avanciert. 2021 sind sie zweitstärkste Kraft der Dreier-Koalition unter Führung der SPD und vor der FDP geworden: Mit Robert Habeck stellen sie den Vizekanzler und mit Annalena Baerbock die Außenministerin.

In Frankreich hat es an Gründen für einen Erfolg der Grünen nicht gefehlt. An den französischen Küsten strandeten die Öltanker Torrey Canyon (1967) und Amoco Cadiz (1978) und verursachten gravierende Umweltverschmutzungen. Auch beim Thema Atom, in Deutschland ein wesentlicher Pfeiler der Grünen-Bewegung, würde Frankreich sich für eine solche Bewegung anbieten. Unter allen Industriestaaten setzt Frank-

---

128 Interview von Winfried Kretschmann, Frankfurter Allgemeine Zeitung, 12. Mai 2016
129 Die Welt, 22. Juli 2009

reich mit Abstand am stärksten auf die Atomenergie. Der aktive Militärdienst, mit nur sehr begrenzten Möglichkeiten eines Zivil- oder Sozialdienstes, sowie häufige Militäroperationen im Ausland hätten ebenso viele Gründe für anti-militärische Bewegungen sein können. Aber die Themen ziehen nicht: Es herrscht Angst weder vor dem Atom noch vor militärischen Eingriffen im Ausland, die zum Nationalstolz beitragen.

Ab den 70er Jahren gab es auch aktive Gruppen, die sich gegen die Erweiterung des Militärlagers auf dem Larzac stemmten und andere die gegen die Errichtung der Wiederaufbereitungsanlage in La Hague oder den Kernreaktor in Creys-Malville protestierten. Sie blieben jedoch beschränkte Zeitfenster oder bedeutungsschwache Ausdrucksformen des politischen Lebens.

Schon 1971 wurde der Gaullist Robert Poujade zum ersten Minister für Umweltfragen ernannt. Präsident Georges Pompidou wollte das Land nach 10 Jahren de Gaulle modernisieren. Bei Amtsantritt 1969 ernannte er Jacques Chaban-Delmas zum Premierminister, der „eine neue Gesellschaft" („Nouvelle société") ermöglichen wollte so wie Willy Brandt mehr Demokratie wagen wollte. Dazu zählten mehr Ausdrucksfreiheit (in Antwort auf die 68er-Bewegung) und eine Erweiterung des politischen Spielfelds in Richtung der Sozialdemokraten. So wurde Jacques Delors, der spätere Wirtschafts- und Finanzminister von Mitterrand, zu seinem Wirtschaftsberater. Zu dieser Neuorientierung zählte eben auch die Umweltpolitik.

Erst 15 Jahre später wurden Joschka Fischer (1985) zum ersten Staatsminister für Umwelt und Energie auf Landesebene und Walter Wallmann zum ersten Bundesumweltminister (1986) vereidigt.

1974 stellte sich René Dumont als erster Umweltschützer zur Präsidentschaftswahl. In einer Fernsehsendung trank er ein Glas Wasser und fügte hinzu: „so lange man es noch trinken kann". Er erhielt 1,3 % der Stimmen und empfahl persönlich und nicht im Namen der Umweltbewegung („à titre personnel"), im zweiten Wahlgang nicht für Valéry Giscard d'Estaing, sondern für François Mitterrand zu stimmen. Seitdem erhöhen die grünen Präsidentschaftskandidaten – langsam – ihren Stimmenanteil, ohne jedoch die 5 % zu übersteigen. Ausnahme ist der ehemalige Fernsehjournalist Noel Mamère dem es 2002 gelang, diese Marke zu übertreffen. Ab Mitte der neunziger Jahre erzielten die verschiedenen Kandidaten

3. Die Grünen nur in Deutschland?

der Grünen zusammen 5 %, standen sich aber aufgrund interner Querelen immer im Wege. Der Durchbruch scheiterte an den vielen, auch starken Persönlichkeiten, die die französischen Grünen-Bewegungen prägen. Die Streitigkeiten werden leichter bei Europa- und Regionalwahlen beigelegt. Den größten Erfolg erzielte bis dato der 68er-Rebell und Alternativpolitiker Daniel Cohn-Bendit bei den Europawahlen 2009, als er mit seiner Liste „Europe Écologie" 16,3 % erhielt. Weitere 3,6 % gingen an die Alternativ-Liste von Antoine Waechter – insgesamt also ca. 20 % der Stimmen, wohlgemerkt bei einer Wahlbeteiligung von nur 40 %. Bei den Europawahlen 2014 fiel das Ergebnis schon auf 9 % zurück.

Mit dieser Ausnahme bleibt die Lieblingstätigkeit der französischen Grünen ihr Richtungsstreit. Einige tendieren eher zum konservativen Lager, wie Antoine Waechter an der Spitze des *Mouvement écologiste indépendant*. Er führte die französischen Grünen 1989 zu ihrem ersten größeren Wahlsieg, als sie mit 10,6 % (und 9 Sitzen) ins Europaparlament zogen und eine vergleichbare Stärke zu den deutschen Grünen hatten. 2012 rief er auf, für den Christdemokraten François Bayrou zu stimmen. Andere liebäugeln mit dem linken Lager, wie der ehemalige Fernsehjournalist Noel Mamère, an der Spitze der Partei *Les Verts*, die er mit Brice Lalonde gründete, und Dominique Voynet.

Brice Lalonde stand lange Zeit zwischen den Lagern. 1981 erhielt er als Präsidentschaftskandidat knapp 4 % und wurde 1988 der erste „grüne" Umweltminister unter François Mitterrand. Er gründete 1990 – auf dessen Wunsch – die Partei *Génération Écologie* mit dem Ziel, eine andere Galionsfigur der Grünen, Noel Mamère, an der 5-%-Hürde scheitern zu lassen. Mitte der neunziger Jahre ging Lalonde eine Koalition mit den Liberalen und den Gaullisten ein. Nicolas Sarkozy hatte ihn 2007 zum Botschafter für die Klimawandelverhandlungen ernannt, auf Empfehlung von Jean-Louis Borloo, ebenfalls Gründungsmitglied von *Génération Écologie* und mittlerweile Mitglied der Präsidentenpartei konservativen UMP. Die Partei konnte sich jedoch nicht mit dem für sie zu konservativen Sarkozy anfreunden und beschäftigte sich die folgenden 10 Jahre mit sich selbst. Mit der 2018 gewählten neuen Vorsitzenden Delphine Batho gelang ein Neuanfang. Ursprünglich eine Vertraute des linksradikalen Jean-Luc Mélenchon, wurde sie Umweltministerin unter François Hollande, verließ die Regierung jedoch schon nach einem Jahr, weil der Haushalt ihres Ministeriums um 7 % gekürzt worden war.

Eher dem konservativen Lager zugewandt ist Nicolas Hulot, der 2002 Jacques Chirac unterstützt hatte. Seine Sendungen zum Thema Umwelt – Ushuaia – machten ihn zuerst zu einem der beliebtesten Fernsehjournalisten, dann zum populärsten Politiker überhaupt. Er wurde 2017 Umweltminister (und Stellvertretender Premierminister) unter Emmanuel Macron, musste sich aber im Zuge der #MeToo-Bewegung aus der Öffentlichkeit zurückziehen.

Personaldebatten führten auch zur Auflösung der allerersten grünen Fraktion in der Assemblée nationale im Mai 2016. Sechs regierungstreue Abgeordnete um den zukünftigen grünen Präsidentschaftskandidaten François de Rugy verließen die aus 18 Mitgliedern bestehende Fraktion, weil sie mit dem Anti-Regierungskurs der Generalsekretärin Cécile Duflot nicht übereinstimmten. Weil 15 Abgeordnete für die Bildung einer Fraktion erforderlich sind, war dies das Ende dieser ersten grünen Fraktion. 2022 gelang es ihnen endlich, mit der erforderlichen Mindestzahl von 15 Abgeordneten erneut eine Fraktion bilden zu können.

Der Richtungs- und Führungsstreit hat den vielversprechenden französischen Grünen die Zukunft geraubt. Ende der 80er Jahre waren deutsche und französische Grüne noch auf Augenhöhe. Die jüngste Fraktionsbildung verdanken die französischen Grünen dem linksradikalen Mélenchon mit dem sie ein Wahlbündnis abgeschlossen hatten. Mélenchon ist im Zuge der Auflösung der traditionellen Regierungsparteien zu einem der Hauptakteuren der neuen politischen Szene in Frankreich geworden.

4. Ist das „Aus" der französischen Regierungsparteien endgültig?

Der Zerfall des traditionellen Parteienspektrums ist in Frankreich noch ausgeprägter als in Deutschland. Gallionsfiguren der französischen Politik seit 1944 sind Francois Mitterrand und Charles de Gaulle.

Das linke Lager besteht seit 1920 (dem Kongress in Tours) aus zwei Hauptströmungen: Kommunisten und Sozialisten. Es sollte Francois Mit-

4. Ist das „Aus" der französischen Regierungsparteien endgültig?

terrand ein halbes Jahrhundert später gelingen diese beiden Strömungen in einem Wahlbündnis zu vereinen.

Die Sozialisten verweigern den Anschluss an die III. Internationale, die im Anschluss an die russische Oktober-Revolution unter Federführung von Lenin gegründet wurde und der sich auch die französischen die Kommunisten anschließen. Die Sozialisten bleiben der II. Internationalen Bewegung, der „Section française de l'internationale ouvrière" (SFIO) treu. An ihrer Spitze stand Léon Blum, der beim Kongress mit folgendem Satz berühmt wurde: *„Während ihr das Abenteuer sucht, muss jemand bleiben und das alte Haus hüten."*[130] Die SFIO ist bis in die 60er Jahre ein wesentlicher Bestandteil des französischen Parteienspektrums. Auseinandersetzungen über die Radikalität der zu unternehmenden Sozialreformen führen zu immer neuen Abspaltungen und darauffolgende Versöhnungen. 1936 führte Léon Blum die SFIO an die Macht. Die Kommunisten unterstützten die Regierung im Parlament, ohne sich daran zu beteiligen. Bis heute ist die Popularität dieses *„Front populaire"* (der „Volksfront") und Léon Blums groß. Erstmalig nahmen Frauen an der Regierung teil, darunter die Nobelpreischemikerin Irène Joliot-Curie, Tochter von Marie Curie. Die Regierung führte die 40-Stunden-Woche und den ersten (zweiwöchigen) bezahlten Urlaub ein.

Von Juni 1944 bis Januar 1947 wurden provisorische Regierungen unter Führung von de Gaulle, dann der Sozialisten Gouin, Bidault und Blum gebildet. Feste Regierungsbestandteile waren Gaullisten und Christdemokraten, aber auch die SFIO und die Kommunisten, aufgrund ihrer aktiven Teilnahme am Widerstand. Sie prägten die Verstaatlichungen und sozialen Gesetzgebungen. In den fünfziger Jahren gehörte François Mitterrand einer kleinen – sozialdemokratischen – Partei (UDSR) an und war während der IV. Republik (1946–1958) elf Mal Minister, insbesondere als Innenminister von 1954 bis 1955 und in den beiden Folgejahre als Justizminister, während die blutigen Befreiungskämpfe in Algerien tobten.

Zu Beginn der V. Republik waren ihm alle Mittel recht, um sich als Gegner des neuen Regimes zu profilieren. 1959 inszenierte er ein fiktives Attentat auf seine Person mit Hilfe des Populisten Poujade, um auf

---

130 Léon Blum am 27. Dezember 1920 auf dem Kongress in Tours: *„Pendant que vous irez courir l'aventure, il faut que quelqu'un reste garder la vieille maison."*

Kapitel 3: Lernen, mit wachsender politischer Unberechenbarkeit umzugehen

sich aufmerksam zu machen (!),[131] und veröffentlichte fünf Jahre später eine Brandschrift, in welcher er die V. Republik als permanenten Staatsstreich bezeichnete.[132] Deshalb – oder trotzdem – wurde er 1965 als einziger Kandidat des linken Lagers aufgestellt. Dank 32 % der Stimmen im ersten Wahlgang qualifizierte er sich für die Stichwahl, in welcher er de Gaulle mit 44 % unterlag. Ein Drittel der Stimmen im ersten Wahlgang – das war auch 2002 das Ergebnis der vier linken Kandidaten (zusammen) bei den Präsidentschaftswahlen und 2022 der sechs Kandidaten.

Sein voreiliger Versuch, die Mai–68er-Revolte für sich auszuschlachten und nach der Macht zu greifen, zwangen ihn zu einer politischen Pause. Die zerstrittenen Sozialisten stellten Gaston Defferre für die Präsidentschaftswahl 1969 auf: Er scheiterte mit 6 % der Stimmen! Nach diesem Wahldebakel war es François Mitterrands Verdienst, die linken Kräfte zu bündeln: zunächst die verschiedenen sozialistischen Flügel in der 1971 neu gegründeten Parti socialiste (PS) und zwei Jahre später in der Allianz mit den Kommunisten mit denen das „*programme commun de la gauche*"(das gemeinsame Programm der Linken) verhandelt wurde.

Drei Jahre nach Gründung der PS lag Mitterrand 1974 bei den Präsidentschaftswahlen nur 1,6 % hinter dem liberalen Giscard d'Estaing. Die Strategie der Vereinigung des linken Lagers hatte sich bewährt, François Mitterrand war nach einem Vierteljahrhundert als Oppositionsfigur zu ihrem unangefochtenen Vertreter geworden und gewann 1981 beim dritten Anlauf die Präsidentschaftswahl. Während seiner doppelten Amtszeit gelang es ihm, die Geschlossenheit des linken Lagers und der PS zu wahren. Der Schulterschluss mit den Kommunisten war das Mittel zum Erfolg. Diese hatten eine solide Wählerbasis von ca. 20 %, die sie von den sechziger bis Anfang der achtziger Jahre immer wieder erhielten. Sie waren die stärkste Partei im linken Lager, dank ihrer bedeutenden Rolle während der Résistance, ihrer starken gewerkschaftlichen Verankerung und ausgeprägten,

---

131 In der Nacht vom 15. auf den 16. Oktober 1959, also ein Jahr nach Gründung der V. Republik, wurde der Wagen von François Mitterrand, zu dem Zeitpunkt Senator, beschossen. Er floh durch den öffentlich zugänglichen Park des „Observatoire", weshalb das Attentat auch „Affaire de l'Observatoire" genannt wurde.
132 François Mitterrand „Le coup d'État permanent", Plon, 1964

4. Ist das „Aus' der französischen Regierungsparteien endgültig?

rhetorisch versierten Persönlichkeiten wie Maurice Thorez, Jacques Duclos und zuletzt Georges Marchais.

Nach seinem Sieg 1981 stellte der frisch gewählte Präsident Mitterrand vier Kommunisten an die Spitze wichtiger Ministerien: das Verkehrsministerium (Charles Fiterman), den Öffentlichen Dienst mit Zuständigkeit für über vier Millionen Beamte (Aniçet Le Pors), das Gesundheitsministerium (Jack Ralite) und das große Bildungsministerium (Marcel Rigout). Weite Teile der französischen Finanzbranche und der Industrie wurden verstaatlicht. Zwei Jahre später musste jedoch unter dem Druck der Finanzmärkte ein sozialdemokratischer Kurs mit der Ernennung von Laurent Fabius zum Premierminister eingeschlagen werden.

Die Geschwindigkeit des Einbruchs der Kommunistischen Partei (KP) hatte mit Sicherheit mit ihrer starren Treue zur Sowjetunion zu tun: 1968 unterstützten sie die Zerschlagung des Prager Frühlings und verteidigten zehn Jahre später den Einmarsch der Sowjetunion in Afghanistan. Auch die „eurokommunistische" Reformbewegung des Italieners Enrique Berlinguer wurde aus Moskau-Treue abgelehnt. Die Wende besiegelte den Einbruch: Schon 2002 landete der Generalsekretär der KP Robert Hue mit 3 % auf Platz fünf, wohlgemerkt allein der linken Kandidaten. Zwanzig Jahre später hat sich wenig verändert: Der Kommunist Fabien Roussel erhielt 2,3 % der Stimmen bei den Präsidentschaftswahlen 2022. Die verlorenen Stimmen der KP gingen an die PS, aber auch den rechtsradikalen Front National.

Nach dem Tod von François Mitterrand im Januar 1996 verfiel dann auch die PS wieder in ihre Einzelteile. Schon bei den Präsidentschaftswahlen 2002 wurde der amtierende sozialistische Premierminister Jospin zum Opfer der zahlreichen Kandidaten des linken Lagers und Jean-Marie Le Pen verdrängte ihn im ersten Wahlgang mit nur 16 % auf den dritten Platz. Das gesamte linke Lager inklusive der Grünen kam aber auf gut 40 %.[133] Dieses traumatische Ergebnis verfolgt die Sozialisten bis heute.

---

133 An der Spitze der anderen Kandidaten des linken Lagers lag die Trotzkistin Arlette Laguiller, die für ihre fünfte Kandidatur seit 1974 mit Sympathie und 5,7 % der Stimmen belohnt wurde. Jean-Pierre Chevènement (ein Euro-Gegner des linken Flügels der PS) erhielt 5,3 %, der Grünen-Kandidat Noel Mamère 5,2 % der Stimmen.

2012 machten die Sozialisten den Eindruck, aus ihren Fehlern gelernt zu haben. Mit einer sehr medienwirksamen PS internen Primärwahl gelang es dem Generalsekretär der PS François Hollande Teile der linken Kräfte zu bündeln. Bei den Präsidentschaftswahlen erhielt er 28 % der Stimmen (3 % mehr als François Mitterrand 1981!), sogar ein knappes Prozent mehr als der amtierende konservative Präsident Nicolas Sarkozy. Er qualifizierte sich somit für die Stichwahl mit Sarkozy, der durch die Finanz- und Euro-Krise geschwächt war. Hollande gewann die Stichwahl, auch wenn es der knappste Vorsprung seit dem Sieg von Giscard d'Estaing im Jahr 1974 war.

Der Zerfall der PS wurde trotzdem nicht aufgehalten. Wenig Fantasie in der politischen Gestaltung, wenig empathische Premierminister und persönliche Eskapaden beschädigten das Image des Präsidenten. Hollande hatte sich von seiner Lebensgefährtin Ségolène Royal nach dreißig Jahren und vier gemeinsamen Kindern getrennt. Er zog mit seiner neuen Lebensgefährtin, der Journalistin Valérie Trierweiler in den Élysée-Palast. Diese hatte sich verbissen zurückgezogen als Fotos der Skooter-Eskapade Hollandes mit seiner neuen Geliebten, der Schauspielerin Julie Gayet, Anfang 2014 veröffentlicht wurden: zu viel des Guten! Valérie Trierweiler veröffentlichte ein Buch mit der giftigen Überschrift *„Merci pour ce moment"* (*„Danke für diesen Moment"*). Sein Verhalten in den letzten Monaten vor den Präsidentschaftswahlen war ebenso schädlich: zwei Journalisten veröffentlichten das Ergebnis ihrer Gespräche mit Hollande während dessen fünfjähriger Amtszeit mit dem verheißenden Titel *„Un Président ne devrait pas dire ça"* (*„Ein Präsident sollte so etwas nicht sagen"*)[134]. Erst im Dezember 2016 – zwei Monate nach Veröffentlichung des Buchs und nur fünf Monate vor den neuen Präsidentschaftswahlen – entschloss er sich, nicht erneut zu kandidieren, was der PS kaum Zeit ließ, einen Kandidaten aufzubauen. Noch nie hatte ein amtierender Präsident so schlechte Umfragewerte: Nur 4 % der Franzosen zeigten sich mit ihm zufrieden und er sah keinen Spielraum für seine Kandidatur zwischen Macron und Mélenchon.

---

134 Valérie Trierweiler, „Merci pour ce moment", Les Arènes, September 2014
 Gérard Davet & Fabrice Lhomme, „Un Président ne devrait pas dire ça", Stock, Oktober 2016

4. Ist das „Aus" der französischen Regierungsparteien endgültig?

Die PS war führungslos. Links hatte Jean-Luc Mélenchon zwischenzeitlich den linken Flügel innerhalb der Parti de Gauche (PG) neu aufgestellt. Das Programm der PG war in vieler Hinsicht eine modernisierte Variante des kommunistischen Programms, sozusagen eine späte Anerkennung des euro-kommunistischen Ansatzes von Berlinguer. Mélenchon trat 2014 aus der PG aus, um 2016 La France insoumise (LFI = Unbeugsames Frankreich) zu gründen. 2022 kam er auf den dritten Platz mit 22 % und verfehlte die Stichwahl erneut nur knapp. Das Programm ist linkspopulistisch. Die 32-Stunden-Woche und eine sechste bezahlte Urlaubswoche soll eingeführt, die Rente mit 60 zementiert werden. Das Finanzsystem soll Kleinunternehmer und Verbraucher besser unterstützen. International soll mit dem liberalen Umfeld abgerechnet werden: Geldpolitik, Agrar- und Umweltpolitik der EU sollen reformiert, Freihandelsabkommen wie das TTIP gekippt und die NATO verlassen werden.

Emmanuel Macron behauptete sich -zumindest in den Meinungsumfragen- als Vertreter des sozial-demokratischen Flügels, witterte seine Chance und gab seine Kandidatur Mitte November bekannt. Jean-Luc Mélenchon galt als der beste linksradikale Vertreter: Beide aber blieben außerhalb der PS und verweigerten die Teilnahme an deren Primärwahlen, an der nur 1,5 Millionen Franzosen teilnahmen, nur halb so viele wie 2011. Zum Überraschungssieger wurde nicht der ehemalige sozialistische Premierminister Manuel Valls, sondern Benoit Hamon, der nur kurze Zeit Bildungsminister gewesen war und mit dem anderen linken Sozialisten Montebourg die erste Regierung Valls zu Fall brachte. Hamon und Mélenchon, beide Vertreter des linken Flügels (der eine außerhalb der PS, der andere innerhalb) konnten sich nicht einigen, obwohl sie zusammen mit über 25 % in den Meinungsumfragen eine reelle Chance auf den Einzug in die Stichwahl gehabt hätten.

Wie es im linken Lager weitergeht, ist ungewiss. Emmanuel Macron darf gemäß Verfassung nicht ein drittes Mal kandidieren. Die Sozialisten lecken noch ihre Wunden, nachdem ihre offizielle Kandidatin, die Oberbürgermeisterin von Paris, Anne Hidalgo, mit 1,7 % (!) das schlechteste Ergebnis der 50-jährigen Geschichte der PS einfuhr. Der 71-jährige Mélenchon hat sein Abgeordnetenmandat aufgegeben. Seine möglichen Nachfolger, wie Clémentine Autain (Jg. 1973) oder Adrien Quatennens

(Jg. 1990), sofern dieser politisch den Prozess wegen physischer Gewalt gegenüber seiner Frau übersteht, müssen sich erst als neue Galionsfiguren behaupten. Das linke Parteienspektrum wird sich neu ordnen müssen – offen ist, wie.

Das konservative Lager zerfällt ebenfalls in seine Urkomponenten, trotz verschiedener Fusionsversuche in den letzten beiden Jahrzehnten. Seit der Französischen Revolution bestehen die Konservativen aus drei Komponenten, wie es der französische Politologe René Rémond sehr zutreffend beschrieb. Die „legitimistische" Rechte entspricht den heute quasi verschwundenen Royalisten. Der zweiten, als „orléanistisch" bezeichneten Strömung entsprechen die Liberalen und Christdemokraten. Namensgeber ist der Orléans-Zweig der Königsfamilie, welche die Revolution von 1789 anerkannt hatte und 1830 in Person von Louis-Philippe auf den Thron stieg. Die dritte Strömung ist „bonapartistisch", steht für einen stärkeren Einfluss des Staats in der Wirtschaft und ein stärkeres Nationalbewusstsein: Dieser Definition entsprechen Napoleon III., de Gaulle und seine Nachfolger.[135]

Die IV. Republik war in festen Händen der politischen Mitte mit wechselseitigen Mehrheiten von Sozialdemokraten und „Orléanisten": diese beiden Strömungen sind jedoch keine Parteien, sondern bestehen aus verschiedenen Splitterparteien. Die Anhänger von de Gaulle waren in der Opposition und prangerten die Schwäche des Staates und seine zu europäische Gesinnung an; sie plädierten für eine neue Verfassung mit einer gestärkten Exekutive. Somit war die Verabschiedung der Verfassung der V. Republik auch der Sieg der „Bonapartisten" über die „Orléanisten" und die Sozialdemokraten.

Die beiden Flügel des konservativen Lagers sollten sich schon bei der ersten direkten Präsidentschaftswahl 1965 gegenüberstehen. Alle gingen von de Gaulles Wahl im ersten Durchgang aus, allen voran natürlich er selbst. Für Überraschung sorgte der relativ unbekannte Christdemokrat Jean Lecanuet – Vertreter der Orléanisten – dem es gelang, fast 16 % der Stimmen zu erhalten und de Gaulle in die Stichwahl zu zwingen. Die Gaullisten behielten trotzdem die Macht, zumindest bis 1974, als Valéry

---

135 René Rémond, „La Droite en France de 1815 à nos jours. Continuité et diversité d'une tradition politique"

4. Ist das „Aus" der französischen Regierungsparteien endgültig?

Giscard d'Estaing (VGE) zum Präsidenten gewählt wurde. Erstmalig waren die Gaullisten zum Juniorpartner geworden. Es war VGE gelungen die Christdemokraten und Liberalen zu bündeln und später zur *Union pour la démocratie française* (UDF) für wenige Jahre sogar zu fusionieren. Um über eine stabile parlamentarische Mehrheit verfügen zu können musste er einen Gaullisten zum Premierminister ernennen. Es wurde der junge Gaullist Jacques Chirac. Im Streit mit ihm spielte -über den persönlichen Zwist hinaus- der Machtkampf zwischen den beiden Strömungen des konservativen Lagers eine entscheidende Rolle.

Der Machtkampf der beiden konservativen Strömungen dauert bis heute an. Nach den beiden Amtszeiten von François Mitterrand feierten die Konservativen 1995 ihr Comeback mit der Wahl von Jacques Chirac, der die führende Rolle innerhalb der konservativen Opposition für die Gaullisten zurückeroberte. So wie es François Mitterrand geschafft hatte, die verschiedenen linker Komponenten in einem Wahlbündnis zu vereinen, gelang es Jacques Chirac 2002, die Gaullisten und Liberalen als *„Union pour la majorité présidentielle"* unter einen Hut zu bringen: eine „Präsidentenpartei", in welcher verschiedene konservative Strömungen zu einer Wahlkampforganisation gebündelt wurden. Wenige Monate nach der Wiederwahl von Jacques Chirac wurde diese in *Union pour un mouvement populaire* (UMP) umgetauft, die von Gaullisten dominiert wurden. Alle Parteipräsidenten kamen alle aus den Reihen der Gaullisten.

Die permanenten Namenswechsel innerhalb des konservativen Lagers haben eine Identifikation mit ihren Wählern erheblich erschwert. Die UMP hat sich zu Republikanern umbenannt. Christdemokraten und Liberale verteilen sich nun auf zahlreiche, personenbezogene Parteien.

Die größte Partei der Christdemokraten, der Mouvement des démocrates (MoDem), ist der UMP ferngeblieben und ihr Präsident François Bayrou kandidierte 2007 und 2012 gegen den Gaullisten Nicolas Sarkozy, zunächst mit 18,6 % – drei Prozent mehr als seinerzeit Jean Lecanuet gegen de Gaulle. Aber dieser Versuch, in die Fußstapfen von VGE zu treten und die orléanistische Familie wieder zu vereinen, misslang. Seine Wählerschaft entsprach derjenigen der Christdemokraten unter der IV. Republik, erweitert um Wähler der Sozialisten Ségolène Royal und François Hollande – nicht aber von Nicolas Sarkozy. François Bayrou war es also gelungen, Wähler aus dem linken Lager zu gewinnen. Ihre Wähler sind eine tragende Säule von Emmanuel Macron, auch dank seiner eindeutigen pro-europäischen Orientierung.[136] Einer Meinungsumfrage zwischen beiden Wahlgängen 2007 zufolge wollten auch 40 % der MoDem-Wähler im zweiten Wahlgang für Ségolène Royal und 60 % für Nicolas Sarkozy stimmen.

Die ideologischen Auseinandersetzungen haben im linken wie im konservativen Lager als Zentrifugalkräfte gewirkt. Beide Lager verloren bei den Präsidentschaftswahlen 2002 über 50 % ihrer Wähler. Ein letzter Versuch beider Lager, ihre Wählerschaft zurückzugewinnen, bestand in der Organisation von Primärwahlen. In beiden Lagern haben persönliche Fehltritte der Spitzenkandidaten zu unerwarteten Ergebnissen geführt.

Um ihr Lager wieder zu bündeln leisteten die Sozialisten 2011 Pionierarbeit und organisierten eine „Bürgerprimärwahl" (*„primaire citoyenne"*), eine „offene" Wahl des linken Lagers, an der sich 2,6 Millionen Wähler beteiligten.[137] Einzige Teilnahmebedingung war nicht eine Parteimitgliedschaft, sondern, sich schriftlich zu den „Werten der Linken und der Republik" (*„Valeurs de la gauche et de la République"*) zu bekennen. Der große Erfolg war nicht zuletzt darauf zurückzuführen, dass der bis dahin gehandelte Favorit, der Sozialdemokrat Dominique Strauss-Kahn, wegen eines Sex-Skandals im New Yorker Sofitel von seinem Amt des

---

136 Die **Liberale Partei** hieß zunächst *Center national des Independent et paysans* (CNIP) mit René Coty und Antoine Pinay an der Spitze (1949–1962); dann *Républicains indépendants* unter Führung von VGE (1962–1977); dann wurde sie *Parti républicain* mit Gérard Longuet und François Léotard (1977–1997); und schließlich *Démocratie libérale* (1997–2002) mit Alain Madelin an der Spitze. Die **Christdemokraten** änderten ihren Namen genauso oft. *Mouvement républicain populaire* (MRP) mit Politikern wie Robert Schuman oder Pierre Pflimlin (1944–1967), dann *Centre démocrate* von Jean Lecanuet (1967–1976) und später *Centre des démocrates sociaux* (CDS) von 1976 bis 1995 mit Vorsitz der Minister Pierre Méhaignerie, René Monory und zuletzt François Bayrou. Heute wird diese politische Sensibilität durch drei Parteien repräsentiert: dem *„Mouvement démocrate"* (MoDem) des ehemaligen Kultusministers François Bayrou, der *„Union des démocrates et Indépendants"* (UDI) und den *„Centristes"* des ehemaligen Verteidigungsministers Edgar Morin.

137 1995 und 2006 hatten noch rein partei-interne Wahlen zur Designation des Präsidentschaftskandidaten der Sozialisten stattgefunden. Ségolène Royal gewann 2006 gegen Dominique Strauss-Kahn mit 60 % der Stimmen, verlor dann aber die Präsidentschaftswahl gegen Nicolas Sarkozy.

4. Ist das „Aus" der französischen Regierungsparteien endgültig?

Generaldirektors des IWF zurücktreten musste und als Kandidat der Parti Socialiste nicht mehr tragbar war. Wie wir es zuvor gesehen haben, gewann schließlich der bis dahin diskret gebliebene Generalsekretär der Partei Hollande gegen die Vertreterin des linken Flügels Martine Aubry. Hollande machte die Stichwahl der Primärwahl und im Anschluss die Präsidentschaftswahl für sich aus.

2017 führte die zweite Primärwahl zum Überraschungssieg von Benoit Hamon über Manuel Valls. Alle „linken" Kandidaten kamen zusammen auf nur noch 22 %, mit Jean-Luc Mélenchon an der Spitze (11 %). Erstaunlich ist, dass Mélenchon 2022 die Durchführung einer Primärwahl im linken Lager verweigerte. Alle linken Kandidaten zusammen erhielten 33 %, davon 22 % für ihn. Wie schon fünf Jahre zuvor wären seine Chancen, als einziger Kandidat der Linken in die Stichwahl zu kommen, deutlich gestiegen: Emmanuel Macron erhielt 24 % und Marine Le Pen 21 % der Stimmen.[138] Im Ergebnis haben diese Primärwahlen im linken Lager bis dato eher zentrifugale Auswirkungen.

Ähnlich verläuft es im konservativen Lager, welches die erste Primärwahl erst 2017 organisierte. Man versuchte es mit einem neuen Namen: Anstelle von UMP nannte man sich nun „Die Republikaner".[139] Sieben Kandidaten debattierten im Fernsehen. 4,4 Millionen Wähler bestimmten François Fillon zu ihrem Kandidaten. Er behauptete sich so überraschend wie deutlich mit zwei Drittel der Stimmen gegen Alain Juppé, insbesondere weil er für einen deutlich stärkeren Reformkurs mit Fokus auf Ersparnissen im Staatsapparat i. H. v. 100 Mrd. und Abbau von 500.000 öffentlichen Stellen stand. Doch mit der Affäre der Scheinbeschäftigung seiner Frau Pénélope (das „Pénélope Gate") fiel Fillon von einem sicheren zweiten Platz im ersten Wahlgang (Meinungsfragen sahen ihn bei mindestens 25 %) auf den dritten Platz mit weniger als 20 %, mit nur einem Prozent weniger als Marine Le Pen.

---

138 Wahlergebnis erster Wahlgang am 10. April 2022: Macron 28 %, Le Pen 23 %, Mélenchon 22 %, Zémmour 7 %, Pécresse 4,8 %, Jadot 4,7 %, Roussel 3,5 %, Hidalgo 1,8 %.
139 Eine erste sogenannte Primärwahl der UMP fand 2007 statt. Nachdem Dominique de Villepin und Michèle Alliot-Marie ihre Kandidatur zurückgezogen hatten, war aber Nicolas Sarkozy der einzige Kandidat.

Wie zerstritten die Republikaner sind, zeigte der Kongress, der 2021 die Präsidentschaftskandidatur ausmachen sollte. Der Vertreter des Rechtsrucks, Eric Ciotti, der die Wähler von Le Pen zurückgewinnen wollte, hatte sich zur Überraschung aller mit weniger als einem Prozent Vorsprung auf die moderate Valérie Pécresse für die parteiinterne Stichwahl qualifiziert. Diese gewann zwar die Nominierung, wurde aber von Ciotti zu radikalen Themen getrieben. Mit 4,7 % der Stimmen erhielt nun auch der Kandidat der Bonapartisten das absolut schlechteste Ergebnis.

So erlitten Valérie Pécresse, republikanische Präsidentin der Region Ile de France, und die Oberbürgermeisterin von Paris, Anne Hidalgo, für die Sozialisten eine historische Niederlage. In Frankreich ist damit der Zusammenbruch der traditionellen Regierungsparteien 2022 perfekt. Ein wesentlicher Grund für dieses Ergebnis ist der konsequente Aufstieg der Populisten, der France insoumise im linken Lager, und der Partei der Le-Pen-Familie am rechten Rand.

5. Rechtspopulisten nur in Frankreich? Eine Frage der Führung

Wie wenig Deutschland und Frankreich voneinander wissen, zeigt sich an den parteipolitischen Bezeichnungen. Natürlich wussten die französischen Konservativen nichts von den deutschen rechtsradikalen Republikanern, als sie 2015 ihre Partei UMP in „Republikaner" umbenannten. Und in Deutschland dürften viele die deutschen Republikaner im Kopf haben, wenn es um die französischen Republikaner geht.

Der Rechtsradikalismus hat in Frankreich Tradition. Schon 1956 erhielt die populistische Partei „Union de défense des commerçants et artisans" (UDCA) 11,6 % der Stimmen und 56 Abgeordnete. Unter ihnen fand sich Jean-Marie Le Pen, der damals jüngste Abgeordnete der Nationalversammlung, der 1972 die rechtsradikale Partei „Front National" (FN) gründete. 1965 sorgte der rechtsradikale Anwalt Jean-Louis Tixier-Vignancourt bei den Präsidentschaftswahlen mit 5,2 % der Stimmen für Aufsehen. Zuständig für seinen Wahlkampf war ... Jean-Marie Le Pen.

Der richtige Wahldurchbruch gelang aber erst 1984 bei den Europawahlen mit überraschenden 11 % – so viel wie die Kommunisten auch. In

5. Rechtspopulisten nur in Frankreich? Eine Frage der Führung

der Folge führte François Mitterrand 1986 erst- und einmalig die Parlamentswahlen nach dem Verhältniswahlprinzip ein, um das konservative Lager zu spalten: Dies verhalf dem FN zu 10 % der Stimmen. Nach seinem Sieg bei eben diesen Parlamentswahlen veranlasste die Furcht vor dem Rechtsradikalismus Jacques Chirac, das Mehrheitswahlsystem wieder herzustellen. Dies verhinderte jedoch nicht mehr den kontinuierlichen Gewinn des FN an Bedeutung. Für die größte Überraschung sorgte Jean-Marie Le Pen bei den Präsidentschaftswahlen 2002, als er sich mit 16,9 % der Stimmen für die Stichwahl qualifizierte. Seine Tochter Marine folgte ihm 2011 an der Spitze der Partei und fuhr mit 18 % ein noch besseres Ergebnis ein. Am 12. Januar 2011 analysierte Le Monde:

„Der Front National zieht immer mehr Sympathisanten der klassischen Rechten in seinen Bann: der Effekt Marine Le Pen verstärkt die Porosität zwischen der rechtsradikalen Partei und der traditionellen Wählerschaft der UMP".[140]

In der dem Artikel zugrunde liegenden Meinungsumfrage des Instituts TNS-Sofres äußern sich 55 % der traditionellen konservativen Wähler für eine Koalition mit dem Front National. Drei von vier Wählern der UMP meinen, die „traditionellen Werte Frankreichs" würden nicht genügend verteidigt. Während zwei Drittel den Vater Jean-Marie noch für rechtsradikal hielten, meinten dies nur 37 % bei seiner Tochter.

Marine Le Pen wurde also 2011 zur Nachfolgerin ihres Vaters und arbeitet seitdem konsequent an einem gemäßigterem Auftritt der Partei. Der Vater, der gerne mit Äußerungen gegen Juden und Immigranten auffällig war, wurde 2015 von ihr ausgeschlossen. Man erinnere sich an seine Bezeichnung der Gaskammern als „Detail der Geschichte". 2018 wurde der Front National zum harmloser klingenden Rassemblement National (RN), mit klarer Anspielung auf die traditionellen Konservativen. Jacques Chirac hatte die Gaullisten-Partei 1976 nach seinem Rücktritt als Premier-

---

[140] Abel Mestre und Caroline Monnot, „Le Front National séduit de plus en plus les sympathisants de la droite classique – L'effet Marine Le Pen accentue la porosité entre le parti d'extrême-droite et l'électorat traditionnel de l'UMP." Le Monde, 12. Januar 2011

minister in Rassemblement pour la République umbenannt, und so hießen die Konservativen ein Vierteljahrhundert lang, bis sie zur UMP wurden.

Marine Le Pen kandidierte 2012, 2017 und 2022 für die Präsidentschaftswahl und verbesserte ihr Ergebnis immer wieder. 2012 lag sie noch auf Platz drei der Bewerber mit 17,9 % hinter François Hollande und Nicolas Sarkozy. 2017 qualifizierte sie sich für die Stichwahl mit 21,3 %. 2022 legte sie noch einmal um 2 % zu und erhielt 23 % der Stimmen im ersten Wahlgang, trotz der 7 % für Eric Zémmour, einem weiteren Rechtspopulisten. Heute ist der RN in fast allen Regionen vertreten, auch weil dort nach dem Verhältniswahlprinzip gewählt wird.

In Deutschland stand die nationalsozialistische Vergangenheit lange im Weg der Bildung einer rechtsradikalen Partei. Ende der 60er Jahre zog die NPD (Nationaldemokratische Partei Deutschlands) zwar in sieben Landtage ein,[141] blieb aber bis in das neue Jahrtausend marginal, weil er sich zu eindeutig mit dem Nationalsozialismus identifizierte.

Erst Anfang der 90er Jahre kam es zu neuen Erfolgen der Rechtsradikalen, auf Augenhöhe mit dem französischen Front National. Die 1983 gegründeten Republikaner zogen 1992 mit 11 % in den Landtag in Baden-Württemberg ein und wurden 1996 mit über 9 % wiedergewählt. Ihre Partei wurde ab 1992 vom Verfassungsschutz beobachtet und verlor mit der Gründung der AfD an Bedeutung. Die 1987 gegründete Deutsche Volksunion (DVU) konnte bis zu ihrer Auflösung 2011 sogar neun Mal in ein Landesparlament einziehen. Mit ihrem Erfolg 1998 bei den Landtagswahlen in Sachsen-Anhalt wurde der Grundstein des Rechtsradikalismus in den neuen Bundesländern gelegt.

Trotz der rassistisch motivierten Morde der Zwickauer Zelle des rechtsradikalen NSU („Nationalsozialistischer Untergrund"), festigte sich das rechtsradikale Gedankengut in den neuen Bundesländern, u.a. mit der 2014 gegründeten Pegida, stehend für „Patriotische Europäer gegen die

---

141 Bei den Landtagswahlen 1966 erreichte sie 7,4 % in Bayern und 7,9 % in Hessen; 1967 kam sie auf 5,8 % in Schleswig-Holstein, 6,9 % in Rheinland-Pfalz, 7 % in Niedersachsen und 8,8 % in Bremen. Der Erfolg gipfelte bei den Landtagswahlen 1968 in Baden-Württemberg mit 9,8 %. In keinem einzigen Fall konnte sich die NPD bei den Folgewahlen wieder behaupten.

5. Rechtspopulisten nur in Frankreich? Eine Frage der Führung

Islamisierung des Abendlandes" (!), eine islam- und fremdenfeindliche und völkische Bewegung.

2013 wurde die Alternative für Deutschland (AfD) zunächst als Euro- und Europa-skeptische Partei von Wirtschaftsprofessor Bernd Lucke gegründet. Ihr gelang es, sich in kürzester Zeit als feste Größe sowohl auf Landes- als auch Bundesebene zu etablieren, trotz permanentem Führungs- und Richtungsstreit. Im März 2022 entschied das Verwaltungsgericht Köln in Antwort auf eine Klage der AfD, dass die Partei als rechtsextremistischer Verdachtsfall eingeordnet wird und vom Verfassungsschutz beobachtet werden darf. Schon 2014 zog sie mit fast 8 % ins Europaparlament und mit circa 10 % in drei ostdeutsche Landtage ein. Es folgten Einzüge in alle anderen Landtage und 2017 wurde sie sogar drittstärkste Kraft und größte Oppositionsfraktion im Bundestag. 2019 wurde sie zur zweitstärksten Fraktion in Sachsen (mit fast 28 % der Stimmen), in Brandenburg und Thüringen (mit jeweils 23,5 %) und bei den Europawahlen viertstärkste Partei, weit vor der Linken (5,5 %) und der FDP (5,4 %). 2021 und 2022 blieb sie mit nur knapp über 5 % in den Landtagen in NRW und im Saarland, verpasste aber 2022 die Wiederwahl in Kiel.

Ein Drittel ihrer Wähler waren zuvor Nichtwähler, nur jeder fünfte kommt von der CDU/CSU – solche, die sich vom linksliberal gebrandmarkten Kurs von Angela Merkel abwenden wollten.[142] Ob sie sich fest in der politischen Landschaft etablieren können, ist noch abzuwarten, weil es immer wieder zu Streitigkeiten in der Führungsriege kommt.

Anders als beim Rassemblement National führt der permanente Richtungsstreit regelmäßig zu neuem Führungspersonal. Marine Le Pen hingegen führt ihre Partei seit mehr als zehn Jahren. Im selben Zeitraum gab es vier Vorsitzende der AfD. Dem Gründer Bernd Lucke folgten Frauke Petry, Alexander Gauland, Jörg Meuthen und nun Alice Weidel und Tino Chrupalla. Seit 2018 radikalisiert sich die Partei und verliert Stimmen bei jeder Wahl. Auch bei den Bundestagswahlen 2021 verlor sie Stimmen, wurde aber mit immer noch 10 % fünftstärkste Fraktion. Wie würde es um die AfD stehen, wenn es zur Führung durch rhetorisch begabte Personen käme? Nicht zwingend anders, als es der Bewegung der Le-Pen-Familie geht.

---

142 Infratest Dimap, Frankfurter Allgemeine Zeitung, 16. Mai 2017

6. Siegt mit Emmanuel Macron nun die politische Mitte?

Lange wurde in Frankreich behauptet, das mehrheitliche Wahlsystem stünde aufgrund der Bipolarisierung der politischen Mitte und radikalen Parteien im Wege der Macht. 2017 kamen zum Beispiel RN und La France insoumise (LFI) zusammen auf über 40 % der Wählerstimmen, erhielten aber nur 4 % der 577 Sitze im Parlament. Deshalb wird debattiert, ob das Parlament nicht (zumindest teilweise) per Verhältniswahl bestimmt werden sollte. Emmanuel Macron versprach 2017 wie 2022 sogar eine 25-%-Quote an Abgeordneten per Verhältniswahl auszumachen, setzte es aber aus Furcht vor einem stärkeren Druck der Populisten schlussendlich nicht um.

Die Mitte kann sich nur schwer behaupten, wenn es zum klassischen Rechts-Links-Lagerkampf kommt. Nur Valéry Giscard d'Estaing (VGE) war es gelungen, als Kandidat der Mitte zu gewinnen. Er profitierte vom Ungeschick des amtierenden Premierministers Chaban-Delmas, ein Gaullist, der sich nach dem frühzeitigen Tod des Präsidenten Pompidou zu früh für dessen Nachfolge beworben hatte, was als taktlos empfunden wurde. Seinem knappen Sieg folgte sieben Jahre später seine ebenso knappe Niederlage gegen Mitterrand. Bei den Präsidentschaftswahlen von 1988 trat der liberale ehemalige Premierminister von VGE, Raymond Barre, an: Ihm fehlten nur 3 %, um Jacques Chirac im ersten Wahlgang zu bezwingen.

Erst 2017, vierzig Jahre nach dem Erfolg von VGE, sollte es dem damals 39-jährigen Emmanuel Macron mit seiner neu gegründeten Partei La République en Marche (LREM) gelingen, an den ersten Erfolg der Mitte anzuschließen. Nach einer zum Teil ungewöhnlichen Ausbildung (Philosophiestudium, dann Kaderschmiede E.N.A.[143]) begann er einen untypischen Lebenslauf. Nach zwei Jahren im Finanzministerium wurde er vier Jahre Investmentbanker bei Rothschild & Cie., verließ die gut dotierte Stelle der Privatwirtschaft, um Wirtschafts- und Finanzberater im Stab des Präsiden-

---

143 Die École Nationale Administration (E.N.A.) wurde 1945 von de Gaulle gegründet um eine von dem Vichy-Regime unbelastete Elite, insbesondere für die hohe Verwaltung auszubilden. Sie wurde 2022 durch das Institut National du Service Public ersetzt. Zu ihren Absolventen zählen die Präsidenten Giscard d'Estaing, Chirac, Hollande und Macron, sowie die ehemaligen Premierminister Balladur, Rocard, Jospin, Juppé, Fabius.

6. Siegt mit Emmanuel Macron nun die politische Mitte?

ten Hollande zu werden. Schnell äußerte er sehr medienwirksame Kritik an Premierminister Ayrault, als er z. B. die französische Besteuerung kommentierte: „Frankreich, das ist Kuba, aber ohne die Sonne." 2014 wurde er mit 36 Jahren Wirtschaftsminister – wie auch Giscard d'Estaing 60 Jahre zuvor – und zu einem der beliebtesten Kabinettsmitglieder.

Er verkörperte den sozialdemokratischen Reformkurs der Sozialisten, ohne Parteimitglied zu sein, und es gelang ihm, die politische Mitte mit eben den Sozialdemokraten und den zerstreuten Orléanisten hinter sich zu vereinen. Dementsprechend holte er prominente Unterstützung aus diesen Lagern: Sozialdemokraten, geführt vom Verteidigungsminister Le Drian und dem Oberbürgermeister von Lyon Gérard Collomb, Republikaner wie den Ex-Premierminister Edouard Philippe, den Liberalen Alain Madelin und den Christdemokraten François Bayrou.

Und er zeigte Kante. 2017 und 2022 war Emmanuel Macron der einzige Kandidat, der sich eindeutig für eine Stärkung Europas aussprach. Er qualifizierte sich beide Male mit Marine Le Pen für die Stichwahl und besiegte sie beide Male. Macron bleibt bis jetzt seiner Linie treu und sucht Unterstützung im konservativen und im sozialdemokratischen Lager. In seiner ersten Amtszeit ernannte er die Republikaner Edouard Philippe und in der Folge Jean Castex zum Premierminister. Für das linke Lager standen beispielhaft Jean-Louis Le Drian, zuvor Verteidigungsminister von François Hollande, der ins Auswärtige Amt wechselte, und der ehemalige Oberbürgermeister von Lyon, der Sozialdemokrat Gérard Collomb. Die jetzige Premierministerin Elisabeth Borne, zuvor Arbeitsministerin ist ebenfalls dem sozialdemokratischen Lager zuzuordnen. Wichtig war Macron auch die Ernennung zahlreicher Vertreter der Zivilgesellschaft, mit Blick auf all diejenigen, die sich nicht mehr an Wahlen beteiligen. 2022 wiederholte sich die Unterstützung aus diesen Lagern. Er wurde vom ehemaligen sozialistischen Premierminister Manuel Valls, von der ehemaligen Chefin der Gewerkschaft CFDT, Nicole Notat, sowie von seinem Ex-Premierminister, dem Gaullisten Edouard Philippe, unterstützt.

2017 wurde er von Wählern aus beiden Lagern gleichermaßen unterstützt. 44 % der Anhänger von François Hollande stimmten für ihn, weil sie ihn als seinen Ziehsohn sahen. Im Laufe seiner Präsidentschaft ist die Wählerschaft jedoch konservativer geworden. 2022 waren 69 % ehemals konservative Wähler: Sie sind Besserverdiener (über 3.000 Euro pro Monat), Angestellte, über 50 Jahre alt und kommen aus der Großstadt im Gegensatz zur ländlichen und kleinstädtischen Wählerschaft des RN, die zur Partei der Arbeiter und der Jugend geworden ist. Allein die Christdemokraten des MoDem von François Bayrou sind Macron seit 2017 treu geblieben.[144]

Macrons Sieg in der Mitte entspricht dem Empfinden von 60 % der Wähler. Sie glauben, die Spaltung Links/Rechts sei überholt.[145] Auch wenn der Politologe Luc Rouban trotzdem von einer solchen unveränderten Spaltung der französischen Gesellschaft ausgeht, hat er festgestellt, dass der Anteil der Franzosen, die sich keinem Lager zuordnen, kontinuierlich gewachsen ist: zwischen 2009 und 2021 von 35 auf 41 %.[146] Es ist ein Teilaspekt des wachsenden Misstrauens gegenüber der Politik, welches in Frankreich deutlich stärker als in anderen europäischen Staaten ausgeprägt ist.

Nun ist das Parteiensystem in Frankreich in vier Blöcke aufgeteilt: Renaissance (der neue Name der République en Marche) mit einem kleinen Drittel der Wählerschaft, den Linksradikalen um die France insoumise von Mélenchon, die Rechtspopulisten hinter Marine Le Pen und die Republikaner. Gemäß Verfassung übt Emmanuel Macron sein zweites und letztes Mandat aus. Wer ihm nachfolgen wird, ist unklar. Die traditionellen Regierungsparteien sind im vollen Richtungsstreit, ohne ausgemachte Führungspersönlichkeit. Es ist gut vorstellbar, dass in beiden Parteien das Stechen zwischen verschiedensten Galionsfiguren nicht endet und zur Auflösung ihrer Parteien führt.

Wie sich diese Strömungen entwickeln werden und ob es durch Aufspaltung von Macrons Mitte erneut zu einer klassischen Links-Rechts-Aufteilung kommen wird, bleibt offen. Zwischenzeitlich bereitet sich der Ex-Republikaner Edouard Philippe mit seiner ad hoc gegründeten Partei darauf vor, die Wählerschaft von Macron beim nächsten Rennen (2027)

---

144 Institut für Meinungsumfragen Opinion Way „La transformation politique du vote Macron", 4. Juni 2019
145 Studien IPSOS/SopriaSteria für France Info, „Sociologie des électorats et profil des abstentionnistes", 11. Juni 2017, und „Comprendre le vote des Français", 18. Juni 2017
146 Luc Rouban: „Les raisons de la défiance"

6. Siegt mit Emmanuel Macron nun die politische Mitte?

zu übernehmen. Der Name „Horizons" lässt genauso wenig wie „En Marche" auf eine linke oder konservative Orientierung schließen und dabei die Tür für jeden offen. Seine Partei entspricht dem Streben zur Mitte, wie die Bewegung von Emmanuel Macron und wie es auch in Deutschland zu beobachten ist. Der große Unterschied liegt darin, dass es bis jetzt in Frankreich die radikalen Kräfte – links wie rechts – stärkt, während diese in Deutschland (noch?) in Schach gehalten werden.

7. Wie verständigen wir uns besser in Europa?

Die jeweiligen Parteienlandschaften haben kein natürliches Äquivalent. Dies stimmt auch bei der Europa-Frage. In Frankreich sind diesbezüglich alle Parteien gespalten – mit Ausnahme der Mitte. In Deutschland befürworten die meisten Parteien die europäische Idee, auch wenn deutsche Alleingänge – wie der Atomausstieg oder jüngst das 200 Milliarden Konjunkturpaket – immer häufiger werden. Die ebenfalls unabgestimmte Antwort auf die syrischen Flüchtlingsströme (*„Wir schaffen das"*) half argumentativ nicht nur den deutschen Rechtsradikalen, sondern auch den Osteuropäern und dem Brexit-Lager. Und als 2017 aus Frankreich wieder pro-europäische Töne kamen, war die deutsche Stille deutlich hörbar. Corona, der Ukraine-Krieg und die neue Bundesregierung haben nun diese Haltung korrigiert.

Im konservativen Lager stritten sich die „Bonapartisten" und „Orléanisten" seit den sechziger Jahren. De Gaulle setzte zunächst mit dem deutsch-französischen Freundschaftsvertrag auf einen dritten Weg Europas zwischen den beiden Blöcken. Als dieser Ansatz mit der deutschen Präambel scheiterte, war Schluss mit de Gaulles Begeisterung für Europa und auch dessen Nachfolger, bis in die 90er Jahre. Die Politik des leeren Stuhls sorgte für besondere Aufregung im christdemokratischen Lager. Daran erinnerte 1978 der Disput zwischen Präsident Giscard d'Estaing und seinem Ex-Premierminister Jacques Chirac. Vor den ersten Europaparlamentswahlen von 1979 hatte Chirac im „Appel de Cochin" gegen die „Partei des Auslands" gewettert, indem er in geradezu martialischen Tönen unterstellte, dass VGE und seine Orléanisten die französischen Interessen auf dem europäischen Altar opfern würden, so wie die Kommunisten die für sie immer vorrangigen Interessen der Sowjetunion vertraten.[147]

„Wie immer, wenn es um die Erniedrigung Frankreichs geht, ist die Partei des Auslands mit ihrer friedlichen und beruhigenden Stimme am Werke. Franzosen, hört nicht zu. Es ist das Erstarren vor dem Friedenstod."[148]

Auch der Maastricht-Vertrag spaltete. Die Gaullisten Charles Pasqua und Philippe Séguin machten Wahlkampf gegen den Euro, während die Orleanisten und Chirac (!) sich dafür aussprachen.

Die Partei der Republikaner ist heute noch gespalten. Bei den Primärwahlen war Europa eines der drei Haupt-Themen, neben den Fragen der inneren Sicherheit und der Zuwanderung. In der Stichwahl siegte dann die pro-europäische Valérie Pécresse. Aber ihr Gegner und Europa-Skeptiker Eric Ciotti kam auf immerhin 40 % der Parteistimmen, kündigte an, nicht für Macron zu stimmen, und trieb Pécresse vor sich her. Beide rechtsradikalen Kandidaten (Le Pen und Zémmour) sorgten für den europakritischen Grundtenor. Sogar der Kandidat Michel Barnier, langjähriger EU-Kommissar und Brexit-Verhandler, sah sich veranlasst zu betonen, dass nationales Recht vorrangig sei. Europa-freundliche Republikaner wie der Ex-Premierminister Edouard Philippe oder der Wirtschaftsminister Bruno Le Maire standen an Emmanuel Macrons Seite.

Auch im linken Lager sorgt Europa für Spaltung. Die Kommunisten sind traditionelle Gegner der Europäischen Union. Der linke Flügel der Sozialisten, der jahrzehntelang u. a. von Jean-Pierre Chevènement angeführt wurde, sprach sich mit ihnen gegen den Maastricht-Vertrag aus. Die anderen Sozialisten waren dafür. Diese Auseinandersetzung wiederholte sich 2005 anlässlich der Abstimmung über die EU-Verfassung. Laurent Fabius stand an der Spitze der Verfassungsgegner, während Ségolè-

---

147 Die Bezeichnung soll an den aus London erfolgten Aufruf zum Widerstand gegen Deutschland („Appel du 18 juin") von de Gaulle und somit implizit an den Marschall Pétain erinnern.

148 Brief von Jacques Chirac an die Franzosen, 6. Dezember 1978, *„Comme toujours quand il s'agit de l'abaissement de la France, le parti de l'étranger est à l'œuvre avec sa voix paisible et rassurante. Français, ne l'écoutez pas. C'est l'engourdissement qui précède la paix de la mort."*

7. Wie verständigen wir uns besser in Europa?

ne Royal für die Verfassung warb. Die europaskeptische Linie wird heute von Mélenchon und der France insoumise vertreten.

Diese gespaltenen Meinungen zu Europa stoßen im Europaparlament aufeinander, wo eine Einigung desto schwerer fällt. Mit 177 Abgeordneten sind die Christdemokraten der Europäischen Volkspartei (EVP) die größte Fraktion des Europaparlaments und stellen die (maltesische) Präsidentin des EU-Parlaments Roberta Metsola. 29 deutsche Abgeordnete der CDU/CSU sind hier stärkste, aber bei Weitem nicht dominierende nationale Vertretung, auch wenn sie mit dem Bayern Manfred Weber den Fraktionsvorsitzenden stellen. Nur 8 Franzosen gehören der EVP-Fraktion an, darunter nur eine Christdemokratin. Die sieben anderen französischen Abgeordneten sind Republikaner. Ihnen fällt der Schulterschluss mit den 13 Abgeordneten des Partido Popular und den 11 italienischen Kollegen der Forza Italia um Silvio Berlusconi wahrscheinlich leichter als das mit der CDU/CSU. Dass die französischen Republikaner Teil der EVP geworden sind, war schlicht eine machtpolitische Entscheidung. Die französischen Christdemokraten waren zwar natürliche Gründungspartner der EVP, aber keine Partner auf Augenhöhe für die deutschen Christdemokraten. Deshalb wurden die zuvor so europaskeptischen Gaullisten ab 1999 in die Fraktion aufgenommen. Dies führte zu solch intensiven Debatten innerhalb der gaullistischen Partei (damals noch RPR), dass Philippe Seguin aus dem Präsidium ausschied, weil er den viel zu pro-europäischen Kurs der EVP nicht mittragen wollte. An seine Stelle wurde Nicolas Sarkozy gewählt.

Die Sozialdemokraten sind mit 144 Abgeordneten die zweitgrößte Fraktion. Deutsche und französische Vertreter sind hier deutlich in der Minderheit. Am stärksten vertreten sind die Spanier (21 Abgeordnete des PSOE), gefolgt von den 17 Italienern des Partito Democratico (PD). Die 16 deutschen Sozialdemokraten treffen hier auf (nur noch) sechs französische Vertreter der PS.

Anders ist es bei der liberalen Fraktion, der En Marche (jetzt Renaissance) seit 2017 angehört. Um in Frankreich nicht in „liberalen Verruf" zu geraten, wurde die Fraktion Allianz der Liberalen und Demokraten (ALDE) 2017 zu Renew Europe umbenannt. Mit 24 Abgeordneten sind die Franzosen von En Marche mit großem Abstand die wichtigste nationale Gruppe der 102 Abgeordnete starken Fraktion, der auch die sieben Abgeordneten der FDP und die acht spanischen Ciudadanos-Abgeordneten angehören.

Die 77 Abgeordnete starke Fraktion der Grünen ist die einzige, bei welcher deutsche und französische Abgeordnete zusammen auf eine relative Mehrheit innerhalb der Fraktion kommen: 25 deutsche Grüne tagen mit 12 Grünen aus Frankreich zusammen.

Die Vertreter beider radikalen Extreme finden in ihren europaskeptischen Haltungen zueinander. Dies gilt für die 19 Abgeordneten des Rassemblement national, die in derselben Fraktion „Identität und Demokratie" wie die 9 Abgeordneten der AfD sitzen, aber auch für die sechs Vertreter der Linken, die mit den 6 Vertretern der France insoumise in einer Fraktion sitzen.

Das gemeinsame Agieren fällt bei all diesen Unstimmigkeiten der Parteienstrukturen schwer, ebenfalls im Europaparlament, wo diese sich widerspiegeln. Auch deshalb wurde die Notwendigkeit empfunden, eine neue „Brückenstruktur" ins Leben zu rufen. Mit dem Aachener Vertrag wurde die Deutsch-Französische Parlamentarische Versammlung gegründet, die am 25. März 2019 zum ersten Mal tagte. Die Versammlung ist beauftragt, über den deutsch-französischen Freundschaftsvertrag und gemeinsame Projekte zu wachen, mit Blick auf eine Vertiefung der Europäischen Union:

> *„in Würdigung der Vertiefung der Beziehungen zwischen Deutschland und Frankreich (…), von dem Wunsch geleitet, (…) die Arbeitsmethoden des Deutschen Bundestages und der Assemblée nationale einander anzunähern, in dem Bestreben, eine Konvergenz der Standpunkte Deutschlands und Frankreichs auf europäischer Ebene zu erreichen, um die Integration innerhalb der Europäischen Union in allen Bereichen zu fördern."*

Die Befugnisse der Versammlung, welche aus 50 deutschen und 50 französischen Parlamentariern besteht und unter dem doppelten Vorsitz der beiden Parlamentspräsidenten steht, sind weitreichend:

7. Wie verständigen wir uns besser in Europa?

„Sie begleitet die Deutsch-Französischen Ministerräte; zu diesem Zweck fordern der Deutsche Bundestag und die Assemblée nationale ihre jeweiligen Regierungen auf, über diese umfassend und frühzeitig zu unterrichten sowie regelmäßig über den Stand der Umsetzung der bei diesen Räten gefassten Beschlüsse zu berichten;
sie begleitet die Arbeit des Deutsch-Französischen Verteidigungs- und Sicherheitsrats;
sie begleitet die internationalen und europäischen Angelegenheiten von gemeinsamem Interesse, insbesondere die gemeinsame europäische Außen-, Sicherheits- und Verteidigungspolitik;
sie formuliert Vorschläge zu Fragen, die die deutsch-französischen Beziehungen betreffen, mit dem Ziel, eine Konvergenz des deutschen und des französischen Rechts anzustreben.

Was unter „Begleitung" verstanden wird, wird sich noch herausstellen. Drei – nur drei (!) – Arbeitsgruppen wurden ins Leben gerufen. Die Arbeitsgruppen „*Disruptive Innovationen und künstliche Intelligenz*" und „*European Green Deal*" haben auch konkrete Empfehlungen formuliert, die aber schon über ein Jahr zurückliegen.[149]

Enttäuschend ist, dass nach zwei Jahren nichts über erreichte Erkenntnisse zu den doch sehr ehrgeizigen Zielen der dritten Arbeitsgruppe Außen- und Verteidigungspolitik zu lesen ist. Wie richtig es war, dieses Themenfeld zu priorisieren, ist spätestens mit dem Ukraine-Krieg sichtbar geworden. Die Arbeitsgruppe soll

---

149 Deutsch-Französische Parlamentarische Versammlung, Beschluss vom 21. Januar 2021 *„Wir müssen jetzt unsere Innovationsfähigkeit, technologische und digitale Souveränität erhöhen, um für zukünftige Krisen besser gewappnet zu sein. Wir müssen jetzt die Konjunkturpakete nutzen, um damit eine nachhaltige, klimaneutrale Wirtschaft aufzubauen, die die Grenzen unseres globalen Ökosystems achtet. Und wir müssen diesen Aufbruch in enger europäischer Zusammenarbeit organisieren."*
Deutsch-Französische Parlamentarische Versammlung, Beschluss vom 28. Juni 2021: Es müssen *„Herkunftskennzeichnung von Lebensmitteln auf europäischer Ebene weiterentwickelt werden, sodass die Wortschöpfung unserer heimischen Landwirtschaft und Transportwege für die Verbraucher sichtbarer wird",* die Wasserstoffenergie *„die Produktion neuer Elektrolyseure unterstützt wird und ein Fahrplan für den Einsatz von Wasserstoff bei Industrieprozessen und bei den schweren Mobilitätsarten festgelegt wird."*

> „untersuchen, welche jeweiligen nationalen Interessen handlungsleitend sind, wie die jeweiligen Entscheidungs- und Führungsstrukturen organisiert sind, wie ein gemeinsames strategisches Denken und Handeln entwickelt werden kann, in welchen militärischen Einsatzszenarien eine weitere deutsch-französische Zusammenarbeit denkbar wäre und welchen Beitrag die politische und militärische Zusammenarbeit zwischen Deutschland und Frankreich für die Weiterentwicklung der gemeinsamen Außen- und Sicherheitspolitik der Europäischen Union leisten kann."[150]

Schade, dass dazu gar nicht berichtet wird.[151] Diese Versammlung muss aufpassen, nicht zu einer weiteren Instanz zu werden, in welcher lediglich die deutsch-französische Freundschaft beschworen wird, es aber zu keinen Handlungen kommt. Ob sie die deutsch-französische Beziehungen beflügeln wird, bleibt abzuwarten. Sie trägt auf jeden Fall dazu bei, weil sich 100 Abgeordnete beider Länder nun viel regelmäßiger austauschen und zum Beispiel eine bessere Einordnung der Wahlergebnisse ermöglichen.

Wie soll es weitergehen?

Der wiedergewählte Emmanuel Macron trifft auf eine erstmalige Koalition von SPD, Grünen und FDP. Beide Seiten wollen sich verstärkt für Europa einbringen. Der Vorteil eines zweiten – und somit letzten – Präsidentschaftsmandats ist, dass Macron sich nun ausschließlich und ganze fünf Jahre lang auf seine Rolle in der Geschichte Frankreichs und Europas konzentrieren kann – ein Anliegen für jemanden wie ihn, der großes Interesse für Geschichtsverläufe zeigt!

Seinerseits hat Bundeskanzler Olaf Scholz angekündigt, mehr Europa zu wagen und „Zusammenführen und zusammen Führen" zu wollen. Dies lässt hoffen, dass es zu einem größeren Schulterschluss mit Frankreich kommen kann.

Wachsende Wahlenthaltung und ein steigendes Interesse an populistischen Angeboten sind Ausdruck des wachsenden Gefühls der Ausgrenzung und Frustration. Globalisierung und der sich beschleunigende Wandel (Stichwort Digitalisierung) können zum außerparlamentarischem Protest führen, wie es in Frankreich mit der Bewegung der Gelbwesten der Fall ist.

---

150 Homepage der Versammlung am 8. April 2022
151 Stand auf der Homepage des Deutschen Bundestags am 9. August 2022

7. Wie verständigen wir uns besser in Europa?

Es ist eine deutsch-französische Aufgabe, die Gunst der Wähler zurückzugewinnen. Dafür muss die Politik sich stärker um das Wohlbefinden bzw. Glück der Bürger sorgen und die Zufriedenheitssteigerung zur gemeinsamen Priorität machen.

Kapitel 4:
Glück als eigentliches Maß eines Volkes

> *„Was ist Glück, wenn nicht die einfache*
> *Übereinstimmung zwischen einem Menschen*
> *und dem Leben, das er führt?"*[152]
>
> Albert Camus

Zu Beginn eines Jahres wünschen wir uns ein frohes und glückliches neues Jahr, *une bonne et heureuse nouvelle année*! Politikern geht es nicht anders. Und sie sollten sich jeden Morgen fragen: Wie kann ich meine Wähler glücklicher machen?

Ideologien, Religionen und auch Verfassungen versprechen uns dieses Ziel zu erreichen. So steht einführend in der „Erklärung der Menschen- und Bürgerrechte" vom 26. August 1789:

> *„damit die Ansprüche der Bürger, fortan auf einfache und unbestreitbare Grundsätze begründet, sich immer auf die Erhaltung der Verfassung und das Allgemeinwohl richten mögen."*

Die französische Verfassung bezieht sich in ihrer Präambel explizit auf die Menschenrechtserklärung: Das Allgemeinwohl zu sichern, hat somit grundlegenden Verfassungsrang. Nicht in Deutschland. Im Grundgesetz werden die Grundrechte ganz zu Beginn, im ersten Kapitel, in 19 Artikeln detailliert aufgezählt. Die Würde des Menschen ist unantastbar, die Woh-

---
152 *„Qu'est-ce que le bonheur sinon le simple accord entre un être et l'existence qu'il mène?"*

nung unverletzlich, es besteht das Recht, seinen Beruf frei auszuwählen, das Briefgeheimnis und die Meinungs- und Pressefreiheit müssen gesichert werden usw. ... Das Glück bzw. das Allgemeinwohl zählt aber nicht dazu.

Auch die Unabhängigkeitserklärung der Vereinigten Staaten setzt das Verfolgen des Glücks als oberstes Ziel:

> *„Wir halten diese Wahrheiten für selbsterklärend, dass alle Menschen gleich geschaffen wurden, dass sie von ihrem Schöpfer mit einigen unabdingbaren Rechten ausgestattet wurden, zu denen Leben, Freiheit und die Verfolgung des Glücks gehören."*[153]

Am anderen Ende des politischen Spektrums ist es nicht anders. Karl Marx definierte die kommunistische Gesellschaft ähnlich wie der französische utopische Sozialist Louis Blanc: Kommunismus ist eine Zeit, in der *„jeder nach seinen Fähigkeiten, jeder nach seinen Bedürfnissen"* leben kann. Der Kommunismus – das Stadium in welchem die Menschen all ihre Bedürfnisse befriedigen – dürfte dem wunschlosen Glück ziemlich nahekommen.

Einem ersten Versuch, Fortschritte in der Erreichung dieses Ziels zu messen, verdanken wir der kleinen konstitutionellen Himalaya-Monarchie Bhutan. Sie führte 2008 das BruttoNationalGlück (Gross National Happiness) ein. Um dieses zu ermitteln, werden Tausende Bürger nach 33 unterschiedlich gewichteten Kriterien per Zufallsprinzip zu ihrem objektiven und subjektiven Befinden befragt. Dazu zählen Lebenszufriedenheit, Gesundheitszustand, aber auch Zeitnutzung, Bildung, kulturelle und ökologische Vielfalt. Auch die Regierungsführung und die Lebensstandards werden bewertet. Bei der dritten Befragung 2015 waren die beiden Extreme bei den Antworten ausgeglichen: 8,4 % der Bevölkerung bewertete sich als zutiefst glücklich und 8,8 % als unglücklich. Die zwei mittigen Antworten zeigen einen Überhang der nur mäßig Zufriedenen: 35,0 % waren weitestgehend glücklich, 47,9 % aber nur eingeschränkt glücklich.

Zufriedenheit hat konkrete Auswirkungen auf das Wahlverhalten. Einerseits beobachten wir eine wachsende Wahlenthaltung, je jünger der

---

153 „*We hold these truths to be self-evident, that all men are created equal, that they are endowed by their Creator with certain unalienable Rights, that among these are Life, Liberty and the pursuit of Happiness ...*"

Wähler ist, desto höher. Andererseits kommt es nach wie vor zu politischen (Protest-)Bewegungen. Auf die 68er-Revolte folgten die deutschen Ostermärsche, die französischen Demonstrationen für die freie Schulwahl, die 1984 allein in Paris über eine Million Menschen auf die Straße riefen, und jüngst die Gelbwesten oder die „Fridays for future"-Kundgebungen. Wenn starke Interessen tangiert sind, drückt sich die Bevölkerung also nach wie vor aus, ohne jedoch zwangsläufig den Weg zum Wahllokal einzuschlagen bzw. das politische Angebot zu akzeptieren. Eine in Frankreich mögliche Protestform bei Wahlen ist es, einen weißen Wahlzettel (sogenannter „vote blanc") abzugeben: Über zwei Millionen Franzosen sind bei den letzten Präsidentschaftswahlen zum Wahllokal gegangen und haben einen weißen Zettel in die Urne gelegt. Was für ein Zeichen der Unzufriedenheit! Wie es Maik Bohne formuliert, haben Wähler „*das Gefühl, politisch wirkungslos zu sein. Was sie sich wünschen, sind größere Ehrlichkeit, Glaubwürdigkeit und Problemlösungskompetenz von Parteien und Politikern.*"[154] Französische Politologen haben (Un-)Zufriedenheit als den Faktor mit der größten Trennschärfe zwischen Wählern von Emmanuel Macron und Marine Le Pen ausgemacht: Die „Unglücklichen" wählten die Rechtspopulistin.[155]

Es ist Zeit, dass Politik über Wachstumsfragen hinaus qualitative Faktoren unseres Lebens in den Vordergrund stellt und deren Messung zur Bewertung der Politik wird.

Seit den sechziger Jahren wird in der Wissenschaft ein verstärktes Augenmerk auf qualitative Faktoren des Lebens gelegt, um das in den dreißiger Jahren durch Simon Kuznets entwickelte Bruttoinlandsprodukt (BIP) zu ergänzen.[156] Schon 1934 meinte Kuznets: „*Der Wohlstand einer Nation kann kaum mit der Messung des Nationaleinkommens im Sinne*

---

154 Maik Bohne, „Nichtwähler in Deutschland – Analyse und Perspektiven"
155 Yann Algan, Elizabeth Beasley, Daniel Cohen, Martial Foucault, „Les origines du populisme. Enquête sur un schisme politique et social"
156 Kuznets studierte in Charkiw (traurig berühmt seit Ausbruch des Ukraine-Kriegs), bevor er in die USA auswanderte und das Studium an der Columbia University abschloss. 1971 erhielt er den dritten (erst seit 1969 verliehenen) Nobelpreis für Wirtschaftswissenschaften „*für seine erfahrungsmäßig gefundenen Erklärungen von wirtschaftlichem Wachstum, welche zu neuen und vertieften Einsichten in die wirtschaftlichen und sozialen Strukturen und Entwicklungsprozesse führten.*"

des BIPs gleichgestellt werden". Und fügte 1962 hinzu: *"Die Unterschiede zwischen quantitativem und qualitativem, kurz- und langfristigem Wachstum müssen uns bewusst sein. Ziele für mehr Wachstum sollten angeben, mehr Wachstum wovon und wofür."*[157]

Je wohlhabender der Mensch – oder gar eine Gesellschaft –, desto mehr gewinnen qualitative Faktoren an Bedeutung. Dies beobachtete der vor Kurzem verstorbene amerikanische Soziologe Ronald Inglehart zu Beginn der siebziger Jahre und stellte auch eine starke Korrelation zwischen Demokratie und Wohlbefinden fest. So ist es auch innerhalb unserer Gesellschaften: Je ärmer, desto relativ bedeutender ist der Einkommenszuwachs („economic gains"), und je reicher, desto mehr gewinnen sogenannte „Lifestyle"-Faktoren an Bedeutung.[158]

Schenkt man dem Spruch *„Leben wie Gott in Frankreich"* Glauben, kämen bzw. kamen die Franzosen, zumindest aus deutscher Sicht, diesem Ziel nah. Im deutschen Sprachgebrauch ist der Spruch so stark verankert, dass Autoren wie Ulrich Wickert bei der Titelwahl (*„Und Gott schuf Paris"*) darauf anspielen.[159] Die französische Sprache scheint dies zu bestätigen. Der Begriff des „bien-être" ist so geläufig, wie es der Begriff des „wellbeing" für die Angelsachsen ist. Ob dies auch so für Deutsche ist, bleibt offen. Die Begrifflichkeiten sind in Deutschland bei Weitem nicht so etabliert und geläufig wie in der englischen oder französischen Sprache. Mit Allgemeinwohl wird das Wohlergehen *aller* gemeint. Wohlbefinden, bzw. das Wohlergehen bedeutet *„gutes körperliches, seelisches Befinden"* des Einzelnen und entspricht der französischen Definition des *„bien-être".*[160]

---

157 *„The welfare of a nation can scarcely be inferred from a measurement of national income as defined by the GDP."* (1934) *„Distinctions must be kept in mind between quantity and quality of growth, between its costs and return, and between the short and the long term. Goals for more growth should specify more growth of what and for what."* (1962), EU-Kommission, Internetseite, 15. Juni 2022

158 Ronald Inglehart (1934–2021) war Professor an der University of Michigan und Gründer der Datenbank World Values Survey. Er erhielt 2011 den Johan-Skytte-Preis der Universität Uppsala, die bedeutendste Auszeichnung der Sozialwissenschaften.

159 Der damalige ARD-Korrespondent und spätere Tagesthemen-Moderator veröffentlichte seinen Bestseller 1993 bei Hoffmann und Campe.

160 Die französischen Verfassungsrichter haben das Glück („bonheur") mit Allgemeinwohl übersetzt. Die Definition des „bien-être" im Littré – dem französischen Pendant

Wir wissen, dass das BIP – so sehr dieses auch steigen mag – zumindest in entwickelten Ländern kaum eine Bedeutung für die Qualität des Alltags hat, entwickeln aber sehr wohl ein Gefühl dafür, was die Lebensqualität verbessern könnte. Seit einem halben Jahrhundert werden Instrumente entwickelt, um über den Wohlstand hinaus auch unser Wohlbefinden besser zu verstehen und zu messen. Es muss der Politik noch gelingen, ein Indiz zu finden, mit welchem ihr Handeln im Sinne eines besseren Lebens leicht bewertet werden kann.

1. Das BIP ist (k)ein Maß aller Dinge

Mitte der sechziger Jahre kritisierte der französische Philosoph und Ökonom Bertrand de Jouvenel den BIP-Fetischismus anhand eines einfachen Beispiels: Notre-Dame de Paris hat im BIP keinen Wert. Sie würde nur dann im Sinne des BIP wertvoll, wenn sie beispielsweise in ein Parkhaus umgebaut würde, weil nur dann das BIP wächst. Die jüngste Tragödie macht es erneut deutlich. Im BIP haben die Schäden durch den verheerenden Brand von Notre-Dame keinen Einfluss, nur ihr Wiederaufbau.

Robert Kennedy, der jüngere Bruder des Präsidenten John F. Kennedy, kritisierte den BIP-Ansatz sehr zutreffend zwei Tage, nachdem er zum demokratischen Präsidentschaftskandidaten aufgestellt wurde:

„Anscheinend haben wir zu sehr und seit zu Langem persönliche Vervollkommnung und Gemeinschaftswerte zugunsten schierer Anhäufung materieller Werte aufgegeben. Unser Bruttonationaleinkommen beträgt jetzt über 800 Milliarden Dollar pro Jahr, aber dieses Bruttonationaleinkommen – wenn wir die USA daran messen – enthält Luftverschmutzung und Zigarettenwerbung, Krankenwagen, die das Blutbad unserer Autobahnen aufräumen. Es beinhaltet Spezialschlösser für unsere Türen und Gefängnisse für die Leute, die sie aufbrechen. Es rechnet aber nicht die Zerstörung des Mammutbaums mit ein und den Verlust unserer Naturwunder durch chaotische Zersiedelung. Es rechnet Napalm, Atomspreng-

---

des Dudens – unterscheidet nicht zwischen Glück des Einzelnen und aller Bürger: „État du corps ou de l'esprit dans lequel on sent qu'on est bien."

köpfe und Panzerwagen für die Polizei im Kampf gegen Aufstände in unseren Städten mit ein. Es rechnet ‚Whitmans' Gewehr [Charles Whitman war ein Massenmörder] und ‚Specks' Messer [Richard Speck war ein Amokläufer] mit ein. Ebenso Fernsehprogramme, die Gewalt verherrlichen, um unseren Kindern Spielzeug zu verkaufen.

Aber das Bruttonationaleinkommen kennt keinen Platz für die Gesundheit unserer Kinder, die Qualität ihrer Erziehung oder ihre Freude beim Spiel. Es beinhaltet weder die Schönheit unserer Poesie noch die Stärke unserer Ehen, weder die Intelligenz unserer öffentlichen Debatte noch die Integrität unserer öffentlichen Amtsträger. Es misst weder unsere Schlagfertigkeit noch unseren Mut, weder unsere Weisheit noch unser Lernen, weder unser Mitgefühl noch unsere Hingebung für unser Land. Kurzum: Es misst alles außer dem, was das Leben lebenswert macht. Und es kann uns alles über Amerika sagen – ausgenommen, warum wir stolz sind, Amerikaner zu sein."[161]

Es war der Zeitgeist nach den Studentenrevolten am Ende der 60er Jahre. Im selben Jahr wurde der Verein „Club of Rome" gegründet, der sich zum Ziel setzte, *„für eine lebenswerte und nachhaltige Zukunft der Menschheit zu kämpfen"*. Seine erste Studie *„Grenzen des Wachstums. Bericht des Club of Rome zur Lage der Menschheit"*[162] erschien vier Jahre später und hatte mit über 30 Millionen verkauften Exemplaren weltweit einen riesigen Erfolg, der auch mit dem Friedenspreis des Deutschen Buchhandels 1973 in der Paulskirche in Frankfurt gekrönt wurde. Die herrschende Logik des Wachstums wurde hinterfragt und kam zur Kernaussage:

„Wenn die gegenwärtige Zunahme der Weltbevölkerung, der Industrialisierung, der Umweltverschmutzung, der Nahrungsmittelproduktion und der Ausbeutung von natürlichen Rohstoffen unverändert anhält,

---

[161] Robert Kennedy, Rede an der University of Kansas, 18. März 1968 (Originaltext *siehe* **Anlage 12**)

[162] Donella Meadows, Jørgen Randers, Dennis L. Meadows, William H. Behrens, „The limits to growth. A Report for the Club of Rome's Project on the Predicament of Mankind"

werden die absoluten Wachstumsgrenzen auf der Erde im Laufe der nächsten hundert Jahre erreicht."

Der Ökonom Galbraith drückte die Absurdität des Wachstumsglaubens im Harvard Energy Report mit seiner Bemerkung wie folgt aus: „*Wenn der letzte Mensch auf Erden ein letztes Mal an seiner letzten Zigarette gezogen hat, ist das BIP um eine letzte Einheit gewachsen.*"

Die Zuversicht, dass es der nächsten Generation besser gehen wird, wurde in den sechziger Jahren in Frage gestellt und ging mit der Ölkrise der 70er Jahre verloren. Die demografische Explosion trägt heute noch zur Festigung dieses Eindrucks bei. Ende der sechziger Jahre lebten 3,5 Milliarden, heute acht Milliarden Menschen auf der Erde. In 30 Jahren könnten es zehn sein.

Die extreme Dürre im Sommer 2022, die sich häufenden Umweltkatastrophen – von der Bucht von Arcachon bis zum Ahrtal – rücken immer stärker in das allgemeine Bewusstsein, dass Wirtschaftswachstum und Umweltschonung verträglich sein müssen.[163] Es fehlen aber regelmäßige politische Warnsignale.

Auch Greta Thunberg und ihrer Bewegung „Fridays for future" ist es zu verdanken, dass Umweltthemen wieder eine größere Aufmerksamkeit haben. Ihr Ausruf „*How dare you?*" vor der Generalversammlung der Vereinten Nationen wirkt nach ...

> „*Wie konntet Ihr es wagen, meine Träume und meine Kindheit zu stehlen mit Euren leeren Worten? Wir stehen am Anfang eines Massenaussterbens und alles, worüber Ihr reden könnt, ist Geld und die Märchen von einem für immer anhaltenden wirtschaftlichen Wachstum – wie könnt Ihr es wagen? Wenn Ihr die Situation wirklich verstehen würdet und uns immer noch im Stich lassen würdet, dann wärt Ihr grausam, und das weigere ich mich zu glauben. Wie könnt Ihr es wagen zu glauben, dass man das lösen kann, indem man so weiter macht wie bislang*

---

[163] Im Juli 2022 wurden über 20.000 Hektar Wald in der Bucht von Arcachon sowie 5 Campingplätze zerstört. 6.000 Menschen mussten evakuiert werden. 2021 forderte die Flut im Ahrtal 134 Opfer.

– und mit ein paar technischen Lösungsansätzen? (…) Die Welt wacht auf und es wird Veränderungen geben, ob Ihr es wollt oder nicht."[164]

Und es geht um mehr als „nur" um Umweltschonung. Der amerikanische Ökonom Jeffrey Sachs[165] behauptet zu Beginn des allerersten „World Happiness Report", dass

> „Glück (bzw. *Zufriedenheit) durch angepasste Lebensstile und Technologien gesteigert werden könne bei gleichzeitiger Reduzierung etwaiger Umweltschäden.* Nachhaltige Entwicklung *ist der Begriff, mit welchem menschliches Wohlbefinden, soziale Inklusion und Umweltnachhaltigkeit kombiniert werden.*"[166]

Zur qualitativen Bewertung wurde ein wesentlicher Baustein mit der Messung des Glücks durch die niederländischen Universitäten Rotterdam und Tilburg geliefert, die zur Bewertung der Lebenszufriedenheit durch die EU im neuen Jahrtausend führen sollten.

2. Die qualitative Bewertung des eigenen Lebens

Ruut Veenhoven von der Erasmus-Universität Rotterdam stellte 1984 seine Datenbank zur Zufriedenheit der Menschen in verschiedenen Ländern vor, die seit 1998 im Internet zur Verfügung steht. Gemeinsam mit Ron Inglehart befragte Veenhoven statistisch repräsentative Teile der Bevölkerung zu ihrer Zufriedenheit. Die zugrunde gelegte Definition von Glück ist

> „*die subjektive Zufriedenheit seines Lebens als Ganzes.* (…) *Die subjektive Einschätzung des Leben als Ganzes wird typischerweise in Befragungen über eine einzige Frage erhoben, bei der die Befragten gebeten werden, auf einer numerischen Skala ihre Lebenszufriedenheit anzugeben. Eine*

---

164 Rede von Greta Thunberg vor den Vereinten Nationen am 23. September 2019
165 Jeffrey Sachs leitet das Earth Institute der Universität Columbia in New York und ist Direktor des UN Sustainable Development Solutions Network.
166 John Helliwell, Richard Layard, Jeffrey Sachs, „World Happiness Report 2012"

2. Die qualitative Bewertung des eigenen Lebens

typische Frage in Befragungen ist beispielsweise: ‚Wie zufrieden sind Sie gegenwärtig, alles in allem, mit Ihrem Leben?'"[167]

Die meisten befragten Menschen der 160 Staaten bewerten ihr Glück mit mindestens 6 auf einer Skala von 0 bis 10. Nur in sechs Ländern wird ein Wert von 8 und mehr erreicht, Dänemark belegt mit 8,2 den Spitzenplatz der sechs Länder mit einem Wert über 8, gefolgt von Mexiko und Kolumbien. Die so unterschiedlichen drei Spitzenländer zeigen, wie relativ die Glücksbetrachtung ist: Jede Bevölkerung setzt ihre eigenen Maßstäbe. Die Betrachtung ändert sich nicht nur geografisch, sondern ebenfalls mit der Zeit. Während vor 10 Jahren Frankreich den damals kranken Mann Europas, Deutschland, wirtschaftlich auf- und sogar überholte und das Glücksempfinden der Franzosen das der Deutschen einholte, hat sich das Blatt seitdem gedreht.

Heute belegt Frankreich nur den 62. Platz, hinter China und Venezuela (!) mit einem in den letzten zehn Jahren kaum veränderten Wert von 6,8. Deutschland ist hingegen auf Platz 26 mit einem weiterhin steigenden Wert von 7,4. Die Vermutung liegt nah, dass die Verbesserung der deutschen Laune auf die bessere Aufstellung im Zuge der Agenda-2010-Reformen und die rückläufige Arbeitslosigkeit zurückzuführen ist, während Frankreich unter der Desindustrialisierung und der sozialen Schwächung leidet, die in der Protestbewegung der Gelbwesten gipfelte. Nicht nur das, wie wir später sehen werden.

Die Kombination des Happy Life Index und der Lebenserwartung ergibt die „glücklichen Jahre": Deutsche genießen 60, die Franzosen 55 glückliche Jahre. Zu guter Letzt werden diese Glücksjahre noch um einen „Glücksspreizungsfaktor" korrigiert: Wie groß sind die Unterschiede zwischen den glücklichsten und unglücklichsten Menschen im Land? Beide Länder gewinnen einige Plätze, bleiben jedoch auf Distanz zu den Klassenbesten. Deutschland steigt auf den 19. Platz, Frankreich auf Rang 54 in Begleitung von Estland, Rumänien und dem Königreich Bhutan.

---

[167] „the subjective enjoyment of one's life as a whole", Worlddatabaseofhappiness.eur.nl, 1. Juli 2022

Das Meinungsforschungsinstitut Gallup hat einen viel umfassenderen Ansatz und befragt zu vier Bereichen, die nunmehr in jeder Bestandsaufnahme zum Glücksempfinden einer Bevölkerung enthalten sind.

Es wird das *eigene Leben* (life evaluation) mit Fragen zur Selbsteinschätzung der aktuellen und zukünftigen Lebenssituation bewertet. Darüber hinaus wird die *emotionale Gesundheit* (emotional health) ermittelt: wurde in jüngster Vergangenheit gelacht/gelächelt, wurde der Befragte respektvoll behandelt. Es wird auch nach Spaß, Freude, Sorgen, Traurigkeit, Ärger, Depression und Stress gefragt und ob etwas Interessantes gelernt oder getätigt wurde.

Die *körperliche Gesundheit* (physical health) umfasst die Krankheitstage des vergangenen Monats, Fettleibigkeit, das Gefühl des Erholt seins und den persönlichen Energiezustand. Um zu wissen ob die Person sich *gesund verhält* (healthy behavior), wird gefragt, ob sie raucht, sich gesund ernährt, wöchentlich Obst und Gemüse verzehrt und ob sie sich wöchentlich sportlich betätigt. Zum *Arbeitsumfeld* wird die Zufriedenheit bei der Arbeit, die Möglichkeit, seine Stärken bei der Arbeit einzubringen, das Verhältnis gegenüber dem Vorgesetzten (eher wie ein Chef oder wie ein Partner) und zum Arbeitsumfeld selbst eingeschätzt. Unter *„basic access"* wird schließlich die gesellschaftliche Integration verstanden. Wie zufrieden ist man mit der Wohngegend oder seiner Region, verbessern sich die Lebensbedingungen in seinem Umfeld, wie sind die Wasserqualität, die medizinische Versorgung, das Sicherheitsempfinden, wie günstig sind Obst und Gemüse, fühlt man sich beim nächtlichen Spaziergang sicher, ist genügend Geld für Lebensmittel, wurde vor Kurzem ein Zahnarzt konsultiert und wie leicht zugänglich sind Ärzte und Krankenkassen?

Die Skandinavier standen 2021 ganz vorne der mittlerweile 146 bewerteten Staaten, Deutschland auf Rang 14 und Frankreich auf Rang 20, nach Belgien. Bei Franzosen fehlt es an sozialer Inklusion, bei Deutschen an Unterstützung durch das nicht-familiäre Umfeld, was sich geradezu Corona-Zeiten besonders negativ ausgewirkt hat und erklärt, dass sie vom siebten auf den 14. Rang gefallen sind. Gemäß World Values Survey erfahren Franzosen weniger glückliche Jahre, was sich bei Gallup durch weniger positive Erfahrungen bestätigt. Diese bleiben aber auch in der Krisenzeit doppelt so vielfach wie negative Erfahrungen. Dafür verfügen sie über deutlich mehr gesunde Jahre als Deutsche. In Fragen Großzügigkeit können beide von Indonesien lernen, mit Abstand Spitzenreiter. *(Siehe Anlage 13)*

Die European Values Study (EVS) der Universität Tilburg liefert einige Gründe für diese Bestandsaufnahme, dank ihrer Befragung – alle neun Jahre (!) – von mindestens 1.200 volljährigen Personen pro Land. Die Befragung legt erhebliche Unterschiede offen. Franzosen haben eine ausgeprägte Politikverdrossenheit und legen in der EVS-Studie deutlich weniger Wert auf soziale Bindungen. Ihre Politikverdrossenheit ist ausgeprägter. Sie nehmen nur halb so viel am Vereinsleben teil, egal ob es sich um einen Sport- oder Kulturverein handelt. Anders als die Deutschen halten sie sich auch von Berufsgenossenschaften und Sportvereinen fern. Nur 5 % der Franzosen sind Mitglied einer kirchlichen Bewegung. In Deutschland sind es 34 %. Auch die Hochzeit bezeichnen 36 % der Franzosen aber nur 20 % der Deutschen als nicht mehr zeitgemäß.

Im Nachbarschaftsverhältnis haben Deutsche und Franzosen keine Vorbehalte gegenüber anderen Rassen, ganz anders als es z. B. in der Türkei der Fall ist. Das Vertrauen zu Mitgliedern der Familie oder Bekannten ist in beiden Ländern groß. Zurückhaltender sind sie schon bei Nachbarn (zehn Prozentpunkte weniger als die Niederländer) und 10 % weniger Deutsche als Franzosen (20 Prozent weniger als Schweden!) glauben Ausländern oder Angehörigen anderer Religionen vertrauen zu können. Sie fürchten, dass Ausländer Ursache erhöhter Kriminalität sind und fürchten die Plünderung des Sozialsystems, während Franzosen Ausländer als Bedrohung für ihre Jobs sehen.

Auch in der Arbeitswelt erscheinen große Unterschiede. Arbeit ist für Deutsche -anders für Franzosen- eine gesellschaftliche Pflicht, erwarten im Gegenzug gute Arbeitszeiten und dass ihr Talent gefördert wird. Für Franzosen kommt es eher darauf an etwas erreichen zu können und ein gutes Gehalt wird als Bedingung einer glücklichen Ehe gesehen. Das Rollenverständnis bleibt bei Deutschen traditionell geprägt: 10 % mehr Deutsche meinen die Familie würde darunter leiden, wenn die Frau Vollzeit arbeitet und erklärt die immer noch währenden Schwierigkeiten eine ganztägige Kinderbetreuung einzuführen. Dass die Deutschen zum Zeitpunkt der Befragung kaum eine Notwendigkeit sahen ihr Land zu verteidigen hat sich (hoffentlich) mit dem Ukraine-Krieg an die Haltung der Franzosen angenähert: 20 % mehr Franzosen sehen dies als erforderlich. *(Siehe Anlage 14)*[168]

Auch die Europäische Union misst seit 2003 die Zufriedenheit ihrer Bürger. Die Stiftung für die Verbesserung der Lebens- und Arbeitsqualität *Eurofound* führt regelmäßig Befragungen zur Lebensqualität in allen EU-Ländern durch.[169] Diese zeigen, dass Corona tiefe Spuren hinterlässt. Die Zufriedenheit ist in allen EU-Staaten insgesamt stark gesunken, mit Ausnahme des Schlusslichts Griechenland, wo sie gestiegen ist. Die größte Zufriedenheit herrscht in Skandinavien. Deutschland erzielt leicht überdurchschnittliche Ergebnisse und belegt den 10. Platz unter den EU-Staaten, gleichauf mit Spanien, Italien und Malta. Frankreich wiederum belegt nur den 19. Platz, auf Augenhöhe mit Polen.

Bedrückend für die Franzosen ist, dass sie kein Vertrauen in die Zukunft haben, weder für ihr Land noch für sich selbst oder ihre Kinder und Enkel. Nur 20 % zeigen sich zuversichtlich für ihre Zukunft. Zweimal mehr Franzosen als Deutsche befürchten, ihren Job in den kommenden sechs Monaten zu verlieren. Auch das Vertrauen der Deutschen ist beschränkt, denn nur ein Drittel zeigt sich optimistisch. In Dänemark glauben zwei Drittel der Bevölkerung an eine gute Zukunft! Bei einer vorherigen Befragung des Jahres 2016 bemängelten Franzosen die Qualität der Bildung und ihres Lebensstandards. Es wird z. B. die Feuchtigkeit an Wänden und Dach ihrer Wohnung doppelt so oft wie in Deutschland bemängelt. Bei öffentlichen Dienstleistungen sehen Franzosen starke Defizite beim Zugang zu öffentlichen Verkehrsmitteln, Deutsche empfinden ihrerseits erheblich mehr finanzielle Probleme bei ihrer Langzeitpflege.

Die vielen Schichten der Bewertung der Zufriedenheit geben bei allen Befragungen zum Ausdruck, dass Deutsche zufriedener als Franzosen sind. Ein wesentlicher Grund hierfür ist die wirtschaftliche Verfassung. Und trotzdem ist die Zufriedenheit deutlich geringer als bei vielen nord-europäischen Ländern, wo die Sonne weniger scheint. Fast 70 % aller Nieder-

---

168 Loek Halman, Tim Reeskens, Inge Sieben, Marga van Zundert, „Atlas of European values"
169 „Quality of life during Covid 19" Eurofound, 2. Juli 2021 & „Fifth round of the Living, working and COVID-19 e-survey: Living in a new era of uncertainty", 8. Juli 2022

2. Die qualitative Bewertung des eigenen Lebens

länder meinen „ihr Alltag sei voller interessanter Dinge", weniger als die Hälfte der Deutschen und Franzosen. Die Skandinavier zeigen, dass eine korruptionsfreie Politik, eine starke Einbettung in Vereinsstrukturen sowie nachhaltiges Handeln einen wesentlichen Beitrag zu noch mehr Zufriedenheit liefern. *(Siehe Anlage 15)*

Solch subjektive Merkmale sollten in die Bewertung politischen Handelns einfließen. Ergänzt um ausgewählte quantitative Kriterien kann ein neuer Weg zur Messung von nachhaltigem Wachstum definiert werden.

3. Die Einigung auf nachhaltiges Wachstum

Nach einem allerersten Ansatz zu Beginn der 70er Jahre (dem *„Index of Sustainable Welfare"* (ISEW) von Nordhaus und Tobin) haben die Vereinten Nationen 1983 eine Sachverständigenkommission unter Leitung der damaligen norwegischen Premierministerin Brundtland beauftragt, Vorschläge zu nachhaltigem Wachstum zu erarbeiten. Die Kommission hielt folgende Definition fest:

„die heutigen Bedürfnisse der Menschen befriedigen, ohne den zukünftigen Generationen bei der Erfüllung ihrer eigenen Aufgaben im Wege zu stehen".[170]

1990 veröffentlichten die Vereinten Nationen den ersten Human Development Index (HDI), mit welchem das Wohlergehen über das BIP hinaus gemessen wird (*„which looks beyond GDP to a broader definition of wellbeing"*). Das BIP, eine einfache Zahl, sollte durch eine andere einfache Zahl abgelöst werden, so der pakistanische Ökonom Mahbub ul Haq, der den HDI mit dem indischen Wirtschafts-Nobelpreisträger Amartya Sen entwickelte. Drei Kriterien wurden für den Index festgehalten, mit denen Staaten gemessen und verglichen werden:

---

170 Definition der Brundlandt-Kommission: *„meeting the needs of the present without compromising the ability of future generations to meet their own needs".*

- die Lebenserwartung, mit welcher das gesunde Leben und die gute Ernährung bewertet werden;
- die Bildung, gemessen an der Lese- und Schreibfähigkeit der Erwachsenen und der Studenten (*Gross enrolment in education*), steht für fortschrittliches Denken;
- und das BIP pro Kopf ist Ausdruck des Lebensstandards (*Decent standard of living*).

Seit nunmehr über 30 Jahren wird der HDI veröffentlicht. Im Vorwort des Berichts 2020 war zu lesen:

„*Als der Bericht über die menschliche Entwicklung 1990 zum ersten Mal das Primat des Wachstums als Maßstab des Fortschritts infrage stellte, war die Geopolitik noch vom Kalten Krieg geprägt, das World Wide Web war gerade erfunden worden, und nur wenige Menschen hatten vom Klimawandel gehört. Damals stellte das UNDP (United Nations Development Programme) eine zukunftsweisende Alternative zum BIP vor, indem es alle Länder danach einstufte, ob die Menschen die Freiheit und die Möglichkeit hatten, ein Leben zu führen, das sie wertschätzten. Damit stießen wir eine neue Debatte an, über die Bedeutung eines guten Lebens und die Möglichkeiten, dieses zu erreichen.*"[171]

Die Schweiz und Norwegen stehen 2021/2022 an der Spitze des HDI-Rankings. Frankreich und Deutschland zählen zu den Ländern mit „sehr hoher menschlichen Entwicklung". Deutschland liegt ganz vorne auf Rang 9 und Frankreich auf Rang 28. Deutschland leidet im Vergleich zu den Ersten unter einer niedrigeren Lebenserwartung, Frankreich unter seinem auf Kürze ausgerichteten Bildungssystem. Das Abitur wird in Frankreich idealerweise mit 17 Jahren bestanden; das Studium sollte nicht länger als 5 Jahre dauern, sodass mit 22–23 Jahren der erste Job angenommen wird.

Mit den Jahren wurde der Index mit zwei weiteren Kriterien kombiniert: während der der Ungleichheitsbereinigte Index das Ranking kaum verändert, führen Gender-Gleichheit und Umweltschutz zu bedeutenden Veränderungen.

---

171 Vorwort des Human-Development-Berichts 2020

3. Die Einigung auf nachhaltiges Wachstum

Mit dem 1995 erstmalig veröffentlichten Index der geschlechtsspezifischen Entwicklung (Gender-relaxed Development Index (GDI) verbessert sich Frankreich im Vergleich zum ursprünglichen HDI auf Rang 22, während Deutschland auf den 19. Platz fällt. Neben Frankreich profitieren die osteuropäischen Länder, insbesondere des Baltikums, von ihrer Gender-Politik, während es für Deutschland belastend wirkt. Dabei bleibt in diesem Index das Berufsleben noch unberücksichtigt. Französische Frauen spielen in der Wirtschaft seit Langem eine deutlich bedeutendere Rolle. Schon zu Beginn der achtziger Jahre stand Yvette Chassagne an der Spitze der größten französischen Versicherung (damals UAP). Das CAC 40 Unternehmen Areva wurde lange Jahre von Anne Lauvergeon geführt und in den französischen Führungsetagen sitzen heute doppelt so viele Frauen wie in den DAX-Unternehmen. Das im Dezember 2021 verabschiedete „Rixain-Gesetz" wird diesen Trend lediglich beschleunigen: es sieht vor, dass bei Unternehmen mit mehr als 1.000 Beschäftigten ab 2026 30 % und ab 2029 40 % Frauen in Führungsetagen sein müssen. Die Quote muss schon ab 2022 veröffentlicht werden. Übrigens wurde auch der französische Arbeitgeberverband MEDEF schon von 2005 bis 2015 von Laurence Parisot geführt. Es bleibt abzuwarten, wann es zur ersten Frau an der Spitze des BDI kommt.

In der Politik ist es ebenso, auch wenn Angela Merkel von 2005 bis 2021 Bundeskanzlerin war. Valéry Giscard d'Estaing legte schon dreißig Jahre früher großen Wert auf eine erhöhte Frauenbeteiligung in der Regierung. 1974 wurde Simone Veil zur Gesundheitsministerin, Alice Saunier-Seité zur Staatssekretärin für das Hochschulwesen und Françoise Giroud zur Staatssekretärin im Kultusministerium ernannt. Die erste französische Premierministerin – Edith Cresson – kam schon 1991 ins Amt.

Schwieriger als die Gender-Frage war es, die Umwelt einzubeziehen. Erst 2020 veröffentlichte die UNO den um Umweltthemen vervollständigten Index, mit dem sperrigen Namen „*Planetarische Belastungen einbeziehender Index der menschlichen Entwicklungen*" (*Planetary pressures-adjusted Human Development Index, PHDI*). Man einigte sich auf zwei Anpassungen:

> *„Erstens werden die **Kosten abgezogen**, die durch jede zusätzliche Tonne CO_2-Emissionen oder deren Äquivalent in Folge menschlicher Aktivitäten entstehen, durch die Nutzung von Kohle, Öl und Gas für Verbrennungs- und Industrieprozesse, Abfackelung und Zementherstellung. Der Einfachheit halber werden dabei die Emissionen der einzelnen Länder pro Kopf berücksichtigt, nicht aber die tatsächlichen Schäden, die in jedem Land durch die gesamten Emissionen weltweit entstehen.*
> *Zweitens wird bei den Veränderungen des volkswirtschaftlichen Vermögens nun auch das **Naturkapital** berücksichtigt. Der ‚materielle Fußabdruck' bezieht sich auf Biomasse, fossile Brennstoffe, Metallerze und nichtmetallische Erze. Der materielle Fußabdruck pro Kopf im PHDI beschreibt den durchschnittlichen Materialeinsatz für die Endnachfrage."*

Die Schweiz behauptet im Vergleich zum HDI ihren ersten Platz, Deutschland verbessert sich auf Platz 6 und Frankreich verbessert sich gegenüber dem HDI deutlich, wie schon beim GDI, und kommt dank einer guten CO_2-Bilanz auf den 8. Platz.[172] ***(Siehe Anlage 16)***

Der Weg zur Berücksichtigung von Umweltkriterien wurde vor 50 Jahren (!) eingeschlagen. Der erste Weltklimagipfel fand 1972 in Stockholm statt. Vor dreißig Jahren, bei der Klima-Konferenz in Rio de Janeiro 1992 verständigte sich die Weltgemeinschaft erstmals darauf, Umwelt und Wachstum harmonisch zu kombinieren. Man brauchte mehr als zehn Jahre, um sich auf dem Kyoto-Gipfel (2005) auf erste Senkungen der Treibhausgasemissionen zu verständigen, die zwischen 2008 und 2012 um 5,2 % unter das Niveau von 1990 gedrückt werden sollten. Diesem Durchschnittswert entsprachen unterschiedliche nationale Zielvorgaben: Weil Deutschland 1990 mehr als doppelt so viel CO_2-Äquivalente als Frankreich ausgestoßen hatte (1.215 Millionen und 566 Millionen Tonnen) sollte Frankreich seine Emissionen konstant halten, Deutschland seine um 21 % reduzieren. Mit der COP 21 in Paris wurde 2015 dieser lange Prozess mit der ersten rechtsverbindlichen weltweiten Klimaschutzvereinbarung abgeschlossen, dem sog. Pariser Klimaabkommen. Es wurde

---

172 United Nations Development Programme (UNDP), „Bericht über die menschliche Entwicklung 2020, Die nächste Herausforderung: Menschliche Entwicklung und das Anthroprozän"

3. Die Einigung auf nachhaltiges Wachstum

beschlossen, den Anstieg der Durchschnittstemperatur auf *deutlich weniger als 2 °C, idealerweise auf 1,5°* im Vergleich zum vorindustriellen Stand zu beschränken und die armen Länder bei ihren Bemühungen finanziell zu unterstützen. Seitdem ringt man bei jeder Klima-Konferenz darum dieses Ziel zu retten. Durch ihre Umweltverschmutzung verursachen die Industriestaaten im Norden viele der Naturkatastrophen im Süden: Dürre in Afrika und Fluten in Pakistan sind nur einige Beispiele die dazu geführt haben, dass der Norden sich bereit erklärt hat ab 2020 die Südstaaten mit 100 Milliarden pro Jahr zu unterstützen. Es wurde aber weder definiert anhand welcher Quoten die Mittel eingeworben und verteilt werden sollen. Diese Frage stand im November 2022 im Mittelpunkt der COP 27 in Sharm-el-Sheik (Ägypten): man einigte sich zwar darauf einen Fonds aufzustellen, ohne sich jedoch die Verteilungsschlüssel von Einnahmen und Ausgaben geeinigt zu haben.

Als Messgröße hat sich der „ökologische Fußabdruck" des World Wide Fund for Nature (WWF) etabliert. Die 1986 durch William Rees, Professor an der University of British Columbia, und seinen Schweizer Doktoranden Mathis Wackernagel gegründete New Economics Foundation lieferte mit dem *Happy Planet Index* einen neuen Baustein zur Messung der Umweltzerstörung. Ziel war es, einen *„radikalen Bruch zur BIP-Obsession"* anzubieten. Dem ökologischen Fußabdruck liegt die Frage zugrunde: *„Wie viel biologische Kapazität des Planeten wird von einer gegebenen menschlichen Aktivität oder Bevölkerungsgruppe in Anspruch genommen?"* Der Index (mit einem Maximalwert von 100) ist das Ergebnis einer auf vier Kriterien basierenden Bruchrechnung. Auch hier wird die Lebenserwartung (Ausdruck des Gesundheitszustandes einer Bevölkerung) festgehalten und mit der Lebenszufriedenheit des Gallup World Poll zu „Happy Life Years" kombiniert und mit dem Ungleichheitsfaktor multipliziert: Diese werden durch den „Ökologischen Fußabdruck" geteilt.[173]

---

173 Der **ökologische Fußabdruck** wird seit 2003 jährlich von der von Wassernagel gegründeten „Global Footprint Network" Stiftung veröffentlicht. Mit dem ökologischen Fußabdruck wird die erforderliche Land- und Wasserfläche berechnet, die für die Wiederherstellung erneuerbarer Ressourcen erforderlich ist, um die von der Menschheit verbrauchten Rohstoffe und den ausgestoßenen CO_2-Wert zu kompensieren. Hierzu wird die Waldfläche errechnet, die für die Absorption des CO_2-Ausstoßes (carbon uptake footprint) und die Herstellung von Papier und Holzprodukten (Forest foot-

Der „Global Footprint Network"-Stiftung ist die jährliche Ankündigung zu verdanken, wann die jährlich zur Verfügung stehenden Ressourcen verbraucht sind. 2022 hatte die Welt schon am 28. Juli all die Ressourcen verbraucht, die in einem Jahr erneuert werden können. Dieser Verbrauch ist gewaltig gewachsen. 1962 waren zum Jahresende noch Reserven übrig – die Menschheit brauchte nur 0,73 Erden. Der erste Erdüberlastungstag wurde am 29. Dezember 1972 festgestellt, weniger durch einen verschlechterten ökologischen Fußabdruck als durch die Halbierung der Biokapazität.[174] Die USA bleiben das Land mit der höchsten Umweltbelastung trotz merklicher Fortschritte seit der Jahrtausendwende, Al Gore und Bill Clinton sei Dank. Die südliche Hemisphäre muss für den Norden herhalten.

In Deutschland und Frankreich hat das wachsende Umweltbewusstsein zu einer Verbesserung des Fußabdrucks geführt. 2000 war der Fußabdruck beider Länder noch identisch. Frankreich hat seitdem seinen Fußabdruck schneller gesenkt, sodass heute das deutsche Defizit aufgrund deutlich geringerer Biokapazität deutlich höher ist.

Im Süden schreitet die Umweltzerstörung ebenfalls fort, ganz besonders dramatisch im Kongo, Brasilien und Kolumbien. Der Süden kann die Zerstörung des Nordens nicht mehr kompensieren. *(Siehe Anlage 17)*

4. Erste europäische Ansätze zur Messung eines nachhaltigen Wachstums

Mit dem neuen Jahrtausend war der grundsätzliche Wunsch festzustellen, Wachstum und Nachhaltigkeit zusammenzuführen. Das Instrumentarium steht zur Verfügung: Die Umweltbelastung wird gemessen, die Zufriedenheit der Menschen ebenso. Es gilt nun, die quantitativen Berechnungen z. B. der Vereinten Nationen und die qualitativen Bewertungen zusammenzuführen, um nachhaltiges Wachstum ermitteln zu können.

---

print) erforderlich ist; darüber hinaus wird die erforderliche landwirtschaftliche Fläche für die Fleisch-, Milch-, Leder und Wollproduktion (grazing land footprint) und die Produktion von Getreide, Öl und Gummi (cropland footprint) berechnet, ebenso wie die für die Fischproduktion (fishing) erforderliche Wasserfläche.

174 Die **Biokapazität** ist die Kapazität eines Ökosystems, nützliche biologische Materialien zu produzieren und durch den Menschen erzeugte Abfallstoffe zu absorbieren.

4. Erste europäische Ansätze zur Messung eines nachhaltigen Wachstums

Im April 2002 regierte in Deutschland die erste rot-grüne Bundesregierung. Bundeskanzler Gerhard Schröder formulierte eine Strategie für nachhaltige Entwicklung unter dem Titel „*Perspektiven für Deutschland*" mit dem Ziel:

> „*Das Leitbild der nachhaltigen Entwicklung verknüpft die Bedürfnisse der heutigen Generation mit den Lebenschancen der zukünftigen Generationen und fordert, in einer Art Generationenvertrag die langfristige Entwicklung so zu gestalten, dass sie beiden gerecht wird.*"

Die festgehaltenen Kriterien sollten einzeln bewertet werden, jedoch ohne in einem Index zusammengefasst zu werden, und standen unter der ehrgeizigen Überschrift „*Generationengerechtigkeit praktizieren, gesellschaftliche Bruchlinien erkennen, um den sozialen Zusammenhalt besser gewährleisten, die Lebensqualität verbessern, national handeln in Verantwortung für die eine Welt*". Zur Umsetzung wurde ein Ausschuss für nachhaltige Entwicklung unter Vorsitz des Chefs des Bundeskanzleramts eingerichtet und das Statistische Bundesamt ist seit 2006 mit Bewertung der Zielerreichung (alle zwei Jahre) beauftragt.

In Frankreich setzte sich Nicolas Sarkozy nach seiner Wahl 2007 für ein solches Umdenken ein. Der politische Umbruch sollte schon bei der Regierungsbildung zum Ausdruck kommen, indem Ministerien mit neuen Verantwortungsbereichen geschaffen und diese politischen Schwergewichten anvertraut wurden. Der enge Vertraute des Präsidenten Brice Hortefeux wurde Minister für *Einwanderung, Integration, nationale Identität und Entwicklungshilfe*. Dieses Ministerium verknüpfte erstmals institutionell die Themen der Integration und der Entwicklungshilfe: Um die Einwanderung zu begrenzen, muss den Entwicklungsländern geholfen werden, bei sich Arbeitsplätze zu schaffen. Das Ministerium wurde nach drei Jahren wieder abgeschafft und die Aufgaben wieder den Ministerien des Innern und der Entwicklungshilfe zugeteilt.

Bleibend war die Aufwertung des Umweltministeriums. Der ehemalige Premierminister Alain Juppé, gefolgt von Jean-Louis Borloo, wurde Staatsminister für *Ökologie, nachhaltige Entwicklung und Raumordnung*. Zur Begründung der Schaffung des neuen Ministeriums wurde Bezug auf den schon ein Vierteljahrhundert alten Brundtland-Bericht der UN genommen und dessen Definition der Nachhaltigkeit übernommen:

„Ziel ist, wie von Frau Brundtland vorgegeben, Entwicklung als Antwort auf die derzeitigen Bedürfnisse zu definieren, ohne die Fähigkeit der zukünftigen Generationen daran zu hindern, ihre eigenen befriedigen zu können."

Seitdem ist das Ministerium für Umwelt, bei leicht veränderter Bezeichnung, kontinuierlich mit breiter Zuständigkeit versehen und zählt auch protokollarisch zu den bedeutendsten Ministerien.[175]

Unmittelbar nach der Wahl hatten Nicolas Sarkozy und Alain Juppé eine Konferenz einberufen, die das Umdenken einläuten sollte. Allein die Bezeichnung der Konferenz (*„Grenelle de l'Environnement"*) spielte auf die bahnbrechenden *„Accords de Grenelle"* an, die zum Ende der Mai-68-Revolte führten.[176]

Auch inhaltlich wurden neue Ansätze gesucht und eine Gruppe von Wissenschaftlern beauftragt, den Zusammenhang von Wohlbefinden und BIP neu zu definieren. Die Kommission wurde vom Nobelpreisträger Joseph Stiglitz mit Unterstützung des Harvard-Professors Amartya Sen und Jean Paul Fitoussi von Sciences Po Paris geleitet. Die Ergebnisse wurden in einem Festakt in Anwesenheit des ehemaligen US-Vize-Präsidenten

---

[175] 2022 ist das Ministerium für die ökologische Wende und den territorialen Zusammenhalt („Ministère de la Transition écologique et de la Cohésion des territoires, Ministère de la Transition énergétique") auf Rang 5 der Regierung von Elisabeth Borne, nach dem Ministerium für Wirtschaft, dem Innenministerium, dem Ministerium für Europa- und Außenpolitik und dem Ministerium der Justiz.

[176] Die Rue de Grenelle ist Sitz des „Ministère de l'Éducation nationale et de la Jeunesse" („Ministerium für Bildung und der Jugend"). Während der Mai-Revolte 1968 war De Gaulle verschwunden (wie sich später herausstellte, besuchte er General Massu, dem Oberbefehlshaber der französischen Militärbasis in Baden-Baden). In diesem politischen Vakuum nahm der damalige Premierminister Georges Pompidou mit Hilfe einiger weniger Minister, darunter dem jungen Staatssekretär Jacques Chirac, Gespräche mit den Gewerkschaften auf, um eine Lösung zur Krise zu finden. Da auch die Gewerkschaften – an ihrer Spitze die starke kommunistische CGT – von der Revolte überrollt wurden, bestand eine objektive Interessengemeinschaft zwischen Gaullisten und Kommunisten – wie während der glorreichen Zeit der Résistance.

4. Erste europäische Ansätze zur Messung eines nachhaltigen Wachstums

Al Gore, der gerade für seine Umwelttätigkeiten den Friedensnobelpreis erhalten hatte, und des Präsidenten der EU-Kommission Jose Manuel Barroso präsentiert. Drei Arbeitsgruppen wurden gebildet. Die erste befasste sich mit der *Messung des Sozialprodukts* und kam zu dem Schluss, dass nicht die Produktion, sondern die Einkünfte und der Konsum für die Bürger im Vordergrund stehen sollten. Eine zweite Gruppe beschäftigte sich mit der Frage der *Lebensqualität*, eine dritte mit der *Nachhaltigkeit*. Das Sicherheitsbedürfnis sollte neu bewertet werden: Steigt die Kriminalität, ist dies für den BIP zwar positiv, weil mehr Leibwächter eingestellt und mehr Sicherheitssysteme eingesetzt werden. Die Bevölkerung fühlt sich aber immer unwohler. Entwicklungsländer wurden z. B. in der Vergangenheit ermutigt, ausländischen Minengesellschaften den Abbau ihrer Minen zu genehmigen – ohne Rücksicht und ohne Berechnung der Umwelt- und Gesundheitsschäden der lokalen Minenarbeiter. Bei den Gesundheitsausgaben bemerkte Stiglitz, dass diese in den USA deutlich höher als im Rest der Welt seien, also zum höheren BIP-Wachstum der USA beitragen, die Lebenserwartung jedoch trotzdem geringer als in Frankreich sei.

Viele der Vorschläge der Stiglitz-Sen-Fitoussi-Kommission wurden in zwei Gesetzen im März 2009 und Juli 2010 verabschiedet. Im Fokus standen die Wärmedämmung von Gebäuden (weitestgehend umgesetzt), die Erhöhung des Anteils erneuerbarer Energien auf 23 % bis 2020 (weit verfehlt), die Reduzierung des CO_2-Ausstoßes der Pkw und das Ziel der Energie-Autonomie. Dies war über zehn Jahre vor dem Ukraine-Krieg und der Rohstofferpressung von Putin!

Zwei Jahre später (am 1. Dezember 2010) setzte der Deutsche Bundestag eine Enquête-Kommission ein mit der Bezeichnung „*Wachstum, Wohlstand, Lebensqualität – Wege zu nachhaltigem Wirtschaften und gesellschaftlichem Fortschritt in der Sozialen Marktwirtschaft*". Diese sollte „*die Möglichkeiten und Grenzen einer Entkopplung von Wachstum und Ressourcenverbrauch untersuchen, Fragen einer nachhaltig gestaltenden Ordnungspolitik und eine Einflussnahme auf Konsum und Lebensstile thematisieren*". Viele Persönlichkeiten wurden angehört. Erstaunlicherweise zählte aber keiner aus der Führungsriege der französischen Kommission Sen-Stiglitz-Fitoussi dazu.

Die deutsche Kommission hatte einen ähnlichen Ansatz wie die französische. Beim sozialen Zusammenhalt beobachten Deutsche und Franzosen die Entwicklung der Beschäftigung aller Altersklassen und die Gehaltsspreizung. Für die Franzosen standen darüber hinaus die Armutsgefährdung, die Jugendarbeitslosigkeit und die Wohnbedingungen im Vordergrund. Für die Deutschen waren es die Erwerbsquote und die Vereinbarkeit von Familie und Beruf.

Die *Generationengerechtigkeit* umfasste für beide den Gesundheitszustand, den Klimaschutz (Reduzierung der CO_2-Emissionen, Schutz der Artenvielfalt und der Naturressourcen), die Erhöhung des Anteils erneuerbarer Energien, die Bildung – gemessen an der Erreichung der PISA-Ziele – sowie die Erhöhung des Forschungs- und Entwicklungsbudgets auf 3 % des BIP. Es ging auch darum die Siedlungs- und Verkehrsfläche zu reduzieren. Für Deutschland waren auch Staatsdefizit und Schuldenstand Ausdruck der Generationengerechtigkeit – für Frankreich nicht.

Unter *Lebensqualität* verstanden Deutsche und Franzosen aber etwas anderes. Gemeinsam sind ihnen der Indikator des BIP pro Einwohner und das Kyoto-Ziel der reduzierten Schadstoffemissionen. Der „Auto-Staat" Deutschland zog als Kriterien den Stickstoffüberschuss und den ökologischen Landbau vor. Das Agrarland Frankreich legte größeren Wert auf den CO_2-Ausstoß von Autos und die Optimierung von Wasserverbrauch.

Auch beim Thema *Gesundheit* wurden andere Kriterien vorgeschlagen: ökologischer Landbau, Rauchverhalten, Fettleibigkeit und Kriminalität für die Deutschen; Jahre bei guter Gesundheit, Selbstmordrate, Berufskrankheiten und Überschuldung für die Franzosen.

Schließlich wurde die *internationale Verantwortung* hervorgehoben, die insbesondere für Deutschland bedeutend ist, welches so stark vom Außenhandel abhängt. (**Siehe Anlage 18** zum Vergleich deutscher und französischer Indikatoren)

Auf EU-Ebene wurde das Ziel des nachhaltigen Wachstums 2001 auf dem Göteborg-Gipfel ausdrücklich formuliert. Im November 2007 organisierten Europäische Kommission, EU-Parlament, der Club of Rome, die OECD und der WWF die Konferenz „*Mehr als BIP*"[177], um zu bestimmen, welche Indikatoren am ehesten geeignet sind, um Fortschritt zu messen, und wie diese am besten in Entscheidungsfindungsprozesse und öffentliche Debatten integriert werden können. Im Vordergrund der Über-

---

177 www.beyond-gdp.eu

4. Erste europäische Ansätze zur Messung eines nachhaltigen Wachstums

legungen standen Fragen, Wachstum mit weniger CO_2-Emissionen und ressourcenschonender zu gestalten, und

„Indikatoren, die präzise soziale und ökologische Fortschritte (wie sozialer Zusammenhalt, Verfügbarkeit und Erschwinglichkeit grundlegender Güter und Dienstleistungen, Bildung, öffentliche Gesundheit und Luftqualität) und Fehlentwicklungen (wie wachsende Armut, Anstieg der Kriminalität oder Erschöpfung natürlicher Ressourcen) einbeziehen".

Zu Umsetzungen über die Empfehlungen der Stiglitz-Sen-Fitoussi-Kommission und das „Grenelle-Gesetz" in Frankreich hinaus kam es aber nicht. Die Finanzkrise mischte die Karten neu und der „Agenda 2010" der EU folgte die „Agenda 2020", die zwar Ziele für ein nachhaltiges Wachstum im Sinne des „BIP und mehr" vorgibt, aber keinen holistischen Ansatz für ein besseres Leben.

Mittlerweile hat sich die EU – in der Folge auch Deutschland und Frankreich – den 17 Zielen der **Agenda 2030** der Vereinten Nationen angeschlossen.

„Die Agenda 2030 mit ihren 17 Zielen für nachhaltige Entwicklung (Sustainable Development Goals, SDGs) ist ein globaler Plan zur Förderung nachhaltigen Friedens und Wohlstands und zum Schutz unseres Planeten. Seit 2016 arbeiten alle Länder daran, diese gemeinsame Vision zur Bekämpfung der Armut und Reduzierung von Ungleichheiten in nationale Entwicklungspläne zu überführen. Dabei ist es besonders wichtig, sich den Bedürfnissen und Prioritäten der schwächsten Bevölkerungsgruppen und Länder anzunehmen – denn nur wenn niemand zurückgelassen wird, können die 17 Ziele bis 2030 erreicht werden."[178]

Bei den meisten der 17 UN-Ziele hat die Pandemie die Ergebnisse verhagelt. Aber nicht nur die Ziele einer gebremsten Erderwärmung sind verfehlt. Die Anzahl der *„dead zones"* in den Ozeanen, in denen es an Sauerstoff fehlt, ist zwischen 2008 und 2019 von 40 auf 700 gestiegen. Die Zahl der Menschen, die unter Armut oder Hunger leiden, ist um jeweils

---

178 Vereinte Nationen-Interneseite, Ziele für nachhaltige Entwicklung, 13. Juli 2022

mehr als 100 Millionen gestiegen. Die Lebenserwartung ist um ein Jahr und mehr zurückgegangen. Die Gehaltsspreizung (gemessen am GINI-Koeffizienten[179]) ist um 6 % gestiegen. Eine Milliarde Menschen leben in Slums, zwei Milliarden fehlt der Zugang zu sauberem Wasser.

Eurostat stellt zu jedem der 17 Ziele eine Fülle an Daten zur Verfügung, jedoch ohne diese zu einem Index zusammenzuführen, so dass vor lauter Bäumen der Wald nicht mehr gesehen wird. Trotz einer der höchsten Beschäftigungsquoten in der EU ist die Zahl der von Armut oder sozialer Ausgrenzung bedrohten Personen in Deutschland gestiegen und nun mit etwa 21 % überdurchschnittlich hoch. Für viele Haushalte besteht ein ernst zu nehmendes Risiko der Energiearmut. 28 % der Befragten sind mit Zahlungen für Strom, Wasser oder Gas im Verzug und 45 % haben Sorge, *„in den nächsten drei Monaten in Verzug zu geraten."* 38 % der Deutschen können unerwartete Ausgaben nicht begleichen. Nur 28 % der Franzosen sind in dieser Lage und auch der EU-Durchschnitt liegt deutlich unter dem deutschen Wert. Knapp 25 % der Deutschen und Franzosen können sich keine einzige Woche Urlaub weg von zu Hause leisten.[180] All dies war schon vor 2022 und dem Ausbruch der Energiekrise und der steigenden Inflation der Fall!

Was die gesunden Lebensjahre betrifft, haben die Deutschen seit 2005 zehn gesunde Lebensjahre hinzugewonnen und zu den Franzosen aufgeschlossen. Sie genießen nun 65 *gesunde Lebensjahre*, wie die Franzosen schon 2005. Wohlgemerkt: Gesunde Jahre sind nicht mit den zuvor genannten *glücklichen Jahren* zu verwechseln.

Bei Geschlechtergerechtigkeit ist Frankreich im Vorteil. Frankreich zählt nun mehr Frauen im Parlament als Deutschland und Führungspositionen in der Wirtschaft werden in Frankreich fast zur Hälfte, in Deutschland nur zu einem guten Drittel durch Frauen besetzt. Franzö-

---

179 *„Der Gini-Koeffizient oder Gini-Index ist ein Maß der relativen Konzentration beziehungsweise Ungleichheit und kann einen Wert zwischen Null und Eins (Gini-Koeffizient) bzw. skaliert von 0 bis 100 (Gini-Index) annehmen. Im Falle der Gleichverteilung ergibt sich für den Gini-Koeffizienten ein Wert von Null und im Falle der Konzentration des gesamten Einkommens auf nur eine Person ein Wert von 1."* (Definition Statista)
180 EU, „Key-figures on Europe 2022"

4. Erste europäische Ansätze zur Messung eines nachhaltigen Wachstums

sische Frauen verdienen aber nach wie vor 15 % weniger als Männer; in Deutschland sind es sogar 18 %.

Bei Umweltfragen stehen beide Länder nicht so gut da wie gedacht. Deutschland stößt pro kWh 10-mal mehr CO_2 aus als Frankreich: da hilft nicht, dass der Anteil an erneuerbaren Energien in Deutschland 15 % des gesamten Primärenergieverbrauchs ausmacht und in Frankreich nur bei 9 % liegt. Ein Gaskraftwerk stößt z. B. 420 Gramm CO_2 pro kWh aus, während ein Atomkraftwerk im Betrieb nur 6 Gramm ausstößt. Und als in Frankreich die zwei alten Kernkraftwerke in Fessenheim abgestellt wurden, ging in Deutschland das neue Kohlekraftwerk Datteln ans Netz.[181] Frankreich hat die ökologisch genutzten Flächen nun fast auf deutsches Niveau, d. h. auf ca. 10 % der Gesamtfläche gebracht. Der materielle Fußabdruck beider Länder bleibt seit 2005 unverändert und die Flächenversiegelung ist sogar gestiegen, in Frankreich übrigens mehr als in Deutschland. Die Nitratwerte im Grundwasser sind in Deutschland (nicht in Frankreich) gestiegen und liegen deutlich über dem europäischen Schnitt, so wie die Phosphatkonzentration in Flüssen auch.

Es ist erstaunlich, dass der Anteil von Bahn und Schifffahrt am inländischen Güterverkehr, aber auch von Bahn und Bus am Personenverkehr rückläufig ist (!) und in Frankreich nur 12, in Deutschland 25 % ausmacht.

Bei Bildungsfragen sonnt sich Frankreich in der Exzellenz seiner „Elite-Schulen", vergisst dabei die Durchschnittswerte, die eine andere Sprache sprechen. Der Anteil der 15-Jährigen mit schlechten Leistungen in Mathematik, Lesen und Naturwissenschaften ist nicht besser als in Deutschland.

Den größten Unterschied bei den 17 Zielen macht die gute deutsche Wirtschaftsleistung. Hoffnung besteht, wenn man in den Rückspiegel schaut. Wer erinnert sich daran, dass die Franzosen zu Beginn des Jahrtausends die Deutschen beim BIP pro Kopf überholten? Heute stellen Franzosen ein stärkeres Wachstum fest. Das deutsche BIP pro Kopf liegt um 10 % höher und die Beschäftigtenquote der 20- bis 64-Jährigen liegt mit 80 % deutlich höher als in Frankreich. Was in Frankreich nicht gesehen wird, ist, dass die von der Schröder-Regierung ergriffenen Maßnahmen zwar

---

181 Beispiele von Bernard Accoyer und Chantal Didier, „Une affaire d'État, la tentative de sabordage du nucléaire français"

den Arbeitsmarkt flexibilisiert und zur Vollbeschäftigung geführt haben, aber gleichzeitig eine höhere Armutsgefährdung und eine größere Einkommensspreizung als in Frankreich verursacht haben. *(Siehe Anlage 19)*

An statistischen Erhebungen fehlt es also wahrhaftig nicht. Nur werden diese nicht politisch und didaktisch verwendet.

Vielmehr werden immer neue „strategische Ziele" verkündet – ohne dass über die Erreichung der Ziele berichtet wird. Dies trägt nicht zur Glaubwürdigkeit bei! Formulierte Ziele müssen *nachgehalten* werden und könnten dann zum erhofften pro-europäischen Elan führen. Allein in den Monaten Juni und Juli 2022 wurden die „Digitale Dekade", die strategische Vorausschau für die „twin transition" – den digitalen und grünen Wandel –, die „neue europäische Innovationsagenda" angekündigt sowie das neue „Interreg Europe" Programm für grenzüberschreitende Projekte der Jahre 2022–2027 genehmigt. Als ob dies nicht reichen würde, will sich die tschechische Ratspräsidentschaft bemühen, die Verteidigungskapazitäten der Mitgliedstaaten zu verbessern, die Lieferketten zu verkürzen, den Freihandel zu vertiefen, die Ernährungssicherheit zu gewährleisten und die Widerstandsfähigkeit der demokratischen Institutionen zu starken. Allesamt bedeutende Vorhaben, nur wer nimmt sie bei ihrer so großen Vielfalt wahr?

Auf nationaler Ebene ist es nicht anders. Der deutsche Rat für nachhaltige Entwicklung, der 2001 ins Leben gerufen wurde, hielt 2021 seine 20. Jahrestagung. Wie jedes Jahr sprach Angela Merkel, die übrigens schon von 1994 bis 1998 Bundesministerin für Umwelt, Naturschutz und Reaktorsicherheit war. Dort sprach sie zum letzten Mal als Kanzlerin und stellte fest:

> *„Was wir bisher tun, reicht schlichtweg nicht aus. Das ist umso bedauerlicher, als wir seit Langem wissen, dass die Kosten des Nichthandelns beziehungsweise des Zu-wenig- Handelns die Kosten des gebotenen Handelns zugunsten des Klima- und Ressourcenschutzes zunehmend übersteigen. Wir leben weltweit auf Kosten jüngerer und künftiger Generationen. Das ist einfach die bedrückende Wahrheit. Daraus müssen wir*

4. Erste europäische Ansätze zur Messung eines nachhaltigen Wachstums

die notwendigen Konsequenzen ziehen und die 20er-Jahre zu einem Jahrzehnt der Nachhaltigkeit machen."[182]

Ein Ritual, welches keinen mehr interessiert, weil eine solche Erkenntnis nach 20 Jahren doch sehr ernüchternd ist. Wer kennt überhaupt den Rat? Wer hat seinen Vorsitzenden Dr. Werner Schnappauf oder seine Vorgängerin Marlehn Thieme bzw. deren Empfehlungen schon wahrgenommen?

5. Wie wollen wir (als Wähler) unser Wohlbefinden messen?

Einige wenige (angelsächsische) Länder wie Kanada, Australien oder Neuseeland versuchten seit Beginn des neuen Jahrtausends ein besseres Leben als ausformuliertes und quantifiziertes Ziel ihrer Politik einzuführen. Sie befinden sich aber noch im experimentellen Stadium. So aktualisiert das britische Statistikamt jedes Quartal die Antworten auf nur vier Fragen. Wie zufrieden sind Sie? Sind Sie glücklich? Ist das, was Sie machen, lohnenswert? Hatten Sie gestern Angst?

In Australien wurde vor über 30 Jahren das Australian Institute for Health and Welfare (AIHW) gegründet. Eine Fülle an Daten wird gesammelt, ohne zu einem Index zusammengeführt zu werden. Anders bei den Kanadiern. Die Universität Waterloo hat den Canadian Index of Wellbeing (CIW) entwickelt. Ergänzend zu oben schon diskutierten Themen werden auch die Vitalität der „Communities" und die Zeitnutzung hinterfragt. Kern der Feststellung ist, dass das BIP seit 1994 um 38 %, der CIW aber nur um 9,9 % gewachsen ist. Weder der CIW noch der australische Ansatz sind aber zum Maßstab der Politik avanciert, mangels öffentlicher Wirksamkeit und nur sporadischer Aktualisierung (der letzte CIW-Bericht wurde zum Beispiel 2016 veröffentlicht).

Am weitesten gediehen ist Neuseeland. Seit 2019 steht der Jahreshaushalt unter der Überschrift einer Verbesserung des Wohlergehens. Bezifferte Haushaltsausgaben werden „Well-being-Zielen" zugeordnet. Neben der

---

[182] Rede von Angela Merkel zur 20. Jahreskonferenz des Rates für Nachhaltige Entwicklung am 8. Juni 2021 als Video-Botschaft, Bulletin der Bundesregierung Nr. 80

Umweltschonung soll die Zukunft der Arbeitswelt durch mehr digitalen Unterricht und Unterstützung der Unternehmen bei der Fortbildung erreicht werden; die physische und mentale Gesundheit soll durch ein Sonderbudget für das Gesundheitssystem verbessert werden, um die Rekordwerte der Selbstmordraten – insbesondere bei Jugendlichen – zu senken. Auch die Bekämpfung von Kinderarmut soll besonders gefördert und eine besondere Unterstützung für die Maori-Bevölkerung gewährleistet werden.

Es ist Zeit, dass auch in Europa solch qualitative Ziele in den Mittelpunkt der Politik rücken. Vielleicht können somit das Interesse und die Teilnahme am politischen System wieder erstarken. Die Mobilisierung der Jugend für den Umweltschutz zeigt, dass das Interesse an der politischen Gestaltung nach wie vor vorhanden ist.

„Man wehrt sich gegen den Einmarsch einer Armee; man wehrt sich nicht gegen den Einmarsch von Ideen", behauptete schon Victor Hugo.[183]

Ein Ansatz wäre, sich an der Ausgabenstruktur zu orientieren. Am meisten geben wir für das Wohnen aus. In Frankreich sind 10 % der Bevölkerung mehr Eigentümer ihrer vier Wände. Wachsende Großstädte, die das Wohneigentum immer weniger Menschen ermöglichen, und Schlangen bei der Bewerbung für eine Studentenwohnung sind seit Langem besorgniserregend. Die Stadtbevölkerung wird in die Peripherie verdrängt und geht mit einem steigenden Bedarf an öffentlichen Verkehrsmitteln einher. Soziale Brennpunkte in einzelnen Vororten stehen meistens im Zusammenhang mit einer zu großen Konzentration von Zuwanderung, die zunächst aus dem ländlichen Raum, dann aus dem Ausland kam.

Diese Themen sollten ganz oben auf der Prioritätenliste stehen. Die politische Realität ist eine andere. Wer kann spontan den Minister nennen, der für das Wohnen zuständig ist? 2022 heißen sie Klara Geywitz in Deutschland und Olivier Klein in Frankreich.

Bauministerien gab es in beiden Ländern in den fünfziger Jahren mit dem Ziel des Wiederaufbaus. Danach wurde das Bauen einem größeren

---

[183] Victor Hugo, „Histoire d'un crime", *„On résiste à l'invasion des armées; on ne résiste pas à l'invasion des idées"*

5. Wie wollen wir (als Wähler) unser Wohlbefinden messen?

Themenfeld zu- bzw. untergeordnet: zunächst dem Ministerium für Verkehr, Infrastruktur oder dem Umweltministerium. Unter François Mitterrand wurde das Bauministerium fünf Jahre einem der vier kommunistischen Minister mit gleichzeitiger Zuständigkeit für das Transportwesen anvertraut. Im neuen Jahrtausend gab es ein Ministerium des Wohnens und der Stadt unter Präsident Sarkozy und unter François Hollande ein Ministerium für Wohnen und Infrastruktur. Unter Emmanuel Macron geht das Thema wieder unter.[184] In Deutschland wurde das Thema Wohnen ab Gerhard Schröder zunächst dem Verkehrsministerium, dann dem Bundesumwelt- und schließlich dem Bundesinnenministerium zugeordnet. Nun wurde im Dezember 2021 das Bundesministerium für Wohnen, Stadtentwicklung und Bauwesen unter Leitung von Klara Geywitz ins Leben gerufen, weil erneut akuter Bedarf besteht. Schwerpunkte sind der Bau von jährlich 400.000 Wohnungen, um den Wohnungsmangel in den Großstädten zu bekämpfen, aber auch die Wärmedämmung, um die Klimaziele zu erreichen. In Frankreich wurden vor der Corona-Krise um die 500.000 Wohnungen pro Jahr gebaut, ein Ergebnis der Empfehlungen der Sen-Stiglitz-Fitoussi-Kommission aus dem Jahr 2008. Mit der Corona-Krise sind es immer noch 400.000 pro Jahr.

Im Warenkorb der Inflationsmessung sind die Wohnkosten in Deutschland höher gewichtet als in Frankreich. Der als zu niedrig empfundene Anteil im französischen Warenkorb wurde im Zuge der Gelbwestenbewegung und der Veröffentlichung des Buchs von Emmanuel Todd „*Die Klassenkämpfe im Frankreich des 21. Jahrhunderts*" eifrig diskutiert.[185] Das französische Statistikamt INSEE fühlte sich sogar verpflichtet, Stellung zu beziehen, und rechtfertigte sich. Mieten sind in der Tat stark gestiegen, aber in Frankreich wohnen nur 4 von 10 Haushalten zur Miete, davon die Hälfte in Sozialwohnungen, bei welchen die Mieterhöhungen niedrig ausfallen. Immobilienkaufpreise sind ebenfalls stark gestiegen, werden aber im Inflationskorb nicht berücksichtigt, weil es sich um investive

---

184 Minister unter Präsident Sarkozy Christine Boutin (2007–2009) und Benoist Apparu (2009–2012); unter François Hollande Cécile Duflot (2012–2014), Sylvia Pinel (2014–2016) und Emmanuelle Cosse (2016–2017).
185 Emmanuel Todd, „Les luttes de classes en France au 21e siècle"

Ausgaben handelt.[186] Dieselbe Argumentation gibt es in Deutschland, nur dass die Quote der zu Miete wohnenden Menschen 10 % höher ist und der Anteil der Sozialwohnungen deutlich niedriger liegt, weil er sich seit 2006 halbiert hat.

An zweiter Stelle stehen die Ausgaben für Nahrung und Getränke, die mit der Corona-Krise für die Franzosen auf 19 und für die Deutschen auf 15 % gestiegen sind. Anders ausgedrückt: Es bestätigt, dass für Franzosen Speis und Trank einen deutlich höheren Stellenwert haben und sie dafür ein Drittel mehr als Deutsche ausgeben.

An dritter Stelle kommen die Ausgaben für Verkehrsmittel. Hier haben die Deutschen an ihren Ausgaben festgehalten, angefangen bei den Ausgaben für ihr Auto, während die Franzosen diese um ein Fünftel gedrosselt haben.

Erst dann folgen Ausgaben für Kultur, Reisen, Kleidung und sonstige Freizeitbeschäftigungen, sofern dafür Geld übrigbleibt. Dafür geben Deutsche 20 % mehr aus als die Franzosen. *(Siehe Anlage 20)*

Die OECD hat einen anderen Ansatz. Mit dem *Better Life Index* steht seit über zehn Jahren ein gutes Instrument zur Messung der vielschichtigen Aspekte der Zufriedenheit zur Verfügung. Es ermöglicht jedem von uns, seinen eigenen Index durch eine persönliche Gewichtung der Kriterien zusammenzustellen und zum Beispiel ein Jahr später festzustellen, ob die Entwicklung unseren Vorstellungen entspricht. Dem einen ist das Wohnen wichtig, dem anderen die soziale Vernetzung. Auch dies ist neu: Es besteht keine Gewichtungsvorgabe der Themen.

Der Better Life Index, der für 34 Mitgliedstaaten veröffentlicht wird, wäre eine gute Grundlage für die Erstellung eines länderspezifischen Index, anhand welchem Politik anders gemessen werden könnte. Die Kriterien wären in beiden Ländern identisch, die Gewichtung würde aber den nationalen Vorlieben angepasst. Der von 2006 bis 2021 amtierende Generalsekretär der OECD Angel Gurría beschrieb 2009 das Ziel des Better Life Index bei erster Veröffentlichung wie folgt:

---

186 Benoit Ourliac, INSEE, „Mais si, l'INSEE prend bien en compte le logement dans l'inflation", 4. Februar 2020 und Marie Leclair, Catherine Rougerie & Hélène Thélot, INSEE, „Le logement dans l'indice de prix à la consommation", 18. April 2019

5. Wie wollen wir (als Wähler) unser Wohlbefinden messen?

*„Gesellschaftlichen Fortschritt messen ist für die Entwicklung und Politik im Allgemeinen wesentlich geworden. **Die Lebensqualität zu verbessern, sollte das ultimative Ziel der Regierungen sein.** Aber Regierungspolitik kann nur beste Ergebnisse liefern, wenn sie über zuverlässige Instrumente zur Messung dessen, was sie in den Leben verbessern wollen, verfügt."*[187]

Es war eine Betrachtungsrevolution, zu der es nur kommen konnte, weil zwischenzeitlich eine Datenharmonisierung innerhalb aller OECD-Staaten erfolgte.

„Mit dem Better Life Index lässt sich das gesellschaftliche Wohlergehen in den verschiedenen Ländern anhand von elf Themenfeldern vergleichen, die von der OECD sowohl in Bezug auf die materiellen Lebensbedingungen als auch für die Lebensqualität insgesamt als äußerst wichtig identifiziert wurden."[188]

Das BIP ist nur eine Teilmenge des wirtschaftlichen Wohlergehens (*economic well-being*). Dieses ist selbst nur ein Teilaspekt des menschlichen Wohlergehens (*human well-being*).

Für das *wirtschaftliche Wohlergehen* wird zunächst das BIP um Ausgaben, die nicht zum Wohlbefinden beitragen, korrigiert. zum Beispiel Kriminalität, Umweltverschmutzung und Scheidungen (sogenannte *„regrettables"*) werden zum Beispiel abgezogen, ganz im Sinne der oben zitierten Rede von Bob Kennedy.

Das *menschliche Wohlergehen* (human well-being) ist eine um das soziale Kapital und die Umweltqualität erweiterte Dimension. Diese enthält auch weiche und somit angreifbare Faktoren wie den Gesundheits- und Bildungsstand, die Lebenszufriedenheit, das Gesellschaftszugehörigkeitsgefühl und den erwarteten Lebensstandard.

---

[187] *„Measuring Progress of Societies, [...] has become fundamental for development and policy-making in general. Improving the quality of our lives should be the ultimate target of public policies. But public policies can only deliver best fruit if they are based on reliable tools to measure the improvement they seek to produce in our lives."* (OCDE (2008), *Statistics, Knowledge and Policy 2007 Measuring and Fostering the Progress of Societies*, OCDE, Paris

[188] Oecdbetterlifeindex.org, 19. Juli 2022

Von den elf Themen betreffen nur drei materielle Werte: Wohnen, Einkommen und Beschäftigung. Die weiteren acht befassen sich mit der Lebensqualität: Qualität der sozialen Vernetzung, Ausbildung, Umwelt, Governance, Gesundheit (Lebenserwartung und eigene Einschätzung seines gesundheitlichen Zustands), Lebenszufriedenheit, Sicherheit und Work-Life-Balance. Jedes Thema wird anhand von einem bis zu drei Indikatoren beleuchtet.

Bei gleicher Gewichtung aller Kriterien lebt es sich seit Beginn in Norwegen und Island am besten und Türkei, Mexiko und Südafrika schließen die OECD-Liste. Insgesamt sind Deutschland und Frankreich nur Mittelmaß, wie es schon mit dem Happy Planet Index zu sehen war. Frankreich liegt seit 2016 auf Rang 18, Deutschland fiel um einen Platz auf Rang 13.

Es bestätigt sich, dass Franzosen mit ihrem Leben deutlich weniger zufrieden sind als die Deutschen, obwohl sie überdurchschnittlich viel Raum für Freizeitaktivitäten haben. Die schlechtere Beschäftigungsquote und die höhere Langzeitarbeitslosigkeit könnten dies begründen. Das französische Nettoeinkommen, welches nur leicht über und das Nettovermögen leicht unter dem EU-Durchschnitt liegt, entspricht aber nur einem Drittel des Durchschnittsvermögens eines Luxemburgers.

Überdurchschnittlich gut schneiden Franzosen bei der Bewertung der Work-Life-Balance und beim Gemeinsinn ab. Die Wohnsituation scheint auf Anhieb vergleichbar zu sein. Eine französische Familie verfügt über durchschnittlich 1,8 Zimmer – wie in Deutschland auch.

Die großen Unterschiede zwischen Deutschen und Franzosen bestehen in der Bewertung der Bildung und der Umwelt, die für Deutsche gut, für die Franzosen unterdurchschnittlich ausfällt. (*Siehe Anlage 21*)

Das Thema Naturkapital gehört zu den vier Zusatzthemen für die Bewertung des well-beings der Zukunft, welches vor Kurzem angekündigt wurde.

Beim **Naturkapital** liegen derzeit Deutschland und Frankreich gleichauf. Der CO_2-Ausstoß ist in Frankreich deutlich geringer und wird es aufgrund des jeweiligen Energiemix auch bleiben. Seit 1990 sind die Emissionen in allen Sparten gesunken, insgesamt um 25 % mit Ausnahme vom Transportwesen, wo sie um 25 % gestiegen sind. Deshalb sollen im Rahmen des EU-Programms „Fit for 55" gerade bei Pkw die Emissionen bis

5. Wie wollen wir (als Wähler) unser Wohlbefinden messen?

2030 um 55 % im Vergleich zu 2021 gesenkt werden, um 100 % bis 2035. Darüber hinaus sollen 30 % des EU-Haushalts 2021–2027 und des Next-GenerationEU-Fonds dem Klimaschutz gelten. Um die Umweltziele zu erreichen, sollte die Gebäudesanierung stärker in den Fokus rücken: Gebäude verbrauchen 40 % des gesamten Energiebedarfs.

Der materielle Fußabdruck wurde in Deutschland im ersten Jahrzehnt des neuen Jahrtausends schnell gesenkt und liegt unter dem Niveau von 1970. Seitdem stagniert er aber und übertrifft den französischen Abdruck immer noch um 45 %. Deutschland produziert 20 %, Frankreich 10 % mehr Abfall pro Kopf als der EU-Durchschnitt. Auch bei der Artenvielfalt ist die Lage in Deutschland deutlich kritischer: Über ein Drittel der deutschen Säugetiere, nur 15 % der französischen Säugetiere sind bedroht.

Die deutsche **Wirtschaft** ist besser aufgestellt. Es werden über 3 % in Forschung und Entwicklung investiert, Industrie und Haushalte sind weniger verschuldet.

Auch das deutsche „**Humankapital**" ist dank einer höheren Beschäftigungsquote besser auf die Zukunft vorbereitet. Aufgrund der demografischen Entwicklung dürfte dieser Vorteil auch auf Dauer erhalten bleiben.

Das **Sozialkapital** zeigt ein differenziertes Bild. Die Gender-Ungleichheit ist in Frankreich niedriger. Dafür ist die gesellschaftliche Vertrauensbasis in Deutschland ausgeprägter. Zur Bewertung der sozialen Lage sollte noch die „Quote der Armut oder der von sozialer Ausgrenzung bedrohten Personen" hinzugefügt werden. Mit dieser kann die Zukunftssorge adressiert werden.

Mit der BIP-Logik brechen, um sich politisch an neuen Merkmalen messen zu lassen, sollte eine neue Dimension der deutsch-französischen Ambition für Europa werden, denn Wohlergehen ist mehr als reines Ertragswachstum. Das französische „Mal-être", welches mit den Gelbwesten zum Ausdruck kam, hat ja durchaus triftige Gründe. Das geschwächte Wirtschaftswachstum und die Desindustrialisierung haben zu einer tiefgreifenden Verunsicherung geführt. Die Angst, dass die zukünftigen Generationen schlechter leben werden, schwächt das Selbstbewusstsein und in der Folge den internationalen Auftritt.

Beide Länder haben zu Beginn des Jahrtausends die Voraussetzungen geschaffen um politischen Fortschritt anders zu messen. Das Datenmengengerüst für die qualitative Bewertung unseres Lebens steht zur Verfügung und ermöglicht eine Offenlegung der Stellschrauben für ein besseres Leben, was Ziel der Politik sein sollte. Die Zusammenführung in einen Index würde der Politik ein einfach zu verfolgendes Ziel und den Bürgern ein leicht verständliches Mittel zur politischen Bewertung – analog zum BIP – zur Verfügung stellen. Gemeinsame Kriterien auf EU-Ebene mit auf Staaten individuell angepassten Zielen, um den Landeseigenschaften Rechnung zu tragen, wie es die Vereinten Nationen schon für den CO_2-Ausstoß praktizieren, sollten ein einheitliches Vorgehen ermöglichen, auch um die Erderwärmung einzuhalten. Analog zur neuseeländischen Vorgehensweise sollten – auf Europa- wie auf Staatenebene – „Better-Life-Ziele" quantifiziert und als Grundlage für die Haushaltsmaßnahmen veröffentlicht werden.

Kapitel 5:
Fazit

Sechzig Jahre Elysée-Vertrag. Aus Erbfeinden sind Freunde geworden – eine große Errungenschaft. Es ist Anlass, die Bilder der erfolgreichen „deutsch-französischen Tandems" von de Gaulle und Adenauer, Giscard d'Estaing und Schmidt, Mitterrand und Kohl bis zu Merkel und Macron zu zeigen. Der EU-Binnenmarkt, die gemeinsame Währung und jüngst der NextGenerationEU-Fonds sind das Ergebnis dieses permanenten Austauschs auf höchster Ebene.

Aber es ist noch viel zu tun. Zum Beispiel muss im Wirtschaftswettbewerb eine größere Unabhängigkeit gegenüber Ländern wie China erreicht werden. Ebenfalls politisch muss Europa an Souveränität gewinnen, auch gegenüber den Vereinigten Staaten, um die Sicherheit an seinen eigenen Grenzen selbstständig zu bewahren.

Jeder Staat für sich genommen ist solchen Herausforderungen nicht gewachsen und daher beunruhigt. Charles-Maurice de Talleyrand hatte in seiner Annahme recht, dass die Selbstbeobachtung besorgt, der Vergleich aber beruhigt. Beruhigend für Frankreich sollte sein, dass Deutschland vor zwanzig Jahren noch als der kranke Mann Europas bezeichnet wurde und sich in kurzer Zeit zum Musterschüler Europas entwickelt hat. Für Deutschland ist es entscheidend, diese Erinnerung zu teilen, Alleingänge zu meiden und langfristig orientiert zu handeln.

Die Energiekrise ist – wie die Corona-Krise zuvor – das Paradebeispiel einer solch notwendigen Verständigung. Die Krise verschärft sich aufgrund des Ukraine-Kriegs, und die Sabotage an North Stream 1 und 2 ist eine zusätzliche Facette der hybriden Kriegsführung. Es kommt hinzu,

Kapitel 5: Fazit

dass Frankreich keinen Strom mehr exportiert, sondern einführen muss. Schuld daran sind die Dürre, aufgrund welcher der Wasserstrom um über 10 % gesunken ist, und die aufgrund von Korrosion wartungsbedingte Stilllegung von 32 seiner 56 Atomkraftwerke.

Wichtig ist, gerade jetzt alles in Bewegung zu setzen, um den Energiepreis zu senken. Dazu muss auch die europäische Ebene gestärkt werden. Die deutsche Regierung, die am Atomausstieg festhalten will, begründet das weitere Betreiben der letzten drei deutschen Meiler mit der mangelnden Stromlieferung aus französischen AKWs: Sonst stünde es schlecht um ihre energetische Versorgung. Die Grünen haben in dieser Frage die deutsche Politik fest im Griff. Die ersten Schritte des Atomausstiegs wurden schon vor zwanzig Jahren in der Koalition mit Gerhard Schröder beschlossen und – zum Erstaunen vieler – vor zehn Jahren durch Angela Merkel finalisiert. Die Vermutung liegt nahe, dass Angela Merkel ihre Kehrtwende in Atomfragen machte, um eine Koalition mit den immer stärker werdenden Grünen zu ermöglichen. Obwohl diese unmissverständlich pro-europäisch sind, wird in der Energiefrage noch in nationalen Grenzen gedacht. In Deutschland gilt „Atomkraft, Nein Danke", aber die französischen Kernkraftwerke sollen bitte weiter produzieren.

Emmanuel Macron, der erste dezidert pro-europäische Präsident seit Giscard d'Estaing, hat seinerseits beschlossen, sowohl atomare Kleinreaktoren einzusetzen als auch die Fertigstellung von alternativen Energiequellen (insbesondere Wind und Solar) zu beschleunigen. Aktuell verweigert er, den 2019 eingestellten Bau der 230 Kilometer langen Gas-Pipeline „Midcat" zwischen Spanien und Frankreich wieder aufzunehmen. Das Projekt wurde vor zehn Jahren ins Leben gerufen, um insbesondere Deutschland und Osteuropa mit afrikanischem Flüssiggas (und später grünem Wasserstoff) zu versorgen. Spanien verfügt bereits über die Flüssiggasterminals, von denen Deutschland gerade jetzt erst die ersten baut. Hauptgrund für Macrons Verweigerung, den Bau fertigzustellen, ist, dass dieser dem Willen widerspricht, die Abhängigkeit von fossilen Energien abzubauen. Er meint darüber hinaus die Fertigstellung käme zu spät – nämlich erst in drei Jahren –und drei Milliarden Euro bei dem knappen französischen Haushalt wären zu viel. Das europäische Gas- und Wasserstoffversorgungsnetz zu vervollständigen, ist dabei nebensächlich.

Kapitel 5: Fazit

Beide Positionen sind – national isoliert – verständlich. Wenngleich kurzfristig ein Zeichen von deutsch-französischer Solidarität mit einer gemeinsamen Absichtserklärung gesetzt wurde: Französisches Gas soll gegen deutschen Strom getauscht werden.

Auf europäischer Ebene wurde Anfang Oktober 2022 beschlossen, die „Supergewinne" (definiert als solche, die 20 % höher als im Durchschnitt der letzten vier Jahre sind) mit 33 % zu besteuern, um sie an Unternehmen und Haushalte umzuverteilen. Darüber wurde eine Reduzierung um 5 % des Energieverbrauchs zwischen dem 1. Dezember und dem 31. März 2023 beschlossen und der Gaspreis sollte gedeckelt werden. Deutschland, der größte Gasverbraucher der EU, leistet in der Frage Widerstand gegen fast alle anderen EU-Mitgliedstaaten, weil es befürchtet, dass dadurch mehr Gas verbraucht werden könnte.[189]

Es fehlt aber noch das gemeinsame mittel-/langfristige Zielbild. Auf welchen Energiemix wollen wir uns in Europa verständigen? In welcher Schrittfolge soll dieser erreicht werden?

Der Stromverbrauch in Europa wird noch um mindestens 30 % wachsen, getrieben von E-Mobilität und steigendem Industriebedarf. Deutschland sollte sich immer daran erinnern, dass sein Industrie-Energiebedarf (und CO_2-Ausstoß) überproportional hoch ist. Es muss ein gemeinsames Verständnis zum europäischen Energiemix herbeigeführt werden, auch um die nationalen Investitionen zeitlich abzustimmen und ihre Umsetzung finanziell zu optimieren. Dazu zählt eine Einigung über den unentbehrlichen Anteil an Atomenergie. Die Hälfte der europäischen Staaten verfügt über Atomkraftwerke, für zehn unter ihnen mit einem Anteil an der Stromerzeugung von mehr als 20 %: In Frankreich sind es 70 % und in Spanien 21 %. Schweden ist ein interessanter Fall mit einem heutigen Atomenergie-Anteil von 31 %. Das Land hatte nach jahrzehntelanger Stilllegung seiner AKWs den Wiedereinstieg beschlossen, als Deutschland nach Fukushima ausstieg. So verwundert weniger, dass Greta Thunberg, die Gründerin der Bewegung „Fridays for future" kritisierte, dass Deutsch-

---

189 Die Billigstromerzeuger (überwiegend Atom und erneuerbare Energien) sollen Erträge, die zwischen dem 1. Dezember 2022 und dem 30. Juni 2023 über die 180 Euro pro Megawattstunde erhoben werden, an die EU abführen (Beschluss des EU-Rats vom 30. September 2022).

land die AKWs abschalte und dafür die Kohlekraftwerke reaktiviere.[190] Schließlich ist Atom wesentlich, um die CO_2-Ziele der Union erreichen zu können. Anders als bei der Atomfrage besteht Einigkeit aller Staaten darüber, den Anteil erneuerbarer Energien zu erhöhen. Nur durch diese zusätzliche Stromquelle kann der wachsende Bedarf abgedeckt werden. Dies stimmt auch für Frankreich, wo Emmanuel Macron im September 2022 den ersten französischen Offshore-Windpark eingeweiht hat und den Bau weiterer Parks beschleunigen möchte.

Sich auf eine gemeinsame Energiepolitik zu verständigen, ist allein deshalb unentbehrlich, weil die Energiekrise den Populismus weiter stärken könnte. Wie im Kapitel „Politik" analysiert, führt die sinkende Wahlbeteiligung zu einer erhöhten Ergebnisvolatilität und neue Spielräume bieten sich für populistische Stimmenzugewinne. Die Erfolge der Rechtspopulisten von Schweden bis Italien verdeutlichen diese Gefahr. Die rechtspopulistische, erst 2012 gegründete Partei Fratelli d'Italia hat binnen vier Jahren ihren Stimmenanteil mehr als versechsfacht (von 4 auf 26 %) und ihre Anführerin Giorgia Meloni ist zwischenzeitlich zur Ministerpräsidentin ernannt worden.[191] Kein Wunder, dass sowohl die deutsche AfD, mittlerweile in den Umfragen auf Bundesebene bei 14 %, als auch der Rassemblement National zu den ersten Gratulanten zählten und schon ein rechtspopulistisch dominiertes Europa sehen.

Diese populistische Gefahr ist in Frankreich größer, erhält Marine Le Pen doch bei jeder Wahl mehr Stimmen und lag sie im ersten Wahlgang 2022 nur noch 2 % hinter Emmanuel Macron, vor allen anderen Kandidaten.

Alle Regierungen versuchen, die energiegetriebene Inflation durch finanzielle Staatshilfen für ihre Bürger und Unternehmen abzufedern, auch um den Populisten Wind aus den Segeln zu nehmen. Jedoch kön-

---

190 Greta Thunberg im ARD-Interview von Sandra Maischberger, 11. Oktober 2022
191 Die 1988 gegründeten Schwedendemokraten (Sverigedemokraterna) sitzen seit 2010 im schwedischen Reichstag. 2014 erhielten sie 12,5 %, 2018 wurden es 17,5 % und 2022 wurden sie mit 20,5 % stärkste Fraktion des konservativen Bündnisses. Die neue Regierung wurde Mitte Oktober 2022 gebildet: die ultrarechten Schwedendemokraten sind zwar nicht darin vertreten, obwohl sie 1 % mehr Stimmen als die konservativen Moderaten erhalten haben. Es bleibt abzuwarten welchen „politischen Preis" die Moderaten dafür zahlen werden.

Kapitel 5: Fazit

nen es sich nicht alle in gleichem Umfang leisten. Es hängt von den haushälterischen Spielräumen ab. Die Ankündigung eines zweiten deutschen 200-Milliarden-Programms (nach den schon im September beschlossenen 65 Milliarden für Studenten und Rentner!) entfachte eine Diskussion unter EU-Mitgliedstaaten über den erneuten deutschen Alleingang. Das Volumen sei deutlich höher als in allen anderen Staaten und würde somit deutschen Unternehmen Wettbewerbsvorteile verschaffen. Frankreich hatte z. B. schon einige Monate zuvor ein Programm für 2022 von „nur" 45 Milliarden Euro verabschiedet.[192] Hinzu kam, dass der Plan einen Tag vor (!) dem Energie-Gipfel der EU verkündet wurde. So viel zu deutschen Alleingängen. Auch der Versuch, das deutsche Programm kleinzureden (es würde bis 2024 gehen), konnte zunächst nicht überzeugen.

Die EU leistet ihren Beitrag. Sie will die Beihilfe-Regeln lockern, wenn Regierungen Unternehmen helfen, die unter hohen Energiepreisen und sonstigen Folgen des Ukraine-Kriegs leiden. Interessant ist, hier an die Stellungnahme der dänischen EU-Wettbewerbskommissarin Margrethe Vestager von 2020 zu erinnern, als das deutsche Konjunkturprogramm gegen die Corona-Krise verabschiedet wurde:

„Das Problem ist: Nicht alle Mitgliedsstaaten können sich das leisten. Wir wollen einerseits eine große Fragmentierung des Binnenmarktes verhindern. Andererseits profitieren auch die Lieferanten anderswo, wenn ein deutsches Unternehmen Hilfe erhält. Wenn dieser Mechanismus funktioniert, kann Deutschland zur Lokomotive Europas werden. Immerhin haben in den vergangenen zehn Jahren alle von Deutschland verlangt, dass es mehr ausgibt. Jetzt gibt es mehr aus, und jetzt soll auch das ein Problem sein?"[193]

Wie schon bei der Bekämpfung der Corona-Krise gibt eine solide Haushaltspolitik in Krisenzeiten mehr Spielräume zur Unterstützung der Wirt-

---

192 In Frankreich wurde am 15. September 2022 beschlossen, die Gas- und Strompreisdeckelung auf 15 % Erhöhung zu verlängern. Es sollen auch „Energie-Schecks" in Höhe von 100 bis 200 Euro für die 12 Millionen ärmsten Haushalte verteilt werden. Sparsame Verbraucher sollen einen Bonus erhalten.
193 Europäische Kommission, Vertretung in Deutschland, Presseartikel, 8. September 2020

schaft. Um die Corona-Krise zu bekämpfen, wurde die Antwort auf europäischer Ebene gefunden. Mit dem NextGenerationEU-Fonds wurde die gemeinsame Schuldenaufnahme beschlossen, die je nach Bedarf verteilt werden soll. Die Rechtfertigung war, dass es sich bei Corona um einen externen – nicht von den Ländern verursachten – Schock handelt. Die Finanzen von Italien und Spanien wurden somit geschont. Welches Risiko alle Mitgliedstaaten mit der gemeinsamen Verschuldung eingegangen sind, wird im Falle Italiens deutlich. Italien ist mit Abstand das größte Empfängerland des NextGenerationEU-Fonds und muss im Gegenzug Strukturreformen leisten. Mit der Wahl der rechtspopulistischen Mehrheit wird klar, dass der *Deal* nur dann glaubwürdig sein kann, wenn die vereinbarten Strukturreformen in Italien auch umgesetzt werden und diese objektiv von allen, insbesondere den Nettogeldgebern nachvollzogen werden können. Nur dann sind weitere Finanzierungen nach diesem Muster denkbar.

Es liegt auf der Hand, die Energiekrise als ähnlich verursacht zu betrachten. Dann wären auch vergleichbare Lösungen gefragt, um die Wettbewerbsfähigkeit nicht zu verzerren. Dies lehnt der deutsche Finanzminister Lindner jedoch zunächst ohne wirkliche Begründung ab.

Richtig ist, dass Verschuldungs- und Defizitquoten den Unterschied machen und gerade Deutschland zeigt, wie zutreffend die 3-%-Defizit-Regel des Maastricht-Vertrags ist. Das deutsche Defizit wurde nach der Finanzkrise konsequent auf nahezu null gesenkt und gab beim Ausbruch von Corona und nun der Energiekrise die Spielräume, um Unternehmen und Haushalte zu stützen, aus eigener Kraft. Es wird die Kernfrage der Solidargemeinschaft gestellt. Frugale und vermeintlich ausgabenfreudige Länder müssen sich aufeinander zu bewegen.[194] Empfängerländer müssen belegen, dass sie dieselben Spielregeln anwenden. Solidargemeinschaft darf nämlich nicht bedeuten, dass die einen sparen, um die Ausgaben anderer zu finanzieren: Länder mit solider Haushaltsfinanzierung dürfen nicht

---

194 2021 war das deutsche Haushaltsdefizit in Höhe von lediglich 3,7 %, weit unter den 6,5 % Frankreichs und dem europäischen Durchschnitt in Höhe von 4,7 %. Die Bruttoverschuldung der 19 Länder des Euro-Raums lag Ende des zweiten Quartals 2022 bei 94,2 %; Deutschland 67,2 %; Italien 150,2 %; Spanien 116,1 %; Frankreich 113,1 % (Eurostat).

faktisch „*lender of last resort*" werden. Politisch ist außerdem schwer vermittelbar, dass die Früchte einer soliden Haushaltspolitik nicht national geerntet werden dürfen. Der Weg der Haushaltssanierung im Euro-Raum muss wieder eingeschlagen werden – allen voran in Frankreich. Zentrifugalkräfte, die zur Sprengung des Euros führen könnten, werden durch solche Krisen gestärkt und es wird auch einen Zeitpunkt geben, zu welchem deutsche Populisten dieses Argument für sich entdecken.

Die deutsche Agenda 2010 hat zwar zur Haushaltssanierung beigetragen, schuf aber auch die Begriffe „Armut im Alter" und „Armut in Arbeit". Darüber hinaus wurden die Investitionen in Infrastrukturen stark vernachlässigt. Beispielhaft seien hier nur Glasfaserausstattung, der deutlich bessere Zustand der französischen Autobahnen und Brücken oder die Geschwindigkeit – mit stabilem Internet – des „TGV" genannt. Diese in Deutschland nicht getätigten Investitionen in Infrastrukturen haben eindeutige, aber diffuse (nicht in Rechnung gestellte) wirtschaftliche Kosten. Wie viel Zeit wird in Staus, in der Datenverarbeitung verloren? Die höheren französischen Defizite gehen nicht in Luft auf, sondern haben eine Gegenleistung. Die europäisch noch zu führende Diskussion über das richtige Maß an Defizit muss auch diese Dimension beinhalten. Kein Wunder, dass Mario Draghi, der auch den Vorschlag des Gaspreisdeckels unterbreitet hat, nach dem Sieg der Fratelli d'Italia erklärt:

„Angesichts der gemeinsamen Bedrohungen unserer Zeit können wir uns nicht aufteilen je nach Möglichkeiten unserer Haushalte. (…) In den nächsten Sitzungen des Europäischen Rats müssen wir Einigkeit, Entschlossenheit und Solidarität zeigen, so wie wir das bei der Unterstützung der Ukraine getan haben."[195]

Über die Frage der europäischen Solidargemeinschaft hinaus kann der Euro sich als internationale Währung im Wettbewerb mit dem US-Dollar und dem Renminbi nur bei wirklich vollzogener wirtschaftlichen Konvergenz behaupten.

---

195 Mario Draghi am 30. September 2022, zitiert in Der Spiegel: *„Italien wirft Deutschland gefährlichen Alleingang vor"*

Kapitel 5: Fazit

Heute ist Europa zwar Wirtschaftsriese, aber politisch ein Zwerg. Im Syrienkrieg geht es um die Bekämpfung des islamistischen Terrorismus, der insbesondere in Europa wütete. Die Amerikaner haben das Feld geräumt. Europa ist nur Zuschauer der Machtverteilung zwischen Russland und der Türkei und hat sich bei Migrationsfragen von Erdoğan abhängig gemacht. Der Ukraine-Krieg beendet den jahrelangen europäischen Versuch, die Lage mit diplomatischen Mitteln zu regeln, und ist Antwort genug für all diejenigen, die heute noch behaupten, man solle mit Putin verhandeln. Das nach der Krimbesatzung von Deutschland und Frankreich initiierte „Normandie-Format" und das daraus resultierende Minsk-Abkommen sind gescheitert. Mangels militärischer Kapazitäten Europas behalten die USA das Sagen. Der seit dem 27. Februar 2022 proklamierten „Zeitenwende" müssen nun Taten folgen, zu welchen auch die Selbstbehauptung gegenüber den Vereinigten Staaten zählt.

Vor dem Hintergrund der aufstrebenden chinesischen Weltmacht werden sich die USA immer mehr dem Pazifik zuwenden. Es liegt also im gemeinsamen transatlantischen Interesse, dass Europa in den kommenden zwanzig Jahren über eine größere strategische Autonomie verfügt – im Rahmen der NATO.

So wie es Europa in der zivilen Luftfahrt gelungen ist, muss es gelingen, eine europäische Verteidigungssouveränität herzustellen. Die USA hatten 2021 Militärausgaben in Höhe von 800 Milliarden und China von fast 300 Milliarden. Die sechs größten europäischen Verteidigungsbudgets – zusammen 200 Milliarden – entsprechen dem dreifachen Militärbudget Russlands (66 Milliarden).[196] Mit welchem Ergebnis? Der schlichte Vergleich dieser Zahlen zeigt das europäische Optimierungspotenzial! Das deutsche Ausgabenvolumen entspricht heute schon dem französischen Militärbudget: Auch hier ist der Effizienzunterschied frappierend. Zur Wahrheit gehört, dass das deutsche Sondervermögen in Höhe von 100 Milliarden Euro als großer Sprung gesehen wird, aber faktisch knapp bemessen ist, um den erheblichen Rückstand der Bundeswehrausstattung zu korrigieren. Trotz der bedeutenden Beträge, die die europäischen Staaten

---

[196] USA 801 Mrd., China 293 Mrd., Indien 76,6 Mrd., UK 68 Mrd., Russland 66 Mrd., Frankreich 56,6 Mrd., Deutschland 56 Milliarden, Italien 32 Mrd., Spanien 20 Mrd., Niederlande und Polen jeweils 14 Mrd. (Statista).

zusammen in Militärausgaben investieren, sind wir von amerikanischen Satelliten für die Beobachtung, amerikanischen Transportflugzeugen für die Bewegung der Truppen und amerikanischer Intelligenz gegen Cyberangriffe abhängig. Man denke an die russischen Cyber-Attacken auf den Bundestag oder die französischen Präsidentschaftswahlen.

Schon in den sechziger Jahren kritisierte der ehemalige US-Außenminister Henry Kissinger das werdende Europa, als er fragte, unter welcher Telefonnummer Europa denn zu erreichen sei. Er wollte 1965 die „transatlantischen Missverständnisse" ausräumen. Europa solle sich von seinem Vasallenstatus befreien, um zu einer Partnerschaft unter Gleichen zu avancieren.[197] Hier muss Deutschland sich freischwimmen und sechzig Jahre nach Unterzeichnung des Elysée-Vertrags europäische Sicherheits- und Außenpolitik nicht mehr amerikanischen Interessen unterordnen. Das politische Europa muss in die Lage versetzt werden, glaubwürdig seine Grenzen zu schützen und notfalls für Ordnung in der unmittelbaren Peripherie zu sorgen. Solche Vorhaben sind langfristiger Natur, aber die wesentlichen Weichenstellungen müssen jetzt erfolgen.

Zu den Herausforderungen, die von Europa sehr wahrscheinlich alleine gemeistert werden müssen, zählt auch die demografische Entwicklung in Afrika. Die zu erwartenden Flüchtlingsströme werden sich nicht nach Asien oder Nordamerika bewegen, sondern nach Europa. Unsere Gesellschaften sind offensichtlich nicht bereit, Hunderte von Millionen afrikanische Wirtschafts- und Klimaflüchtlinge aufzunehmen. Insofern die „unsichtbare Hand" der Wirtschaft nicht dafür sorgt, ist es eine politische Aufgabe, Lösungen – gemeinsam mit Afrika – herbeizuführen, um Arbeitsplätze für die 500 Millionen zusätzlichen Einwohner zu schaffen. Auch dies ist ein mittelfristiges Ziel, welches kurzfristig angegangen werden muss.

Nur wenn solche Herausforderungen bewältigt werden, sind die Bedürfnisse europäischer Wähler befriedigt und ihre Zufriedenheit langfristig verbessert. Genauso ist es mit dem Klimawandel. Dieser hat sich schleichend über lange Zeiträume aufgebaut. Antworten können auch nur langfristig ihre Wirkung zeigen, müssen aber kurzfristig formuliert werden, um uns mittel- bis langfristig ein besseres Leben zu sichern.

---

197 Henry Kissinger, „The troubled Partnership", Council on Foreign Relations Inc. (1965)

Kapitel 5: Fazit

Europa braucht Politiker, die über ihr eigenes Mandat hinausdenken, denn Maßnahmen zeigen ihre Wirkung lange, nachdem sie getroffen wurden. Und das Ergebnis solcher Maßnahmen ist aufgrund der langen Zeitschiene schwer messbar. Rein quantitative Wirtschaftsziele, wie das Wachstum des BIP, können monatlich nachvollzogen werden und verdrängen deshalb qualitative Ziele von der Agenda. Bürgerbewegungen wie die Gelbwesten oder „Fridays for future" zeigen uns, dass sich die demokratische Basis solche qualitativen Verbesserungen wünscht. Es ist also Zeit für die Übernahme einer neuen objektiv nachvollziehbaren Erfolgsmessung, wie es der Better Life Index ermöglicht.

Victor Hugo war nicht nur der weltberühmte Schriftsteller, er war auch ein engagierter europäischer Vordenker. Vor über 150 Jahren äußerte er sich voller Hoffnung wie folgt vor dem Pariser Friedenskongress:

„Ein Tag wird kommen, wo die Waffen Euch aus den Händen fallen werden! Ein Tag wird kommen, wo ein Krieg zwischen Paris und London, zwischen Petersburg und Berlin, zwischen Wien und Turin ebenso absurd schiene wie zwischen Rouen und Amiens, zwischen Boston und Philadelphia. Ein Tag wird kommen, wo Ihr, Frankreich, Russland, Italien, England, Deutschland, all ihr Nationen des Kontinents ohne die besonderen Eigenheiten Eurer ruhmreichen Individualität einzubüßen, Euch eng zu einer höheren Gemeinschaft zusammenschließen und die große europäische Bruderschaft begründen werdet.
Ein Tag wird kommen, wo es keine anderen Schlachtfelder mehr geben wird als die Märkte, die sich dem Handel öffnen, und den Geist, der sich den Ideen öffnet. Ein Tag wird kommen, wo die Kugeln und Bomben durch Stimmzettel ersetzt werden, durch das allgemeine Wahlrecht der Völker, durch die Entscheidungen eines großen souveränen Senates, der für Europa das sein wird, was das Parlament für England und die Nationalversammlung für Frankreich ist. Ein Tag wird kommen, wo man die Kanonen in Museen ausstellen wird und sich darüber wundern wird, was dies wohl sein könnte. Ein Tag wird kommen, wo zwei immense Gruppen, die Vereinigten Staaten von Amerika und die Vereinigten Staaten von Europa, die einen gegenüber den anderen, sich die Hand über das Meer reichen, ihre Produkte, ihren Handel, ihre Indus-

trie, ihre Kunst und ihre Ideen austauschen. An diesem Tag wird man sehen, wie die Menschen die Erde urban machen, die Wüsten besiedeln, die Schöpfung unter den Augen des Schöpfers weiterentwickeln und wie sie zum Wohle aller diese beiden unendlichen Kräfte miteinander verbinden: die Brüderlichkeit der Menschen und die Wirkkraft Gottes. Und bis zu diesem Tag wird es keine 400 Jahre brauchen, denn wir leben in einer schnelllebigen Zeit."[198]

Diese Äußerung ist aktueller denn je.

---

198 Victor Hugo, Eröffnungsrede zum Pariser Friedenskongress am 21. August 1849

Mein Dank

Ein solches Buch hat vielschichtige Wurzeln. Die tiefsten Wurzeln liegen ohne Zweifel bei meinen Eltern. Ein französischer Vater, der zunächst Deutschlehrer in Frankreich war, bevor er in der Wirtschaft erfolgreich wurde. Und eine deutsche Mutter, die als deutsch-französische Übersetzerin die Liebe zur Sprache mit ihm teilt, haben mich multikulturell geprägt. Für diese Offenheit gegenüber anderen Kulturen und ihre immer wohlwollende Begleitung bin ich ihnen unendlich dankbar.

Trotz deutsch-französischer Erziehung wundert es mich, dass ich ein rein französisches Studium – ohne deutsches Semester – absolviert habe, obwohl es schon die ersten Erasmus-Programme gab. Den Studienbezug zu Deutschland fand ich mit Alfred Grosser. Lange Gespräche, angefangen in seinem bescheidenen Büro unter den Dächern von Sciences Po, haben mich zutiefst geprägt: Welch ein Mentor! Besonders freut mich, dass ich die Alfred-Grosser-Gastprofessur an der Goethe-Universität einrichten konnte.

Den Weg nach Deutschland verdanke ich dem Vorstand der Landesbank Hessen-Thüringen, Herrn Kunisch, der mich von einer französischen Bank abgeworben hat, zunächst um die Helaba in Frankreich zu vertreten, und mich dann nach Deutschland holte. Sein internationales (nicht zuletzt kulturelles) Interesse erleichterten mir den beruflichen Einstieg in Deutschland.

Er öffnete mir die Tür zur Deutsch-Französischen Gesellschaft (DFG) und stellte mich meinem Vorgänger Heiner Hartmann vor, der mir die Gesellschaft anvertraute. Die DFG ermöglicht die Kontakte zu vielen hochspannenden Gästen. Insgesamt sind es in fast zwanzig Jahren Präsidentschaft über 200 geworden. Wir pflegen den Bezug zur französischen Kultur: In bester Erinnerung bleiben mir die Gespräche mit dem Kardinal von Paris, Jean-Marie Lustiger, und dem Großen Imam von Bordeaux, Tareq Oubrou. Regelmäßig setzen wir uns mit der politischen Entwicklung auseinander. Die Gespräche mit den französischen und deutschen Botschaftern sowie Journalisten wie Michaela Wiegel oder Gerald Braunberger der FAZ sind besonders aufschlussreich. Auch Wirtschafts- und Finanzthemen dürfen nicht fehlen und werden z. B. mit den Gouverneuren der Banque de France von Jean-Claude Trichet bis Francois Villeroy-de-Galhau immer spannend beleuchtet. In bester Erinnerung bleibt mir auch die Debatte über die europäische Bankenunion mit den Chefs der deutschen Tochtergesellschaften französischer Großbanken Lutz Diedrich, Philippe Oddo und Frank Schönherr. Ein solches Programm wäre nicht ohne engagierte Vorstandsmitglieder an meiner Seite möglich.

Die DFG ermöglichte den Weg in den Hochschulrat der Deutsch-Französischen Hochschule. Dank hier an den damaligen Präsidenten Pierre Monnet und das Deutsch-Französische Institut in Ludwigsburg. Herrn Frank Baasner, der mich für den Vorstand des Deutsch-Französischen Instituts vorschlug und sich nun bereit erklärt hat, das Vorwort zu schreiben, gilt eine besondere Anerkennung.

Schließlich danke ich Swen Wagner für das wertige Lektorat, Sarah Bellersheim und Tamara Kuhn für die zielstrebige Unterstützung im Verlag, meiner Schwester Isabelle und Andreas Berens für ihre pointierten Formulierungsvorschläge. Und natürlich verdanke ich die Schärfung der Ideen den vielen Gesprächen im Freundeskreis.

An erster Stelle aber geht mein Dank an meine Frau Katrin!
Sie steht mir und den Kindern nicht nur liebevoll zur Seite,
sondern weiß, wann und wie Kritik angebracht ist.

Das Buch widme ich ihr sowie Constance, Tristan und Theodor.

Anlagen

Anlage 1: Entwicklung der Einkommen

Reales BIP pro Kopf (in Euro)

	2000	2010	2010/ 2000	2020	2020/ 2010	2021	2021/ 2020
EU-27	22.450	24.900	+10,9 %	29.340	+0,2 %	30.880	+5,2 %
D	28.910	31.940	+10,5 %	34.590	+1,3 %	35.480	+2,6 %
F	28.930	30.690	+6,1 %	30.550	−1,3 %	32.530	+6,5 %

(Quelle: Eurostat, letzte Aktualisierung 8. November 2022)

Verfügbares Pro-Kopf Einkommen der Haushalte (in Euro)

	2000	2010	2010/ 2000	2020	2020/ 2010	2021	2021/ 2020
EU-27	13.754	18.980	+38,0 %	23.028	+21,3 %	24.243	+5,3 %
D	17.725	23.403	+32,0 %	29.689	**+26,9 %**	30.468	+2,6 %
F	16.670	22.232	+33,4 %	25.926	+16,6 %	27.247	**+6,5 %**

(Quelle: Eurostat, letzte Aktualisierung 3. November 2022)

Anlagen

Anlage 2: Deutsche Überschüsse, französische Defizite der Leistungsbilanz

	2012–2016	Durchschnitt p. a.	2017–2021	Durchschnitt p. a.
D				
Anteil Intra-EU 27	+95,5	+19	+12,8	+2,6
Anteil Extra-EU 27	+1.011,5	+202,3	+1.063	+212,6
Saldo Dienstleistungen	−152,3	−30,5	−60,3	−12,1
Primäreinkommen (insb. Einkünfte Auslandsinvestitionen)	332,4	+66,5	+477,1	+95,4
F				
Anteil Intra-EU 27	−475,7	−95,1	−568,1	−113,6
Anteil Extra-EU 27	+127,2	25,4	+159	+31,9
Saldo Dienstleistungen	+127,2	25,4	+128,9	+25,8
Primäreinkommen (insb. Einkünfte Auslandsinvestitionen)	+111,1	22,2	+116,9	+23,4

(Quellen: Eurostat, letzte Aktualisierung 20. April 2022, Deutsche Bundesbank „Wichtige Posten der Zahlungsbilanz"; lekiosquefinances.gouv.fr)

Direktinvestitionsbestände im Ausland in Millionen Euro

	2015	2016	2017	2018	2019	2020	2020/2015
Deutschland	1.257	1.297	1.372	1.436	1.581	1.593	+26,7 %
Frankreich	1.165	1.219	1.223	1.317	1.273	1.261	+8,2 %
Differenz	−92	−78	−149	−119	−308	−332	

(Quelle: Eurostat, letztes Aktualisierung 21.04.2022)

Anlage 2: Deutsche Überschüsse, französische Defizite der Leistungsbilanz

Deutsch-französischer Warenhandel seit 2013

	2013–2015 p. a.	2016–2020 p. a.	2021
Deutschland → Frankreich	36,7	83,1	83,2
Frankreich → Deutschland	71	68,4	68,8
	15,7	14,7	14,4

(Quelle: lekiosque.finances.gouv.fr)

Anlage 3: Bilanzsumme der EZB und der Fed

(Zahlen zum Stichtag)	EZB	Wachstum Euro-Raum	Fed	Wachstum USA
06/2008	13,3		6,3	
12/2008	15,4	0,5	18,7	0,1
12/2009	18,0	−4,8	15,3	−2,6
12/2010	18,3	2,1	15,9	2,7
12/2011	24,1	1,7	18,5	1,6
12/2012	26,0	−0,9 %	17,8	2,3
12/2013	19,7	−0,2 %	23,6	1,8
12/2014	18,3	1,4	25,2	2,3
12/2015	22,7	2,0	24,5	2,7
12/2016	29,2	1,9	23,4	1,7
12.2017	34,3	2,6	22,3	2,3
12/2018	34,6	1,9	19,5	2,9
12/2019	33,6	1,3	19,2	2,3
12/2020	52,1	−6,6	33,1	−3,4
12/2021	59,8	5,2	36,5	5,7

In Rot markiert Bilanzwachstum der Bilanzsumme um 4 % und mehr

Anlage 4: Schwerpunkte der sozialen Leistungen

In Euro pro Einwohner pro Jahr	2010		2020			2020/2010 (in %)	
	D	F	D	F	Euro-Raum 19	D	F
Gesamt	**8.560**	**8.502**	**12.066**	**11.021**	**9.830**	**+41**	**+29,6**
Alter	2.829	3.342	3.809	**4.256**	3.740	+34,6	+27,3
Krankheit/Gesundheitsversorgung	2.808	2.455	**4.202**	3.100	2.888	**+49,7**	+26,3
Familie/Kinder	942	686	**1.411**	776	767	**+49,8**	+13,1
Invalidität/Gebrechen	651	532	**1.037**	684	698	**+59,3**	+28,6
Arbeitslosigkeit	491	530	648	**1.005**	772	+32	+19,1
Hinterbliebene (Sterbegeld, Hinterbliebenenrente, Bestattungskosten)	612	484	687	532	589	+12,3	+10
Soziale Ausgrenzung	30	248	63	**440**	245	**+110**	**+77,4**
Wohnen	198	226	210	228	131	+6,1	+0,9

In **Fettdruck** = überdurchschnittliches Ausgabenwachstum; (Quelle: Eurostat, Sozialschutz, Tabellen pro Leistungen, letzte Aktualisierung 11. November 2022)

Anlage 5: Öffentliche Haushalte und Arbeitslosigkeit

Gesamte Ausgaben des Staates (in % des BIP)

	2000	2008	2009	2010	2019	2020	2021
EU 27	47,1	46,7	50,6	50,5	46,5	53,0	51,6
D	47,8	44,2	48,2	48,1	45,0	50,8	51,5
F	51,7	51,7	53,3	57,2	55,4	61,4	59,2
Delta	+3,9	+7,5	+5,1	+9,1	+10,4	+10,6	+7,7

(Quelle: Eurostat, Aktualisierung am 22. April 2022)

Gesamte Einnahmen des Staates (in % des BIP)

	2000	2008	2009	2010	2019	2020	2021
EU 27	45,9	44,7	44,6	44,5	46,0	46,2	46,9
D	46,2	44,1	45,0	43,8	46,5	46,5	47,8
F	50,3	50,0	50,0	50,0	52,3	52,5	52,8
Delta	+4,1	+5,9	+5,0	+6,2	+5,8	+6,0	+5,0

(Quelle: Eurostat; Aktualisierung am 22. April 2022)

Haushaltsdefizit (in % des BIP)

	2000	2008	2009	2010	2019	2020	2021
EU 27	−1,2	−2,0	−6,0	−6,0	−0,6	−6,8	−4,7
D	−1,6	−0,1	−3,2	−4,4	+1,5	−4,3	−3,7
F	−1,3	−3,3	−7,2	−6,9	−3,1	−8,9	−6,5
Delta	−0,3	+3,2	+4,0	+2,5	+4,6	+4,6	+2,8

(Quelle: Eurostat; Aktualisierung am 22. April 2022)

Öffentlicher Schuldenstand (in % des BIP)

	2000	2008	2009	2010	2019	2020	2021
EU 27	66,3	65,0	75,7	80,4	77,5	90,0	88,1
D	59,3	65,7	73,2	82,0	58,9	68,7	69,3
F	58,9	68,8	83,0	85,3	97,4	114,6	112,9
Delta	−0,4	+3,1	+9,8	+3,3	+39,5	+44,9	+43,6

(Quelle: Eurostat, Aktualisierung am 22. April 2022)

Anlagen

Entwicklung Arbeitslosigkeit

	2010	2015	2020	2021
EU	10,1	10,2	7,2	7,0
D	6,6	4,4	3,7	3,6
F	9,3	10,3	8,0	7,9
	+2,7	+5,9	+4,3	+4,3

(Quelle: Eurostat, Aktualisierung am 22. April 2022)

Beschäftigungsquote insgesamt (in %)

2021 (2017)	D	F	Delta (D-F)
15–64	75,8 (74,3)	67,2 (65,6)	+8,6 (8,7)
15–24	48,7 (45,9)	32,2 (29,2)	+16,5 (16,7)
25–54	84,5 (83,1)	82,1 (80,1)	+2,4 (3,0)
55–64 Jahre	71,8 (69,1)	55,9 (52,6)	+15,9 (16,5)

(Quelle: Eurostat, letzte Aktualisierung 12. April 2022)

Anlage 6: Öffentlich-rechtliche Sektoren in Frankreich und Deutschland

Deutschland	Anteil öffentliche Hand In %	Umsatz (Mrd. €)	Mitarbeiter (Tsd.)	Frankreich	Anteil öffentliche Hand In %	Umsatz (Mrd.€)	Mitarbeiter (Tsd.)
Energie (2)		**148,3**	**294,2**	**Energie (4)**		**147,8**	**339,9**
EnBW	93,5	32,1	26,1	Engie (ex GDF Suez)	24,1	66,6	153,1
Verband Kommunaler Unternehmen	84,5	116,2	268,1	EDF	83,9	75,0	167,2
				Orano (ex Areva)	90	4,7	16,5
				GRT Gaz	39	1,5	3,1
Transport (8)		**352**	**1.159,2**	**Transport (9)**		**185,1**	**789,3**
Volkswagen	11,8	250,2	672,8	Renault	15,0	55,5	179,6
EADS	10,9	52,1	126,5	EADS	11,0	52,1	126,5
Deutsche Bahn	100	47,0	323,1	SNCF	100	34,8	241,0
				SNCF Réseau	100	6,5	54,0
				Transdev	66	6,6	74,0
Deutsche Lufthansa	0[199]	18,9	107,6	Air France KLM	14,3	27,2	88,8

---

[199] Die Bundesrepublik hat im September 2022 seine letzte Beteiligung, in Höhe von ursprünglich 20 %, an institutionelle Investoren verkauft.

Anlagen

Fraport	51	1,7	21,2	Aéroports de Paris	100	2,1	24,4
Flughafen München	100	0,6	9,7	Aéroport de Nice[200]	36	0,2	0,6
Flughafen Köln-Bonn	100	0,2	1,6	Aéroport de Marseille	100	0,1	0,4
Flughafen Hamburg	51	0,2	2,0				
Flughafen BB	100	0,2	2,3				
Finanz-institute		**3.779**	**288,1**	**Finanz-institute (4)**		**2.640**	**24,9**
Sparkassen	100	1.414	200,7	Banque Postale	66	772	10,0
Landesbanken	100	949	33,5	Dexia	46,8	114	0,6
Deka	100	86	4,7				
LBS	100	74,5	6,8				
KfW	100	546,4	7,4	CDC	100	1.311	6,4
Länder-Förderbanken	100	315	4,5	Banque des territoires		280	1,8

200 Aéroport Côte d'Azur gehört zu 64 % Azzura Aeroporti, einer Beteiligungsgesellschaft die mehrheitlich dem italienischen Privatinvestor Atlantia gehört, zu 25 % der IHK Nizza, dem öffentlich-rechtlichen Métropole de Nice-Côte d'Azur (5 %), der Région Sud (5 %) und dem Département des Alpes-Maritimes (1 %).

Anlage 6: Öffentlich-rechtliche Sektoren in Frankreich und Deutschland

Landwirtschaftliche Rentenbank	100	95,3	0,3	SFIL		75	0,3
AkA	100	4,0	0,1	Section générale		147	6,4
FMS		145,8	0,1	BPI France	100	101	2,3
10 Öffentlich-rechtliche Versicherer	100	**149,0**	**30**	**CNP Assurances**	62	**342**	**5,6**
Verteidigung	**0**	**0**	**0**	**Verteidigung (5)**		**40,5**	**185,2**
Rheinmetall	0	5,7	24	Thales (ex Thomson CSF)	25,7	16,2	80
ThyssenKrupp	0	34,0	101	Safran (ex. SNECMA und SAGEM)	11,2	16,5	79
Diehl Defence	0	3,0	16,5	Naval Group	62,3	3,6	13,6
Krauss-Maffei Wegmann-KMW	0	1,6	5,0	KNDS (Fusion von Nexter und KMW)	50	2,4	8,3
MTU	0	4,2	10,5	Chantiers de l'Atlantique	84,3	1,6	3,3

Sonstige (4)		206,6	809,8	GIAT Industries	0,2	1,0
				Sonstige (4)	74	415,6
Deutsche Telekom	31,8	108,8	216,5	Orange	27,0	42	153
Deutsche Post DHL Group	20,5	81,8	592,3	La Poste	100 %	26	249
ARD und ZDF	100	8,1	1,0	France Télévisions	100 %	2,8	10
Deutscher Lotto- und Totoblock	100	7,9	k.A.	La Française des Jeux	22	1,9	2,5
				Icade	38,8	1,3	1,1
Gesamt			2.658,9	Gesamt			1.754,9

(Quelle: Agence des participations de l'Etat; Bundesministerium für Finanzen, Beteiligungsbericht 2021; Geschäftsberichte 2021 der Unternehmen)

Anlage 7: Wert des CAC 40 übertrifft DAX 40 (In Klammern Ranking 2011)

DAX 40 (Mrd. €)			Marktkapi-talisierung		CAC 40 (Mrd. €)			Marktkapi-talisierung	
Titel	Branche	Hauptsitz	2011	2022	Titel	Branche	Hauptsitz	2011	2022
Linde (12)	Energie	Bay	20		LVMH (3)	Luxus	Paris	56	360
SAP (3)	IT	BW	50		L'Oréal (4)	Luxus	Paris	49	192
Siemens (1)	Elektro	Bay	68		Hermes	Luxus	Paris	—	156
Telekom (6)	Telekom	NRW	38		Total Energies(1)	Energie	Paris	93	152
Airbus	Aero	HH	—		Sanofi (2)	Pharma	Paris	76	110
Top 5					Top 5				969
VW (2)	Auto-mobil	NS	50		Airbus (15)	Aero	Paris	20	93
Allianz (8)	Finanz	Bay	34		Schneider (12)	Energie	Paris	22	80
Merck (15)	Pharma	He	17		Essilor (23)	Optik	Paris	12	79
Mercedes Benz (7)	Energie	BW	36		Air Liqui-de (9)	Energie	Paris	27	74
Siemens Health		Bay	—		Kering (19)	Luxus	Paris	14	68

Anlagen

Top 10				964,5	Top 10				1.362
BMW (10)	Automobil	Bay	33	55	BNP Paribas (6)	Finanz	Paris	37	66
Bayer	Chemie	NRW	41	53	Axa (11)	Finanz	Paris	24	64
Post – DHL (18)	Post	NRW	14	49	Vinci (16)	Bau	Luxembourg	19,1	56
BASF (4)	Chemie	BW	50	46	Safran (25)	Aero	Paris	9,7	50
Infineon (28)	IT	Bay	6	43	**Dassault systèmes**	Rüstung	Vélizy (Paris)		50
Top15				1.211	Top 15				1.647
Munich Rück (14)	Finanz	Bay	17	41,5	Pernod Ricard (17)	Agro	Paris	19	49
Deutsche Börse (25)	Finanz	HE	8	32,2	Stellantis (39)	Automobil	Hoofddorp (NL)	3	46
Henkel (13)	Chemie	NRW	18	28,3	Engie (ex GDFSuez 5)	Energie	Paris	48	36
RWE (16)	Energie	NRW	17	27,9	SMT Micro (37)	IT	Paris	4	34
Sartorius	Pharma	NS	–	25	Danone (9)	Agro	Paris	31	33
Top20				1.366	Top 20				1.846
adidas (21)	Kleidung	Bay	11	25	Cap Gemini (38)	IT	Paris	4	32

Anlage 7: Wert des CAC 40 übertrifft DAX 40 (In Klammern Ranking 2011)

Unternehmen	Branche	Land			Unternehmen	Branche	Stadt		
E.On	Energie	He	33	24	CA (24)	Finanz	Paris	11	28
Beiersdorf	Pharma	HH	11	24	Orange (8)	Telekom	Paris	32	27
Hannover Rück	Finanz	NS	5	22	**Thalès**	Rüstung	Paris	–	26
Deutsche Bank (11)	Finanz	He	27	21	Saint-Gobain (18)	Bau-Glas	Paris	16	23
Vonovia	Immobilien	NRW	13	20	Legrand (33)	IT	Limoges	7	22
Porsche	Auto mobil	BW	–	18	Arcelor (13)	Stahl	Paris	22	21
Symrise	Chemie	NS	3	16	Michelin	Auto mobil	Clermont Ferrand	8	19
Fresenius (18)	Pharma	He	12	14	Société Générale (20)	Finanz	Paris	13	19
Continental	Auto mobil	NS	N.A.	12	Veolia (36)	Wasser	Paris	4	18
DAX 30				**1.561**	**Top 30**				**2.080**
Qiagen	Pharma	NRW	3	11	Publicis	Medien	Paris	7	16
Siemens Energy	Energie	Bay	–	11	**Téléperformance**	IT	Paris	–	13

Anlagen

MTU	Aero	Bay	6	Eurofins Scientific	Pharma	Luxemburg	–	13
Brenntag	Chemie	NRW	4	**Worldline**	IT	Bezons (Paris)	–	13
Heidelberg Zement 26)	Bau	He	6	Carrefour (22)	Handel	Paris	12	12
MTU Aero	Aero	BW	–	Bouygues (29)	Bau	Versailles	8	12
Fresenius Medical 17)	Pharma	He	16	Alstom (31)	Transport	Genf	7	10
Zalando	Textile	Berlin	7	Renault 28)	Automobil	Paris	8	10
Puma	Textil	Bay	3	Vivendi (14)	Medien	Paris	21	9
Covestro (Ex Bayer)	Chemie	NRW	5	Unibail	Immo/Bank	Paris	13	8
DAX 40			**1.656**	**CAC 40**				**2.195**

In Rot markiert: Börsenkapitalisierung 2022 liegt unter der Börsenkapitalisierung 2011

(Quelle: Marketsinsider, Börsenkapitalisierungen per 18. November 2022, alle Werte gerundet)

Anlage 8: Schrumpfender Anteil der Industrie, vor allem in Frankreich (in % des BIP)

	2000	2010	2020
Deutschland			
Industrie	27,7	26,8	26,5
Ohne Bau und Bergbau, Gas und Strom	**21,0**	**20,0**	**18,0**
Frankreich			
Industrie	21,3	17,8	16,4
Ohne Bau und Bergbau, Gas und Strom	**14,0**	**10,0**	**9,0**

(Quelle: Weltbank, 13. Mai 2022)

Zahl der Mitarbeiter	Grande entreprise >5.000	Entreprises de taille inter-médi-aire (ETI) 250–4.999	Petites et Moyennes Entreprises 11–249	Microentre-prises < 10
Anzahl Frankreich	287	**5.783**	139.941	**3.674.141**
Mitarbeiter insgesamt (Mio.)	3,9	3,3	3,8	2,4
% von Gesamt	29			18
Mehrwert in %	33	25	21	21
Anzahl Deutschland	314	**16.361**	426.037	**2.931.871**
Mitarbeiter % von Gesamt	**44**			18

(Quellen: Statista; INSEE)

Anlagen

Eric Besson: Pressekonferenz Januar 2011, anlässlich der Präsentation des Berichts „Wettbewerbsabweichung zwischen Frankreich und Deutschland verhindern" (*„Enrayer la divergence de competitivité entre la France et l'Allemagne"*)

„L'Allemagne est notre principal client, notre principal fournisseur, notre principal partenaire et notre principal concurrent. Les 20.000 entreprises françaises qui exportent vers l'Allemagne représentent à elles seules 16% de nos exportations.

L'Allemagne, c'est aussi l'économie de la zone euro qui a le mieux réussi à conserver une industrie compétitive. (…) Il faut donc nous comparer au meilleur niveau de performance économique et industrielle, afin de tirer notre économie vers le haut.

(…) les exportations françaises de marchandises sont passées de 54% des exportations allemandes en 2000 à 40% aujourd'hui;

en 20 ans, l'écart entre l'excédent allemand et le déficit français est passé de 10 à 200 milliards d'euros, soit 10% de notre PIB! Rapporté en termes d'emplois de taux d'emploi, l'écart entre la France et l'Allemagne représenterait 2 millions d'emplois…

(…) la France enregistre depuis 2000, un différentiel négatif de competitivité avec l'Allemagne, et ce différentiel s'accroît"

Anlage 9: Kriterien der Wettbewerbsfähigkeit des World Economic Forum

Kriterium	Best of Class	Punkte von 100	Deutschland	Punkte von 100	Frankreich	Punkte von 100
Bereitschaft zum Wandel						
Institutionen	Finnland	78,5	11	66,5	18	64
Infrastruktur um Energiewende zu beschleunigen	Estland	99,7	19	79,6	13	82,6
Zukunftsorientierte, flexible Steuersysteme	Südafrika	65,2	10	54,2	9	55,6
Humankapital						
Bildung; Vorbereitung auf die Jobs von morgen	Finnland	75,3	13	61,4	19	56,8
Überarbeitung der Arbeits-Markt Gesetze & Sozialsysteme	Dänemark	77,0	4	74,0	10	66,7
Infrastruktur für Gesundheit, Senioren & Kinder	Schweden	75,9	11	51,4	10	52,7
Märkte & Innovationen						
Finanzierung langfristige Investitionen, Inklusion & Stabilität fördern	Finnland	95,4	15	79,3	7	83,0
Wettbewerbsregeln	USA	77,6	11	65,6	13	64,7
Märkte der Zukunft fördern insb. im Schulterschluss mit öffentlich-rechtlichem Sektor	Finnland	59,5	12	48,1	8	50,1
Forschung	USA	57,3	10	49,2	7	50,8
Förderung von Diversity & Gleichberechtigung um Kreativität zu erhöhen	China	79,2	17	62,6	18	62,2

(Quelle: Klaus Schwab, Saadia Zahari, World Economic Forum „Global Competitiveness Report 2020")

Anlagen

Forschung und Entwicklung

	1991	2000	2010	2020
EU-27			1,97	2,31
D	2,47	2,47	2,73	3,13
F	2,32	2,15	2,18	2,30
	−0,15	−0,32	−0,55	−0,83

(Quelle: Eurostat, Gesamtausgaben für Forschung und Entwicklung in % des BIP, 21. Oktober 2022)

Anlage 10: Deutschland und Frankreich setzen unterschiedliche Schwerpunkte bei der Aufteilung der Mittel des NextGenerationEU-Fonds

In Mrd. Euro	Deutschland	Frankreich	Italien	Spanien
Genehmigtes Planvolumen	130	100	221	69,5
Anteil EU-Fördermittel	25,6	39,4	68,9	69,5
EU-Fremdfinanzierung	−	−	122,6	−
Eigene Fremdfinanzierung	104,4	60,6	24,9	−
Aufteilung				
Elektromobilität 43,4	5,4	0,01	24,8 Bahn	13,2 in Städten (6,5) überregional (6,7)
Energieversorgung 38,4	3,3 Dekarbonisierung & Wasserstoff	5,3 Energie & grüne Technologien	23,8	6 Erneuerbare (3,1) Wasserstoff (1,5) Infrastruktur (1,4)

Anlage 10: Deutschland und Frankreich setzen unterschiedliche Schwerpunkte

Modernisierung der Wirtschaft 6,5	5,9 Digitalisierung	3,2 Technologische Unabhängigkeit	11,4 Digitalisierung	16,1 KMU (4,9) Digitalisierung (3,9) Industrie (3,8) Tourismus (3,4)
Gebäude Wärmedämmung 30,3	2,3	5,8	15,4	6,8
Gesundheitssystem 30,2	4,6	6,0 Forschung & Gesundheit	15,6 Digitalisierung (8,6) Telemedizin (7)	1,0
Bildung 28,2	1,4 Digitalisierung		19,5	7,3 Digitalisierung (3,4) Berufsausbildung (2) Sonstiges (1,9)
Landwirtschaft 27,1		2,1	20,4 Meer (15,1)	4,6 Küsten und Meer (2)
Modernisierung der öffentlichen Hand 19,5	3,5	2,1 Digitalisierung	9,7	4,2
Arbeitsmarkt & berufliche Ausbildung 19,1		7,5	6,7	4,9
Forschung 5,7		1,7		4,0 Forschung (3,5) Künstliche Intelligenz (0,5)
Sonstiges	1,3 Sozialer Zusammenhalt		13,2 Soziale Infrastruktur	

(Quelle: https://eur-lex.europa.eu/legal-content/EN)

Anlagen

Anlage 11: Deutscher und französischer Energiemix

Der Primärenergieendverbrauch

(In %)	Deutschland (Zahlen 2020)	Frankreich (Zahlen 2019)
Gesamtverbrauch (in Twh)	503	441
Industrie	28,4 %	21,7 %
Davon Chemie	29,3 %	29,9 %
Metallerzeugung & Verarbeitung	21,9 %	23,9 %
Kokerei & Mineralöl	10 %	
Glas, Keramik, Stein	8,1 %	
Papier	6,7 %	10,4 %
Nahrungsmittel	5,7 %	14,0 %
Gewerbe, Handel, Dienstleistungen	15,1 %	15,7 %
Haushalte	28,9 %	27,9 %
Verkehr	27,5 %	31,6 %

(Quelle: Umwelt Bundesamt, Energieverbrauch nach Energieträgern und Sektoren

Verteilung des Stromverbrauchs in Deutschland nach Verbrauchergruppen im Jahr 2021, 25. März 2022, & Destatis, Pressemitteilung Nr. 551 vom 6. Dezember 2021; INSEE Références „Consommation d'énergie dans l'industrie" 1. Dezember 2021)

Die Strom-Produktion 2021

	Deutschland	Frankreich
Gesamtproduktion	**480 TWh**	**1.423 TWh**
Erneuerbare Energien	45,7 %	22,6 %
Wind	23 %	2,9 %
Photovoltaik	9,9 %	1,1 %
Biomasse	8,8 %	9,6 %
Wasserkraft	4 %	4,4 %
Sonstige (Meer, Abfall)		4,6 %
Braunkohle	20,2 %	–
Kernenergie	13,3 %	75 %
Erdgas	10,5 %	2,4 %
Steinkohle	9,5 %	–

(Quelle: Strom-Report 2022)

Anlage 11: Deutscher und französischer Energiemix

Treibhausgas-Emissionen (in Millionen Tonnen Kohlendioxid-Äquivalenten)

in Millionen	EU	D	F
1990	4.847	1.242	544
2019	3.602	800	436
2020	3.298	729	393
2020/1990	−31,9 %	−41,3 %	−27,8 %

(Quelle: Umwelt Bundesamt Treibhausgas-Emissionen in der Europäischen Union 7. September 2022)

Anlage 12: Rede von Robert Kennedy an der University of Kansas am 18. März 1968

„(...) *Too much and for too long, we seemed to have surrendered personal excellence and community values in the mere accumulation of material things. Our Gross National Product, now, is over $800 billion dollars a year, but that Gross National Product – if we judge the United States of America by that – that Gross National Product counts air pollution and cigarette advertising, and ambulances to clear our highways of carnage. It counts special locks for our doors and the jails for the people who break them. It counts the destruction of the redwood and the loss of our natural wonder in chaotic sprawl. It counts napalm and counts nuclear warheads and armored cars for the police to fight the riots in our cities. It Charles Whitman's*[201] *rifle and Speck's knife, and the television programs which glorify violence in order to sell toys to our children.*

Yet the Gross National Product does not allow for the health of our children, the quality of their education or the joy of their play. It does not include the beauty of our poetry or the strength of our marriages, the intelligence of our public debate or the integrity of our public officials. It measures neither our wit nor our courage, neither our wisdom nor our learning, neither

---

201 Charles Whitman (1941–1966) war ein Massenmörder aus Texas. Nach der Ermordung seiner Mutter und seiner Ehefrau erschoss er 17 Menschen an der University of Texas. Whitman wurde durch einen Polizisten im Einsatz erschossen. Richard Speck (1941–1991) war ein Serienmörder.

our compassion nor our devotion to our country, it measures everything in short, except that which makes life worthwhile. And it can tell us everything about America except why we are proud that we are Americans."

Anlage 13: Deutsche sind immer zufriedener, Franzosen nicht

Die Glücksmessung der World Database of Happiness

	Wie zufrieden sind Sie mit Ihrem Leben?				Happy life years	Inequality of happiness	Inequality-adjusted happiness
	Rang 2019	1990– 1999	2000– 2009	2010– 2019	Jahre	Koeffizient	Rang
Dänemark	1.	8,0	8,3	8,2	64,8	1,64	1.
Mexiko	2.	7,3	7,9	8,1	61,6	2,22	9.
Kolumbien	3.	8,1	7,7	8,1	61,1	2,19	10.
Deutschland	26.	6,7	7,1	7,4	59,5	1,97	19.
Frankreich	62.	6,4	6,6	6,8	55,5	2,29	55.

(Quelle: Veenhoven, R., Inequality of Happiness in 157 nations 2010–2019.
World Database of Happiness, Rank Report Inequality Adjusted happiness)

Anlage 13: Deutsche sind immer zufriedener, Franzosen nicht

Gallup's Glücksmessung

(2019–2021)	Deutschland	Frankreich	Best of Class
Rang (Ranking of Happiness)	14	20	Finnland
Punkte	(7.034)	(6.687)	(7.821
BIP pro Kopf	14	23	Luxemburg
(in USD)	(52.684)	(44.464)	(116.518)
Gesellschaftliche Unterstützung (1)	50	16	Island
(Punkte ; Max 1; 1=best)	(0.886)	(0.940)	(0.984)
Gesunde Lebensjahre (2)	20	8	Japan
(Punkte)	(71.099)	(72.199)	(74,225)
Freedom to make life choices	54	62	Kambodscha
(Punkte ; Max 1; 1=best)	(0.842)	(0.829)	(0.961)
Großzügigkeit (3)	31	82	Indonesien
(Punkte ; Max 1; 1=best)	(0.430)	(0.259)	(0.846)
Wahrgenommene Korruption der Regierung und im Geschäftsleben	127	118	Singapur
(Punkte ; Max 1; 0=best)	(0.434)	(0.564)	(0.108)
„Positive affect" (4)	55	62	Panama
(Punkte ; Max 1; 1=best)	(0.704)	(0.690)	(0.840)
„Negative affect" (5)	117	100	Taiwan
(Punkte ; Max 1; 0=best)	(0.228)	(0.250)	(0.100)

(1) Antwort ja/nein auf die Frage: „If you were in trouble, do you have relatives or friends you can count on to help you whenever you need them, or not?"

(2) Basierend auf den Daten der Weltgesundheitsorganisation

(3) Antwort ja/nein auf die Frage: „Have you donated money to a charity in the past month?" geteilt durch log BIP

(4) „Positive affect": Durchschnitt der Antworten auf die Fragen, ob am Vortag etwas 1) zum Lachen gebracht, 2) für Freude gesorgt 3) etwas interessantes gemacht oder gelernt hat.

(5) „negative affect": Durchschnitt der Antworten auf die Fragen, ob am Vortag etwas 1) beunruhigt, 2) traurig oder 3) wütend gemacht hat

(Quelle: Gallup, World Happiness Report 2022)

Anlagen

Anlage 14: Deutsche und Franzosen setzen unterschiedliche Werteschwerpunkte

In Rot Abweichungen D/F > 5 Prozentpunkte

Bedeutung von	Deutschland	Frankreich	Höchster Wert	Niedrigster Wert
Arbeit	89,7	94,2	Albanien 97,8	UK 79,3
Familie	98,3	97,0	Italien 99,6	Niederlande 94,0
Freunde	95,3	90,8	Ukraine 99,2	Rumänien 79,5
Freizeit	92,8	86,6	Schweden 96,4	Litauen 78,5
Politik	65,3	39,0	Schweden 75,6	Slowenien 16,7
Religion	37,8	37,4	Rumänien 82,2	Tschechien 21,2
Glück	91,0	86,2	Norwegen 94,4	Rumänien 78,8
Zufriedenheit	73,9	69,7	Schweiz 78,1	Ukraine 56,5
Gesundheitsempfinden	61,9	66,1	Schweiz 78,6	Belarus 45,8
Mitgliedschaft in				
Religiöser Verein/Kirche	33,4	4,9	Dänemark 59,4	Albanien 2,8
Bildung, Kultur oder Musikverein	18,0	9,5	Schweiz 26	Portugal 2,2
Gewerkschaft	13,6	5,2	Dänemark 52,2	Albanien 0,2
Partei	3,6	2,0	Mazedonien 12,9	Portugal 0,6
Umwelt, Tierschutz	8,1	3,9	Schweiz 20,0	Belarus 0,9
Berufsgenossenschaft	10,2	4,0	Schweiz 22,5	Bosnien 2,3
Sport	42,1	18,6	Niederlande 44,6	Portugal 2,7
Humanitäre-/Wohltätigkeitsorganisation	12,4	7,2	Schweden 23,2	Russland 1,3
Verbraucherschutz	1,3	1,4	Schweden 10,8	Litauen 0,1
Selbsthilfe	7,4	1,7	Ukraine 9,2	Russland 0,5
Ehrenamt in den letzten 6 Monaten	27,7	21,5	Norwegen 45,4	Serbien 4,0

Anlage 14: Deutsche und Franzosen

Möchte ich nicht als Nachbarn				
Andere Rasse	4,8	3,7	Türkei 41,9	Schweden 1,0
Alkoholiker (heavy drink)	71,0	40,9	Belarus 85,8	Norwegen 29,4
Zuwanderer/ Gastarbeiter	6,5	9,9	Tschechien 58,9	Schweden 3,1
Drogenabhängige	76,2	57,6	Belarus 94,1	Portugal 36,3
Homosexuelle	8,4	8,0	Türkei 78,5	Schweden 2,4
Moslem	3,8	8,5	Armenien 67,8	Albanien 0,5
Juden	4,3	4,1	Litauen 36,1	UK 1,4
Zigeuner	30,8	22,9	Litauen 76,8	Albanien 8,4
Glaube, man kann Menschen vertrauen	41,4	26,6	Dänemark 74,1	Bosnien 9,7
Vertraue voll oder ein wenig				
Familie	98,2	93,3	Belarus 99,3	Frankreich 93,3
Nachbarn	80,5	76,1	Niederlande 91,9	Rumänien 46,1
Bekannte	94,0	91,9	Schweden 98,9	Rumänien 65,5
Anderer Religion	62,8	70,0	Schweden 88,8	Rumänien 29,5
Ausländer	62,9	72,4	Schweden 92,9	Rumänien 26,0
Wichtig beim Job ist				
Gute Bezahlung	75,6	71,5	Albanien 95,5	Schweiz 57,1
Gute Arbeitszeiten	65,0	46,7	Rumänien 87,6	Italien 47,0
Initiativ werden können	61,6	54,5	Rumänien 76,2	Italien 35,8
Urlaub	33,8	30,2	Albanien 86,7	Italien 13,3
etwas erreichen zu können	63,5	77,6	Slowenien 95,2	Slowakei 50,4
Verantwortung haben	57,1	59,0	Slowenien 86,1	Russland 20,9

Anlagen

Förderung des eigenen Talents	78,3	72,6	Bulgarien 86,4	Schweden 37,3
Arbeit ist eine gesellschaftliche Pflicht	78,0	70,2	Portugal 85,6	Ukraine 40,1
Arbeit kommt vor Freizeit	30,1	38,9	Albanien 90,3	Niederlande 22,9
Ehe ist erfolgreich, wenn				
Treue	98,9	97,5	Polen 99,7	Österreich 97,0
Gutes Einkommen	74,9	82,7	Portugal 96,8	Dänemark 47
Gute Wohnverhältnisse	90,9	93,8	Slowakei 98,4	Dänemark 77,2
Hausarbeit teilen	80,2	87,1	Rumänien 96,8	Armenien 54,5
Kinder	84,5	83,0	Rumänien 94,8	Dänemark 61,4
Zeit für Hobbys & Freizeit	92,4	92,8	Norwegen 97,0	Aserbaidschan 67
Hochzeit nicht zeitgemäß	20,5	36,0	Spanien 37,1	Bosnien 9,7
Kinder leiden, wenn Mutter arbeitet	34,1	31	Georgien 78,5	Dänemark 9,0
Familie leidet, wenn Frau Vollzeit arbeitet	47,4	38	Italien 66,9	Dänemark 14,1
Sonstiges				
Universität wichtiger für Männer	4,7	5,9	Schweden 1,4	Russland 29,2
Bei knapper Arbeit Vorrang für Nationale	30,7	43,2	Ukraine 8 2,0	Schweden 11,5
Homosexuelle sind genauso gute Eltern	66,6	67,7	Schweden 76,6	Georgien 3,8
Wichtig, Gehorsam zu Hause zu lernen	11,4	25,9	Spanien 40,4	Schweden 7,3
Einkommensgleichheit	50,7	45,1	Georgien 89	Bosnien 33,7
Wichtig ist hohes Wachstum	63,9	66,4	Bulgarien 89,6	Schweiz 55,2

Anlage 14: Deutsche und Franzosen

Sein Land bei Krieg verteidigen	52,1	70	Norwegen 89,4	Spanien 37,7
Vertrauen ins Bildungssystem	52,9	70,2	Norwegen 86,4	Bulgarien 40,3
Vertrauen ins Parlament	38,9	34,7	Norwegen 70,5	Kroatien 7,4
Vertrauen in die EU	42	49,4	Litauen 70,5	Serbien 23
Vertrauen in Regierung	35	31,6	Schweiz 67,8	Rumänien 18,8
Fühlt sich nah zu				
Stadt/Gemeinde	37,4	76,2	Slowakei 96	UK 73
Region	84,4	81	Portugal 92,3	Belarus 70,5
Staat	91,6	91	Norwegen 98,4	Russland 75,6
Zuwanderer				
Nehmen unsere Jobs	29,4	41,6	Russland 68,6	Schweden 25,3
Erhöhen Kriminalität	62,6	47,8	Tschechien 78,9	UK 46,5
Plündern Sozialsystem	65,6	57,5	Bulgarien 81,6	Spanien 43,2
Ideale Energie				
Atom	3,8	17,2	Tschechien 46,8	Norwegen 3,7
Kohle	4,6	4,1	Polen 28,7	Schweiz 1,8
Gas	7,0	25,7	Russland 46,5	NL 8,7
Wasser	74,3	72,4	Norwegen 88,6	Finnland 34,7
Solar	86,3	82,5	Spanien 94,1	Tschechien 52,4
Wind	75,1	71,3	Spanien 93	Tschechien 48,8

(Quelle: Loek Halman, Tim Reeskens, Inge Sieben, Marga van Zundert, „Atlas of European values")

Anlage 15: Europäische Erhebung zur Lebensqualität

Subjektives Wohlbefinden

	Wie zufrieden	Wie glücklich	Mein Alltag ist voller interessanter Dinge.	Ich bin frisch und ausgeruht aufgewacht.	Als gut empfundener Gesundheitszustand
D	5,9	6,8	44,7 %	48,8 %	63,7 %
F	5,5	6,9	49,3 %	41,8 %	64,9 %
Best	7,2 (Dänemark)	7,5 (Dänemark)	68,3 % (Niederlande)	64,7 % (Finnland)	75,5 % (Spanien)
Worst	4,3 (Griechenland)	6,1 (Griechenland)	42,9 % (Rumänien)	37,7 % (Polen)	40,4 % (Lettland)

(Quelle: Eurofound (2020), „Living, working and COVID-19")

	Optimistisch für die Zukunft meines Landes	Optimistisch für eigene Zukunft (*)	Optimistisch für Kinder & Enkel (*)
D	32,2 %	57,3 % (68)	33,9 % (58)
F	19 %	41,3 % (59)	20,3 % (42)
Best	68,8 % (Dänemark)	70,7 % (Dänemark)	63,5 % (86) (Finnland)
Worst	13,4 % (Polen)	33,7 % (31) (Griechenland)	27,6 % (25) (Griechenland)

(Quelle: Eurofound (2020), „Living, working and COVID-19")

(*) in Klammern Rang 2016

Anlage 16: Wie Deutschland und Frankreich bei den Indizes der menschlichen Entwicklung der Vereinten Nationen abschneiden

Index der menschlichen Entwicklung (HDI= Human Development Index) – 189 Länder

	HDI-Rang	Lebens-erwartung bei Geburt	Voraus-sichtliche Schul-Besuchs Dauer mit 6 Jahren	Durch-schnitt-liche Schul-besuchs-dauer der über 25-Jähri-gen	Brutto-national-einkommen pro Kopf in USD
Schweiz	1	84	16,5	13,9	66.933
Norwegen	2	83,2	18,2	13,0	64.660
Island	3	82,7	19,2	13,8	55.782
Deutschland	9	80,6	17,0	14,1	54.534
Frankreich	28	82,5	15,8	11,6	45.937

(Quelle: Human development report 2021/2022)

Der Ungleichheitsbereinigte Index der menschlichen Entwicklung (IHDI = Inequality adjusted Human Development Index)

	IHDI-Rang	Anteil Ärmsten 40 %	Anteil Reichste 10 %	Anteil Reichste 1 %
Island	1	23,2	21,6	9,4
Norwegen	2	23,7	24,6	7,6
Dänemark	3	20,2	25,5	10,6
Deutschland	8	20,8	25,1	12,8
Frankreich	26	20,9	26,7	9,8

(Quelle: Human development report 2021/2022: Alle Angaben in %)

Anlagen

Index der geschlechtsspezifischen Entwicklung (GDI= Gender adjusted Human Development Index)

	GDI-Rang	Lebens-erwartung		Voraussichtl. Bildungsjahre		Effektive Bildungsjahre		Brutto-nationaleinkommen Pro Kopf in USD	
		Frau	Mann	Frau	Mann	Frau	Mann	Frau (in % Mann)	Mann
Dänemark	1.	83,3	79,5	19,3	18,1	13,2	12,8	49.876 70,3	70.961
Norwegen	2.	84,9	81,6	18,9	17,5	13,1	12,9	54.699 73,5	74.445
Schweiz	3.	85,9	82,0	16,4	16,6	13,5	14,2	54.597 77,5	70.451
Deutschland	19.	83,2	78,1	17,0	17,0	13,6	14,3	46.150 73,1	63.143
Frankreich	22.	85,5	79,4	16,2	15,5	11,4	11,8	38.403 71,1	53.988

(Quelle: Human development report 2021/2022)

Um planetarische Belastungen bereinigter Index der menschlichen Entwicklung (PHDI= Planetary pressures adjusted Human Development Index)

	PHDI-Rang (HDI-Rang)	CO_2-Emissionen pro Kopf in Tonnen	Materieller Fuß-abdruck pro Kopf in Tonnen (*)
Schweiz	1. (2)	3,7	31,1
Norwegen	2. (3)	7,6	38,8
Island	3. (13)	8,6	59,6
Deutschland	6. (6)	7,7	19,4
Frankreich	8. (26)	4,2	17,1

(Quelle: Human development report 2021/2022)

Anlage 16: Wie Deutschland und Frankreich bei den Indizes abschneiden

(*) „**Materieller Fußabdruck pro Kopf:** Der materielle Fußabdruck ist die Verknüpfung der globalen Materialentnahme mit der inländischen Endnachfrage eines Landes. Der gesamte materielle Fußabdruck ist die Summe der materiellen Fußabdrücke für Biomasse, fossile Brennstoffe, Metallerze und nichtmetallische Erze. Der materielle Fußabdruck wird berechnet als Rohstoffäquivalent der Importe plus inländische Entnahme minus Rohstoffäquivalent der Exporte. Der materielle Fußabdruck pro Kopf beschreibt den durchschnittlichen Materialeinsatz für die Endnachfrage."

Anlage 17: Der Happy Planet Index und der ökologische Fußabdruck

Happy Planet Index

		2006	2010	2015	2019
Lebenserwartung	Deutschland	79,5	80,1	80,8	81,3
	Frankreich	80,6	81,5	82,2	82,7
	Costa Rica	78,2	78,8	79,6	80,3
Lebenszufriedenheit	Deutschland	–	6,7	7,0	7,0
	Frankreich	6,6	6,8	6,4	6,7
	Costa Rica	7,1	7,3	6,9	7,0
Ökologischer Fußabdruck	Deutschland	5,4	5,1	4,9	4,4
	Frankreich	5,4	5,2	4,7	4,4
	Costa Rica	2,6	2,4	2,5	2,65
Happy Planet Index	**Deutschland**	–	46,8 (40)	50,7 (25.)	52,7 (29.)
(in Klammern Rang)	**Frankreich**	46,5	48,8 (32.)	48,7 (39.)	51,8 (31.)
	Costa Rica	62,7	65,3 (1.)	61,7 (1.)	62,0 (1.)

(Quelle: www.happyplanetindex.org, 9. August 2022)

Anlagen

Ökologischer Fußabdruck

In „gha" (global hectare) pro Kopf (*)	1970	1980	1990	2000	2010	2018
Saldo Welt	0	−0,4	−0,5	−0,7	−1,1	−1,2
USA	−5,6	−5,4	−5,7	−6,3	−5,1	−4,7
Deutschland	−5,1	−5,5	−5,1	−3,7	−3,7	−3,3
Frankreich	−3,1	−3,3	−2,8	−2,6	−2,5	−2,1
China	−0,1	−0,5	−0,7	−0,9	−2,3	−2,6
Indien	−0,2	−0,2	−0,4	−0,4	−0,6	−0,8
Indonesien	1,0	0,7	0,3	0	−0,2	−0,5
Nigeria	+0,1	−0,4	−0,2	−0,4	−0,5	−0,4
Ägypten	−0,3	−0,4	−1,0	−1,1	−1,5	−1,4
Kongo	+9,4	+7,0	+4,7	+3,1	+2,0	+1,4
Brasilien	+16,4	+12,3	+9,9	+7,7	+6,3	+6,0
Mexiko	+0,7	−0,7	−0,8	−1,7	−1,8	−1,2
Kolumbien	+6,4	+4,5	+3,4	+2,5	+1,9	+1,7

In gha pro Kopf (*)	Welt		Deutschland		Frankreich	
	2000	2018	2000	2018	2000	2018
Biocapacity deficit	−0,7	−1,2	−3,7	−3,3	−2,6	−2,1
Ecological footprint	−2,5	−2,8	−5,5	−4,7	−5,5	−4,5
Biocapacity	1,8	1,6	1,8	1,5	2,9	2,4
Carbon	1,41	1,69	3,67	3,04	3,09	2,51
Fischgründe	0,09	0,09	0,06	0,04	0,19	0,22
Ackerland	0,48	0,51	0,79	0,69	0,92	0,79
Bebautes Land	0,05	0,06	0,17	0,13	0,19	0,15
Forstprodukte	0,31	0,28	0,65	0,58	0,84	0,51
Weiden	0,17	0,13	0,18	0,19	0,35	0,24

(Quelle: data.footprintnetwork.org, 9. August 2022)

(*) „Ein ‚global hectare' ist ein biologisch produktiver Hektar mit weltdurchschnittlicher biologischen Produktivität für ein gegebenes Jahr" („*A global hectare is a biologically productive hectare with world average biological productivity for a given year.*") Quelle: footprintnetwork

Anlage 18: Wo stehen Frankreich und Deutschland bei den 17 Nachhaltigkeitskriterien der Vereinten Nationen?

Ziel 1: Keine Armut (insgesamt 10 Kriterien)

Hier Armut, oder von soziale- Ausgrenzung bedrohte Personen
(in % der Gesamtbevölkerung)

	2005	2010	2015	2020
EU-27	25,6	23,4	24,0	21,5
Deutschland	18,4	19,7	20,0	20,4
Frankreich	18,9	19,2	18,4	18,9

(Quelle: Eurostat, letztes Update 29. Juni 2022)

Ziel 2: Kein Hunger (insgesamt 9 Kriterien)

Hier: Fettleibigkeit nach BMI (Best= 0)

	2008	2014	2019
EU-27		51,1	52,7
Deutschland	52,1	52,1	53,5
Frankreich	43,6	47,2	47,2

(Quelle: Eurostat, letztes Update 8. Juni 2022)

Ökologisch genutzte Landwirtschaftsfläche (in % von Gesamt)

	2010	2015	2020
EU-27	5,9	6,6	9,1
Deutschland	5,9	6,3	9,6
Frankreich	2,9	3,9	8,7

(Quelle: Eurostat, letztes Update 5. Mai 2022)

Anlagen

Ziel 3: Gesundheit und Wohlergehen (insgesamt 11 Kriterien)

Gesunde Lebensjahre nach Geburt

	2005	2010	2015	2020
EU-27	60,9	61,8	62,8	64,0
Deutschland	54,6	58,3	66,4	65,7
Frankreich	63,5	62,6	63,6	64,6

(Quelle:Eurostat, letztes Update 16. Mai 2022)

Subjektiv wahrgenommene gute bzw. sehr gute Gesundheit
in % der Gesamtbevölkerung

	2005	2010	2015	2020
EU-27	64,1	66,8	66,7	69,5
Deutschland	60,1	65,3	64,6	63,9
Frankreich	68,8	67,4	67,9	68,6

(Quelle: Eurostat, letztes Update 16. Mai 2022)

Tödliche Arbeitsunfälle pro 100.000 Erwerbstätige

	2010	2015	2019
EU-27	2,3	1,8	1,6
Deutschland	1,2	1,0	0,8
Frankreich	2,4	2,6	2,7

(Quelle: Eurostat, letztes Update 20. Januar 2022)

Ziel 4: Hochwertige Bildung (insgesamt 7 Kriterien)

Hier: Anteil in % der 15-Jährigen mit schlechten Leistungen im Lesen, Mathematik und Naturwissenschaften (von OECD)

	2000	2006	2012	2015	2018
EU-27		23,7	18,0	20,0	22,5
Deutschland	22,6	20,0	14,5	16,2	20,7
Frankreich	15,2	21,7	18,9	21,5	20,9

(Quelle: Eurostat, letztes Update 12. Mai 2022)

Anlage 18: Wo stehen Frankreich und Deutschland

Ziel 5: Geschlechtergleichstellung (insgesamt 8 Kriterien)

Hier: Sitze von Frauen in Parlamenten in %

	2003	2005	2010	2015	2018
EU-27	21,1	21,9	24,0	28,2	32,7
Deutschland	30,9	30,0	31,5	36,2	31,8
Frankreich	11,6	15,9	20,4	26,3	38,6

(Quelle: Eurostat, letztes Update 14. Februar 2022)

Hier: Von Frauen besetzte Führungspositionen in %

	2003	2005	2010	2015	2020	2021
EU-27	8,2	9,6	11,8	22,2	29,5	30,6
Deutschland	9,8	12,2	12,6	26,1	36,3	36,0
Frankreich	5,3	7,3	12,3	35,6	45,1	45,3

(Quelle: Eurostat, letztes Update 9. Februar 2022)

Ziel 6: Sauberes Wasser und Sanitärversorgung (insgesamt 7 Kriterien)

Anteil der Bevölkerung, die weder über ein Bad, eine Dusche oder ein WC in ihrer Wohnung verfügt (in %)

	2005	2010	2015	2020
EU-27		2,9	2,2	1,5
Deutschland	0,1	0,4	0,0	0,0
Frankreich	0,5	0,3	0,3	0,4

(Quelle: Eurostat, letztes Update 13. Mai 2022)

Nitratkonzentration im Grundwasser (Milligramm pro Liter)

	2000	2005	2010	2015	2019
EU-27	21,1	20,8	20,8	21,2	20,7
Deutschland	25,1	24,7	25,0	26,9	26,3
Frankreich	18,3	18,4	18,7	18,2	18,2

(Quelle: Eurostat, letztes Update 14. Februar 2022)

Ziel 7: Bezahlbare und saubere Energie (7 Kriterien)

Primärenergieverbrauch der privaten Haushalte (kg Rohöl)

	2000	2005	2010	2015	2020	2020/2000
EU-27	1.396	1.498	1.457	1.353	1.237	−11,3 %
Deutschland	317	322	315	296	263	−17 %
Frankreich	239	261	254	244	208	−13 %

(Quelle: Eurostat, letztes Update 11. Juli 2022)

Anteil erneuerbarer Energien an Bruttoendenergieverbrauch (in %)

	2004	2010	2015	2020
EU-27	9,6	14,4	17,8	22,1
Deutschland	6,2	11,7	14,9	19,3
Frankreich	9,3	12,6	14,8	19,1

(Quelle: Eurostat, letztes Update 19. April 2022)

Ziel 8: Menschenwürdige Arbeit und Wirtschaftswachstum (10 Kriterien)

BIP pro Kopf

	2000	2005	2010	2015	2020	2021
EU-27	22.450	24.060	24.900	25.950	26.390	27.830
Deutschland	28.910	29.730	31.940	34.130	34.310	35.290
Frankreich	28.930	30.320	30.690	31.540	30.550	32.530

(Quelle: Eurostat, letztes Update 12. Juli 2022)

Beschäftigungsquote der 20- bis 64-Jährigen in %

	2010	2015	2020	2021
EU-27	67	68,5	71,7	73,1
Deutschland	74	76,9	78,1	79,6
Frankreich	69,6	70,3	72,1	73,2

(Quelle: Eurostat, letztes Update 11. Juli 2022)

Anlage 18: Wo stehen Frankreich und Deutschland

Armutsgefährungsquote der Erwerbstätigen in % der Gesamtbevölkerung

	2005	2010	2015	2020
EU-27		8,5	9,7	8,8
Deutschland	4,8	7,2	9,7	8,6
Frankreich	5,4	6,5	7,5	7,5

(Quelle: Eurostat, letztes Update 29. Juni 2022)

Ziel 9: Industrie, Innovation und Infrastruktur (9 Kriterien)

Bruttoinlandsaufwendungen für FuE in % des BIP

	2000	2005	2010	2015	2020
EU-27	1,8	1,8	2,0	2,1	2,3
Deutschland	2,4	2,4	2,7	2,9	3,1
Frankreich	2,1	2,1	2,2	2,2	2,4

(Quelle: Eurostat, letztes Update 15. März 2022)

Patentanmeldungen nach Wohnsitzland des Anmelders

	2012	2015	2020	2021	in % der gesamten EU-Anmeldungen
EU-27	60.451	62.618	69.925	67.713	
Deutschland	27.249	24.807	25.882	25.969	38,4 %
Frankreich	9.897	10.760	10.614	10.537	15,6 %

(Quelle: Eurostat, letztes Update 2. Mai 2022)

Anteil von Bahn und Schifffahrt in % des inländischen Güterverkehr

	2005	2010	2015	2020
EU-27	25,6	25,4	25,9	22,6
Deutschland	30,1	29,5	28,4	25,0
Frankreich	14,4	12,5	15,1	12,1

(Quelle: Eurostat, letztes Update 20. April 2022)

Anlagen

Ziel 10: Weniger Ungleichheiten (11 Kriterien)

Relativer Medianwert der Armutsgefährdungslücke

Die Armutsgefährdungslücke gibt Auskunft darüber, wie weit das Einkommen der armutsgefährdeten Bevölkerung unter der Armutsgefährdungsgrenze liegt.

	2000	2005	2010	2015	2020
EU-27			22,9	24,8	24,8
Deutschland	19	18,9	20,7	22,0	24,6
Frankreich	18	16,5	19,5	15,7	21,5

(Quelle: Eurostat, letztes Update 29. Juni 2022)

Einkommensverteilung (GINI-Koeffizient)

	2005	2010	2015	2020
EU-27	5,0	4,9	5,2	4,9
Deutschland	3,8	4,5	4,8	4,9
Frankreich	4,0	4,4	4,3	4,5

(Quelle: Eurostat, letztes Update 29. Juni 2022)

Ziel 11: Nachhaltige Städte und Gemeinden (10 Kriterien)

Anteil von Bussen und Zügen in % des Inlandspersonenverkehrs

	2000	2005	2010	2015	2020
EU-27	18	17,4	16,9	17,6	12,8
Deutschland	14,8	14,2	14,0	15,5	12,1
Frankreich	13,9	14,2	14,5	16,2	13,0

(Quelle: Eurostat, letztes Update 13. Juli 2022)

Ziel 12: Verantwortungsvoller Konsum und Produktion (7 Kriterien)

Rohstoffverbrauch (materieller Fußabdruck in Mrd. Tonnen)

	2010	2015	2019
EU-27	6.621	6.198	6.517
Deutschland	1.247	1.243	1.251
Frankreich	905	851	919

(Quelle: Eurostat, letztes Update 16. Mai 2022)

Anlage 18: Wo stehen Frankreich und Deutschland

Ziel 13: Maßnahmen zum Klimaschutz (7 Kriterien)

Nettotreibhausgasemissionen

Gesamt Treibhausgasemissioner (CO2-Äquivalente) indiziert auf Kyoto-Basisjahr 1990

	2000	2005	2010	2015	2020
EU-27	90,1	92,2	84,4	77,3	66,7
Deutschland	81,7	79,2	73,8	70,4	57,1
Frankreich	102,8	98,3	91,8	83,4	73,2

(Quelle: Eurostat, letztes Update 11. Juli 2022)

Nettotreibhausgasemissionen der Land- und Forstwirtschaft
(in Millionen Tonnen)

	2000	2005	2010	2015	2020
EU-27	−299	−309,7	−322,3	−302,7	−229,5
Deutschland	−9,6	+4,3	−14,7	−20,4	−11,3
Frankreich	−19,7	−47,3	−38,4	−34,6	−14,0

(Quelle: Eurostat, letztes Update 11. Juli 2022

Ziel 14: Leben unter Wasser (6 Kriterien)

Fläche der Meeresschutzgebiete (in Quadratkilometern)

	2012 (*)	2016	2019	In % der EU Fläche
EU-27	216.742	385.661	555.008	
Deutschland	25.641	26.684	25.688	4,6
Frankreich	47.110	55.621	139.724	25,2

(*) erstes Erhebungsjahr

(Quelle: Eurostat, letztes Update 13. Mai 2022)

Anlagen

Ziel 15: Leben an Land (8 Kriterien)

Anteil der Waldfläche (in %)

	2010	2012	2015	2018
EU-27	39,3	40,7	42,6	43,5
Deutschland	30,9	31,1	32,2	32,4
Frankreich	30,1	30,6	31	32,8

(Quelle: Eurostat, letztes Update 18. Mai 2021)

Flächenversiedlungsindex (2006 = 100)

	2009	2012	2015	2018
EU-27	101,8	103,5	104,5	108,3
Deutschland	101,2	102,5	103,2	106
Frankreich	102,5	104,1	105	109,5

(Quelle: Eurostat, letztes Update 27. April 2022)

Phosphatkonzentration in Flüssen (in Milligramm pro Liter)

	2000	2005	2010	2015	2019
EU-27	0,08	0,07	0,06	0,05	0,06
Deutschland	0,08	0,08	0,07	0,06	k. A.
Frankreich	0,08	0,07	0,05	0,04	0,06

(Quelle: Eurostat, letztes Update 14. Februar 2022)

Ziel 16: Frieden, Gerechtigkeit und Institutionen (6 Kriterien)

Standardisierte Sterbeziffer aufgrund von Mord und Totschlag (in %)

	2001	2005	2010	2015	2019
EU-27		1,2	1,0	0,8	
Deutschland	0,7	0,5	0,6	0,5	0,4
Frankreich	0,9	0,8	0,8	0,5	0,4

(Quelle: Eurostat, letztes Update 11. April 2022)

Anlage 18: Wo stehen Frankreich und Deutschland

Index der Korruptionswahrnehmung

	2012	2015	2018	2021
EU-27				
Deutschland	79	81	80	80
Frankreich	71	70	72	71

(Quelle: Eurostat, letztes Update 15. Februar 2022)

Vertrauen in die EU-Kommission

	2000	2005	2010	2015	2020	2021
EU-27		50	47	36	45	47
Deutschland	36	43	39	34	50	44
Frankreich	49	44	42	30	35	37

(Quelle: Eurostat, letztes Update 23. August 2021)

Vertrauen in die EZB

	2000	2005	2010	2015	2020	2021
EU-27	43	46	46	35	42	47
Deutschland	45	56	50	35	43	45
Frankreich	43	35	35	28	35	40

(Quelle: Eurostat, letztes Update 23. August 2021)

Ziel 17: Partnerschaften zur Erreichung der Ziele (6 Kriterien)

Öffentliche Entwicklungshilfe in % des BIP

	2000	2005	2010	2015	2020
EU-27	0,32	0,42	0,44	0,42	0,50
Deutschland	0,27	0,36	0,39	0,52	0,73
Frankreich	0,30	0,47	0,50	0,37	0,53

(Quelle: Eurostat, letztes Update 27. Juni 2022)

Anlagen

EU-Einfuhren aus Entwicklungsländern (in Milliarden Euro)

	2000	2005	2010	2015	2020
EU-27	293,3	436,3	665,2	760,6	851,8
Deutschland	61,2	84,3	137,8	159,0	172,8
Frankreich	46,0	59,3	75,6	83,2	78,9

(Quelle: Eurostat, letztes Update 20. April 2022)

Anlage 19: Unterschiede der deutschen und französischen Nachhaltigkeitskriterien

Gemeinsamkeiten

Deutschland				Frankreich	
Generationengerechtigkeit (Note durch den deutschen Rat für nachhaltige Entwicklung)				Nachhaltiger Verbrauch und nachhaltige Produktion; Klimawandel und Energiequellen; Erhalt der Biodiversität	
Indikator	Kriterium	Note		Indikator	Bewertung
Ressourcenschonung	Energie-Produktivität	3		CO_2-Abdruck	Überdurchschnittlich
	Primärenergie-verbrauch	3			verlangsamt
	Rohstoff-Produktivität	2		Rohstoffproduktivität	+ 29 % seit 1990
Klimaschutz	Treibhausgas-Emissionen	1		Treibhausgas-Emissionen	
Erneuerbare Energien	Anteil erneuerbarer Energien	1		Anteil erneuerbarer Energien	
	Anteil des Stroms aus erneuerbaren Energien	1		Anteil des Stroms aus erneuerbaren Energien	Von 2005 bis 2010 um 3 % gestiegen
Flächeninanspruchnahme	Anstieg der Siedlungs- und Verkehrsfläche	3		Anstieg der Siedlungs- und Verkehrsfläche	Steigt leicht
Artenvielfalt		4		Vogelartenvielfalt	Gefahr droht
Innovation	Ausgaben für FuE	1		FuE	2,26 %
Bildung	18- bis 24-Jährige ohne Abschluss	1		Frühzeitiger Schulabbruch	12,8 %
	30- bis 34-Jährige mit tertiärem oder postsek. Abschluss	1			
	Studienanfänger-Quote	1			

Lebensqualität			
Wirtschaftliche Leistungsqualität	BIP je Einwohner	1	BIP je Einwohner
Mobilität	Gütertransport-Intensität	4	Energieverbrauch im Transport
	Personentransport-Intensität	3	*Personentransport ist einer von 35 Subindikatoren*
	Anteil Schienenverkehr	3	*Schienenverkehr ist einer von 35 Subindikatoren*
	Anteil Binnenschifffahrt	4	*Binnenschifffahrt ist einer von 35 Subindikatoren*
Luftqualität	Schadstoffbelastung der Luft	2	Schadstoffbelastung der Luft	Besser als Kyoto
Internationale Verantwortung			
Entwicklungszusammenarbeit	Entwicklungsausgaben zum BIP	3	Entwicklungsausgaben zum BIP	0,50 % des BIP, gestiegen
Märkte öffnen	Einfuhren aus Entwicklungsländern	1		

(Quellen: Statistisches Bundesamt, Nachhaltige Entwicklung in Deutschland, 2012; Commissariat général au développement durable, Repères, 2012)

Anlage 19: Unterschiede

Abweichungen

Deutschland			Frankreich
Generationengerechtigkeit (Note durch den deutschen Rat für nachhaltige Entwicklung)			Nachhaltiger Verbrauch und nachhaltige Produktion; Klimawandel und Energiequellen; Erhalt der Biodiversität
Staatsverschuldung	Staatsdefizit	4	Staatsdefizit
	Strukturelles Defizit	4	Kein Kriterium
	Schuldenstand	4	Kein Kriterium
Wirtschaftliche Zukunftsvorsorge	Bruttoanlageinvestitionen zum BIP	1	Kein Kriterium
Lebensqualität			
Landbewirtschaftung	Stickstoff-Überschuss	3	Kein Kriterium
	Ökologischer Landbau	3	Kein Kriterium
Gesundheit und Ernährung	Vorzeitige Sterblichkeit Männer	2	Jahre bei guter Gesundheit
	Vorzeitige Sterblichkeit Frauen	2	Lebenserwartung
	Raucherquote von Jugendlichen	1	Berufskrankheiten
	Raucherquote von Erwachsenen	3	Selbstmordrate
	Anteil der Fettleibigkeit	4	Atommüll
Kriminalität	Straftaten	1	Überschuldung
Sozialer Zusammenhang			

Gut, aber noch unter den Skandinaviern

Beschäftigung	Erwerbstätigenquote 15–64 Jahre)	3	Armutsgefährdung	13,9 % ist hoch und steigt
	Kein Kriterium		Jugendarbeitslosigkeit	Ist gut und steigt
Perspektiven für Familien	Ganztagsbetreuung für 0- bis 2-Jährige	3	Wohnkonditionen-Subindikator	
	Ganztagsbetreuung für 3- bis 5-Jährige	1	Kein Kriterium	
	Ausl. Schulabsolventen mit Schulabschluss	3	Frauen in Führungsposition	

(Quellen: Statistisches Bundesamt, Nachhaltige Entwicklung in Deutschland, 2012; Commissariat général au développement durable, Repères, 2012)

Anlage 20: Ausgabenpräferenzen der Haushalte (in % 2000–2020)

(In Rot hervorgehoben: Abweichung D/F > 2 %)

	2000		2010		2020		
	D	F	D	F	D	F	EU
Sparquote privater Haushalte	15,1	14,1	17,3	15,6	23,4	21,0	18,3
Wohnung, Wasser, Strom und Heizung	23,6	22,7	25,3	25,5	25,6	28,3	25,7
Hausrat und Instandhaltung des Hauses	7,5	5,5	6,3	5,1	7,0	4,9	6,0
Gesamt Wohnen	31,1	28,2	31,6	30,6	32,6	33,2	31,7
Bekleidung	6,0	5,3	5,0	4,2	3,9	3,1	4,1
Freizeit und Kultur	11,0	9,1	10,4	8,6	9,6	7,6	7,8
Hotels, Cafés & Restaurants	5,7	6,5	4,9	6,5	3,9	5,5	6,0
Nachrichtenübermittlung	2,4	2,8	2,7	3,2	2,3	2,5	2,6
Gesamt Freizeit	25,1	23,7	23,0	22,5	19,7	18,7	20,5
Nahrungsmittel & Alkoholfreie Getränke	10,9	13,4	10,0	13,1	12,0	15,0	14,8
Alkoholische Getränke, Tabak	3,7	3,9	3,3	3,6	3,5	4,4	4,4
Gesamt Nahrung	14,6	17,3	13,3	16,7	15,5	19,4	19,2
Verkehr	13,4	14,5	12,8	13,6	13,1	11,7	11,6
Gesundheit	3,9	3,6	5,2	4,1	5,3	4,0	4,6
Bildung	0,6	0,4	0,8	0,4	0,9	0,5	0,9
Verschiedenes	11,3	12,4	13,0	12,2	12,8	12,4	11,5
Gesamt Sonstiges	29,2	30,9	31,8	30,3	29,1	28,6	28,6

(Quelle: Eurostat, letztes Update 22.04.2022, Sparquote 28.04.2022)

Anlagen

Anlage 21: Der Better Life Index (bei neutraler Gewichtung)
Aktuelles Wohlbefinden (Current well-being)

(in Rot: Abweichungen D/F > 10 %)

	Deutschland	Frankreich	Best of Class	OECD
Wohnverhältnisse	7,0	6,8	8,6 (USA)	
Anteil in % der im eigenen Haus wohnenden Bevölkerung	67	56	65	67
Zimmer pro Kopf	1,8	1,8	2,6 (Kanada)	1,7
Ausgaben für das Wohnen in % des Einkommens	20	20,7	14,7 (Korea)	20
Fehlendes WC im Haus in % der Bevölkerung	0,1	0,5	0,1 (USA)	2,8
Einkommen	4,8	4,3	9,3 (Luxemburg)	
Durchschnittl. verfügbares Nettoeinkommen in USD	38.971	34.375	51.147 (USA)	30.490
Nettovermögen	304.317	298.639	941.162 (Luxemburg)	323.960
Beschäftigung	8,9	7,5	9,7 (Island)	
Beschäftigte zwischen 15 und 64 Jahren in %	71	64	75	65
Langzeitarbeitslose (über ein Jahr) in %	3,4	3,75	0,34	
Gemeinsinn	6,2	8,2	10 (Island)	
Kenne jemanden, der im Notfall Beistand leistet (in %)	90	94	98 (Island)	91,1
Bildung	7,6	6,3	9,2 (Finnland)	
Zahl der Bildungsjahre	18,2	16,6	20,4 (Australien)	17,6
Abschluss Sekundarstufe 2 in %	86	81	95 (Russland)	79,1
PISA-Punkte für Lesen, Mathematik und Naturwissenschaften	500	494	526 (Estland)	488

Anlage 21: Der Better Life Index

Umwelt	7,7	6,0	9,8 (Schweden)	
Luftverschmutzung (PM10 in μg pro m³)	12	11,4	5,5 (Finnland)	14
Zufrieden mit Wasserqualität (in %)	91	78	98 (Norwegen)	84,5
Zivilengagement	5,3	5,8	8,9 (Australien)	
Beteiligung an Gesetzgebung (Skala 0 bis 4)	1,8	2,1	3,2 (Mexiko)	2,2
Wahlbeteiligung in %	76,2	74,6	91,9 (Australien)	69
Gesundheit	7,1	7,7	9,5 (Kanada)	
Lebenserwartung	81,4 Jahre	82,9	84,4 (Japan)	81
Selbstdeklariert guter Gesundheitszustand in %	65,5	66,6	88,8 (Kanada)	68,4
Lebenszufriedenheit	8,1	6,1	10,0 (Finnland)	
Insgesamt mit ihrem Leben zufrieden	7,3	6,7	7,9 (Finnland)	6,7
Sicherheit	8,3	8,1	9,9 (Norwegen)	
Mordrate	0,4	0,4	0,2 (UK)	2,6
Fühlen sich sicher in %	76,2	74	93,2 (Norwegen)	73,9
Work-Life-Balance	8,0	8,1	9,4 (Italien)	
Arbeiten 50 Stunden und mehr pro Woche in %	3,9	7,7	0,1 (Russland)	10
Zeit für Grundbedürfnisse in Std. (Essen, Schlafen & Freizeit)	15,6	16,2	16,5 (Italien)	15,1

(Quelle: OECD Better Life Index, 19. Juli 2022)

Anlagen

Zukünftiges Wohlbefinden (Future well-being)

	Deutschland	Frankreich
Naturkapital	7,0	6,8
Gasemissionen	12	11,4
Materials Footprint (2019 in Mio. Tonnen)	1.620 davon in % Nichtmetall Minerale: **36,4** *Fossile Energien: 26,2* *Biomasse: 24,4* *Metalle: 13,1*	1.113 davon in % Nichtmetall Minerale: **43,8** *Fossile Energien: 16,8* *Biomasse: 29,2* *Metalle 10,1*
1970: 1980: 1990: 2000: 2010:	1.698 1.819 1.789 2.093 1.667	830 941 1.005 1.038 1.236
Bedrohte Tierarten		
In % aller Säugetiere In % aller Fische In % aller Vögel	36,4 27,2 33,6	13,6 18,8 27,0
Wirtschaftskapital		
Finanzvermögen der öffentlichen Hand in % des BIP (General government financial wealth)	−32	−87
Verschuldung der Haushalte in % des **verfügbaren Einkommens** (Household debt in % of disposable income)	99	127
Humankapital		
Bildungsniveau junger Erwachsener in % (Educational attainment of young adults)	34,9	49,4
Frühzeitige Sterblichkeit in pro Mill (premature mortality)	3,1	3,6
Beschäftigungsrate (25- bis 64-Jährige)	83,6	80,8

Anlage 21: Der Better Life Index

Sozialkapital		
Zwischenmenschliches Vertrauen (Interpersonal trust)	6,0	4,9
Vertrauen in Nachbarn (Trust in neighbourhood)	6,3	5,5
Vertrauen in Regierung (Trust in Government)	4,8	3,4
Gender gap	14,2	11,8
Geschlechtsgleichheit in der Politik (Gender parity in politics)	31,5	39,5

(Quelle: OECD Better Life Index, 19. Juli 2022; trustlab, oecd.org; Eurostat)

Literaturverzeichnis

Bernard Accoyer, Chantal Didier, „Une affaire d'État, la tentative de sabordage du nucléaire français", Hugo Doc, Januar 2022

Yann Algan, Elizabeth Beasley, Daniel Cohen, Martial Foucault, „Les origines du populisme. Enquête sur un schisme politique et social", Seuil, August 2019

Ansgar Belke, Daniel Gros, „The Euro area imbalances narrative in a Franco-German perspective: the importance of the longer-run view", Ruhr Economic Papers Nr. 843, Universität Duisburg-Essen, Department of Economics, März 2020

Maik Bohne, „Nichtwähler in Deutschland – Analyse und Perspektiven", Zeitschrift für Politikberatung 3, 2010

Bundesverband der Deutschen Industrie, „Die größten Familienunternehmen in Deutschland: Ergebnisse der Frühjahrsbefragung 2011", durchgeführt vom Institut für Mittelstandsforschung, April 2011

Bundesverband der Deutschen Industrie, „Europa in der Weltwirtschaft", 15. Dezember 2020

Simon Bulmer, William Patterson, „Germany and the European Union: Europe's reluctant hegemon?", MacMillan International, 2019

Club of Rome (Hrsg.), „Earth for all – Ein Survivalguide für unseren Planeten", Oekom, September 2022

Alexine Corblin, „Le changement d'époque (Zeitenwende) en Allemagne et ses implications pour la construction européenne", Fondation Robert Schuman, Questions d'Europe N° 641, 3. Oktober 2022

Deutsch Französisches Institut, „DFI Jahrbuch 2021, Die Wirtschaft Frankreichs, Italiens und Deutschlands in der Pandemie", Nomos, 2022

Klaus von Dohnanyi, „Nationale Interessen – Orientierung für deutsche und europäische Politik in Zeiten globaler Umbrüche", Siedler Verlag, 2022

Nicolas Dufourcq, „La Désindustrialisation de la France (1995–2015)", éditions Odile Jacob, Mai 2022

Alain Duhamel, „Le complexe d'Astérix: Essai sur le caractère politique des Français", Gallimard, 1985

EU-Kommission, „Alert Mechanism Report", 24. November 2021

EU-Kommission, Digital Connect, Programm „Digitales Europa"

Eurofound, „Living, working and COVID-19 dataset", Publications Office of the European Union, 2020

Eurofound, „Fifth round of the Living, working and COVID-19 e-survey: Living in a new era of uncertainty", Publications Office of the European Union, 2022

Eurostat, Datenbank

Eurostat, Flaggschiffveröffentlichungen, „Key figures on Europe 2022 edition", Mai 2022

Gabriel Felbermayr et al., „Die (Handels)Kosten einer Nicht-EU", Policy Brief Nr. 125, Institut für Welthandel, Mai 2019

Fondation Robert Schuman, „Rapport Schuman sur l'Europe. L'état de l'union 2021", éditions Marie B

Fondation Robert Schuman, „Rapport Schuman sur l'Europe. L'état de l'union 2022", éditions Marie B

Thomas Grebel, Mauro Napoletano, Lionel Nesta, „Distant but close in sight: firm-level evidence on French-German productivity gaps in manufacturing", OFCE, Sciences Po. 1 Online-Resource, 2021

Christophe Guilluy, „Le temps des gens ordinaires", Ed. Flammarion, Champs actuel, 2020

Loek Halman, Tim Reeskens, Inge Sieben, Marga van Zundert, „Atlas of European values", Open Press TiU, 2022

John F. Helliwell, Richard Layard, Jeffrey D. Sachs, Jan-Emmanuel De Neve, Lara B. Aknin, Shun Wang, (Eds.), „World Happiness Report", New York, Sustainable Solution Network, 2022

Daniela Kallinich, „Das Zentrum in Frankreich", Friedrich-Naumann-Stiftung, November 2020

KPMG, „L'entreprise familiale: une entreprise décidemment pas comme les autres", Dezember 2007

Rolf Langhammer, Policy Brief 162, IfW, „Reluctant US vs Ambitious German Direct Investment in China – the Tale of Two Strategies", 21. Februar 2022.

Hervé Le Bras, „Tableau historique de la France", Seuil, Paris, 2022

Hervé Le Bras, Michel Winnock, „Anatomie de la rupture Macron", Interview de Daniel Fortin et Henri Gibier, Les Échos 7. Oktober 2022

Maxime Lefebvre, „Europe puissance, souveraineté européenne, autonomie stratégique: un débat qui avance pour une Europe qui s'affirme", Fondation Robert Schuman, 1. Februar 2021

Donella Meadows, Jørgen Randers, Dennis L. Meadows, William H. Behrens, „The limits to growth. A Report for the Club of Rome's Project on the Predicament of Mankind", Potomac Associates, 1972

Luuk van Middelaar, „Vom Kontinent zur Union, Gegenwart und Geschichte des vereinten Europas", Suhrkamp, 2016

Ministère de la transformation et de la fonction publiques, „Rapport annuel sur l'état de la fonction publique 2021"

Institut Montaigne, „Repenser la défense face aux menaces du XXIème siècle", Bericht, Februar 2021

OECD, Statistics, „Knowledge and Policy 2007: Measuring and Fostering the Progress of Societies". OCDE, 2008

OECD, „How's Life? 2020: Measuring Well-being", OECD, 2020

OECD Economic Surveys, „European Union 2021", OECD, Paris

Alain Peyrefitte, „C'était de Gaulle", Gallimard, 2002

Rapport d'Olivier Mellerio à Hervé Novelli, „Transmission de l'entreprise familiale", Oktober 2009

René Remand, „La Droite en France de 1815 à nos jours. Continuité et diversité d'une tradition politique", Aubier, 1954

Norbert Röttgen, „Nie wieder hilflos! Ein Manifest in Zeiten des Krieges", dtv, 2022

Luc Rouban, „Les raisons de la defiance", Presses de la Fondation Nationale des Sciences Politiques, 2022

Jérôme Sainte-Marie, „Bloc contre bloc. La dynamique du Macronisme", Les Éditions du Cerf, 2019

Literaturverzeichnis

Klaus Schwab, „Global Competitiveness Report 2019", World Economic Forum, 2019

Klaus Schwab, Saadia Zahidi, World Economic Forum „The Special edition 2020. How countries are performing on the road of recovery", 2020

Stefan Seidenforf, Maxime Legrand, „Ein neues politisches Koordinatensystem?" Hrsg.: Deutsch-Französisches Institut – Aktuelle Frankreichanalysen Nummer 38, Juni 2022

Joseph Stiglitz, Jean-Paul Fitoussi, Martine Durand (eds.), „For Good Measure: Advancing Research on well-being Metrics Beyond GDP", OECD Publishing, 2018

Joseph Stiglitz, Amartya Sen, Jean-Paul Fitoussi, „Report by the Commission on the Measurement of Economic Performance and Social Progress", 14. September 2009

Emmanuel Todd, „Les luttes de classes en France au 21e siècle", Seuil, 2020

UNDP (United Nations Développent Programme), Human Développent Report „Die nächste Herausforderung", Dezember, 2020

UNDP (United Nations Development Programme), „Bericht über die menschliche Entwicklung 2020, Die nächste Herausforderung: Menschliche Entwicklung und das Anthroprozän", 2021

UNDP (United Nations Development Programme), „Human development report 2021/2022 Uncertain Times, Unsettled Lives: Shaping our future in a transforming world.", New York, September 2022

Ruut Veenhoven, „Inequality of Happiness in 157 nations 2010–2019", World Database of Happiness.

World Economic Forum, „The Global Risks report 2020"

WWF, Almond, R.E.A., Grooten M., Petersen, T. „Living Planet Report 2020. Bending the curve of biodiversity loss"